2023

Realschule

Original-Prüfungsaufgaben
mit Lösungen

Baden-Württemberg

Deutsch

W0220867

STARK

Bildnachweis
S. 6: Michael D. Brown. Shutterstock (Dialog / Gespräch), 123rf.com (Innerer Monolog)
S. 7: Monkey Business Images. Shutterstock (Tagebucheintrag), DE-V. Shutterstock (Brief / E-Mail)
S. 8: muthardman / iStockphoto
S. 9: robertharding / Alamy Stock Foto
S. 12: Ambient Ideas. Shutterstock (Bausteine)
S. 14: musicman. Shutterstock (Lupe)

37. neu bearbeitete und ergänzte Auflage
www.stark-verlag.de

Inhaltsverzeichnis

Vorwort

Hinweise und Tipps

Übungsaufgaben im Stil der Abschlussprüfung

Übungsaufgabe 1

Übungsaufgabe 2

Übungsaufgabe 3

Übungsaufgabe 4

Original-Abschlussprüfungen

Abschlussprüfung 2021

Abschlussprüfung 2022

Sobald die Original-Prüfungsaufgaben 2022 freigegeben sind, können sie als PDF auf der Plattform MyStark heruntergeladen werden (Zugangscode vgl. Umschlaginnenseite).

Jeweils zum Schuljahresbeginn erscheinen die neuen Ausgaben der Abschlussprüfungsaufgaben mit Lösungen.

Vorwort

Liebe Schülerin, lieber Schüler,

dieses Buch möchte dir zeigen, dass eine gelungene Abschlussprüfung keine Glückssache ist, sondern etwas, das strategisch vorbereitet und geübt werden kann. Wenn du weißt, aus welchen Teilen die Abschlussprüfung besteht, kannst du dich gezielt auf jeden einzelnen Bereich vorbereiten. In manchen Aufgabenteilen ist ein gutes Faktenwissen gefragt, in anderen Textverständnis. Manchmal sind es auch bestimmte Techniken und Vorgehensweisen, die zum Ziel führen.

Mithilfe der folgenden Kapitel kannst du die wichtigsten Grundlagen für die Bearbeitung der Prüfungsaufgaben wiederholen. Das einführende Kapitel „**Hinweise und Tipps**" informiert dich über die offiziellen Rahmenvorgaben, macht dich mit den Arbeitsanweisungen (**Operatoren**) vertraut und erläutert die verschiedenen Schwierigkeitsstufen (**Anforderungsbereiche**). Außerdem findest du darin kurze Informationen zu den aktuellen Prüfungslektüren.

Die **Aufgaben im Stil der Abschlussprüfung** und die **Original-Prüfungsaufgaben** mit ausgearbeiteten Lösungsvorschlägen dienen dir als Orientierung, was in der Prüfung verlangt wird. Die vielen **Hinweise und Tipps** helfen dir bei der Bearbeitung der Aufgaben.

Weitere Informationen und Anleitungen zum Verständnis der Lektüren bieten dir die Arbeitshefte zu „**Blackbird**" von Matthias Brandt (Best.-Nr. 8154053) und „**Nathan und seine Kinder**" von Mirjam Pressler (Best.-Nr. 8154051). Ein intensives Training zu **allen prüfungsrelevanten Aufgabentypen** bietet der Band „Training Abschlussprüfung" mit ActiveBook zum zusätzlichen Üben am PC/Tablet (Best.-Nr. C08140).

Sollten nach Erscheinen dieses Bandes noch wichtige Änderungen für die Abschlussprüfung 2023 vom Ministerium für Kultus, Jugend und Sport bekannt gegeben werden, findest du aktuelle Informationen bei MyStark.

Wie lerne ich mit diesem Buch?

Du kannst ganz individuell mit dem Buch arbeiten und dich auf die schriftliche Prüfung in Deutsch vorbereiten.

Verschaffe dir einen Überblick über die Aufgabenbereiche im Pflicht- und im Wahlteil. Überlege, in welchem Bereich du vorrangig üben willst.

Wenn du dich z. B. noch bei den Aufsatzformen im Wahlteil unsicher fühlst, bearbeitest du die Kapitel mit den Informationen dazu und suchst dir anschließend Musteraufgaben im Stil der Abschlussprüfung zum Üben aus.

Wenn du dich sicherer fühlst und mehr Übung bei der Bearbeitung der einzelnen Prüfungsteile hast, kannst du mit einer Musteraufgabe im Stil der Abschlussprüfung oder einer Original-Abschlussprüfung schon einmal den „Ernstfall“ trainieren.

Mit dem Buch kann man sowohl allein als auch in Lerngruppen arbeiten, es kann aber auch im Unterricht eingesetzt werden. Die Lösungsvorschläge ermöglichen es dir, die eigene Arbeit zu kontrollieren und zu korrigieren.

Versuche dabei stets, die Aufgabe zunächst **eigenständig** zu lösen, und sieh nicht gleich in der Lösung nach. Solltest du nicht weiterkommen, helfen dir die **Tipps und Hinweise** vor der jeweiligen Lösung. Wenn du sie gelesen hast, solltest du unbedingt selbstständig weiterarbeiten.

Wir wünschen dir viel Erfolg und Spaß bei der Arbeit.

Die Autorinnen

Autorinnen

Anja Engel	Hinweise und Tipps; Übungsaufgabe 4 Lösungen zu den Abschlussprüfungen 2021/2022
Franziska Schnurrer	Übungsaufgaben 1–3

Hinweise und Tipps

1 Grundlagen

1.1 Vorgaben für die Abschlussprüfung Deutsch an Realschulen

Die Realschulabschlussprüfung überprüft Kompetenzen des Unterrichts aus den Klassen 7 bis 10 der zum Realschulabschluss führenden Schulen. Diese sind im Bildungsplan des Landes Baden-Württemberg auf dem M-Niveau ausgewiesen und sollten so gut beherrscht werden, dass alle Aufgaben in der Realschulabschlussprüfung von jeder Schülerin und jedem Schüler bearbeitet werden können.

Die Leistungen, die während des Schuljahres erbracht werden, also Klassenarbeiten, mündliche Leistungen usw., ergeben zusammen die Anmeldenote, die auf eine Nachkommastelle genau benannt wird. Diese wird dann mit der Prüfungsleistung jeweils zur Hälfte verrechnet und ergibt die Endnote.

Die **Endnote** im Fach Deutsch setzt sich also folgendermaßen zusammen:

Anmeldenote	Prüfungsnote
(= Jahresleistung bis zur Prüfung) **50 %**	**50 %** (= Ergebnis der schriftlichen Prüfung bzw. der schriftlichen und mündlichen Prüfung)

Bei Ablegen der freiwilligen mündlichen Prüfung zählt die schriftliche Abschlussprüfung dreifach und die mündliche einfach.

1.2 Anzahl der Prüfungsaufgaben, Zeitrahmen und Hilfsmittel

Die schriftliche Realschulabschlussprüfung im Fach Deutsch besteht aus einem **Pflicht**- und einem **Wahlteil**. Den Pflichtteil (A 1, A 2) bearbeitest du **vollständig**. Im Wahlteil B musst du dich für **eine der drei Aufsatzarten** entscheiden.

Die **Arbeitszeit** für die gesamte Prüfung beträgt **240 Minuten** (4 Zeitstunden). Die jeweilige Arbeitszeit für die verschiedenen Bereiche (A 1, A 2 und B) darfst du dir selbst einteilen.

> **TIPP** **Zeiteinteilung**
>
> Sinnvoll ist es, für den Pflicht- und den Wahlteil jeweils die Hälfte der Zeit einzuplanen, da es auch jeweils die Hälfte an Punkten dafür gibt.

Ein **Rechtschreibwörterbuch** sowie die von dir **bearbeitete Lektüre** dürfen in der Prüfung als **Hilfsmittel** verwendet werden. Dein Buch zur Ganzschrift darf aber keinerlei Klebezettel enthalten. Es wird vor der Prüfung von deiner Lehrerin oder deinem Lehrer eingesammelt und überprüft.

> **TIPP** **Hilfsmittel**
>
> Arbeite auch schon vor der Abschlussprüfung intensiv mit dem **Rechtschreibwörterbuch**, damit du dich bis zur Prüfung gut darin auskennst und z. B. weißt, wo du Hinweise zur Zeichensetzung und zu Grammatik- oder Rechtschreibregeln findest.
>
> Um dich in der **Prüfungslektüre** schnell zurechtzufinden, helfen dir sinnvolle Randnotizen (Stichworte, Symbole, kurze Inhaltszusammenfassungen). Diese sind im Gegensatz zu Klebezetteln erlaubt.

Für die Prüfung solltest du dir – nach Absprache mit deiner Lehrerin oder deinem Lehrer – einen Füller, Kugelschreiber, Faserstift oder anderen nicht radierbaren Stift zulegen. Du kannst entweder in Schwarz oder Blau schreiben.

Auf den Text- und Aufgabenbögen, die du in der Prüfung ausgeteilt bekommst, darfst du Markierungen und Notizen machen. Deine Lösungen musst du allerdings auf die gesonderten linierten Blätter bzw. Schülerbögen schreiben, denn nur diese dürfen gewertet werden.

2 Aufbau der Prüfung

Die Prüfung ist folgendermaßen aufgebaut:

Pflichtteil (A)		&	**Wahlteil (B)**	
A 1: Sachtext Aufgaben zum Textverständnis und Sprachgebrauch (z. B. Rechtschreibung, Grammatik, Satzbau)	**25 Punkte**		**Wahlteil (B)** Wähle aus zwischen: 1. Textgebundene dialektische Erörterung **oder** 2. Textbeschreibung Lyrik **oder** 3. Textbeschreibung Prosa	**50 Punkte**
A 2: Lektüre Aufgaben zum Textverständnis und produktive Aufgaben	**25 Punkte**			

Insgesamt werden in der Prüfung **100 Punkte** vergeben, wobei jeweils 50 Punkte auf den Pflicht- und den Wahlteil entfallen.

Für die Pflichtteile **A 1 und A 2** gibt es **jeweils 25 Punkte**. Im **Wahlteil B** können insgesamt **50 Punkte** erreicht werden. Die Punkte werden beim Aufsatz in folgende Bereiche unterteilt:

Wahlteil B	**50 Punkte**
Inhalt	25 Punkte
Sprache	15 Punkte
Aufbau/Form	5 Punkte
Rechtschreibung	5 Punkte

Im Folgenden werden die **Aufgabenbereiche** näher erläutert.

3 Pflichtteil A 1: Sachtext

Ausgangspunkt für diesen Prüfungsteil ist ein **Sachtext**, dessen Thema man vorher nicht kennt. Es gilt, den Text möglichst gründlich zu lesen, ihn zu bearbeiten und inhaltlich zu durchdringen. Dabei kann eventuell auch das Wörterbuch helfen.

Zu diesem Sachtext werden dir zunächst **Aufgaben zum Textverständnis**, also inhaltliche Fragen gestellt. Im Anschluss sind Abschnitte, Sätze, Formulierungen oder Wörter aus dem Text Ausgangspunkt für **Aufgaben zum Sprachgebrauch**. Hier benötigst du ein breitgefächertes Regel- und Faktenwissen. Insgesamt können in diesem Aufgabenteil **25 Punkte** erreicht werden.

3.1 Textverständnis

Es ist sinnvoll, sich den Text zunächst gründlich durchzulesen, um einen ersten Überblick über dessen Inhalt und Thema zu erhalten. Bevor du die Aufgaben zum **Textverständnis** bearbeitest, solltest du den Text ein weiteres Mal lesen und dabei die in den Aufgaben erwähnten Aspekte besonders in den Blick nehmen.

TIPP **Unklarheiten im Text klären**

Es kommt immer wieder vor, dass man in Texten auf Unklarheiten stößt. Damit du den Prüfungstext verstehst, kannst du verschiedene Maßnahmen bzw. **Verständnisstrategien** (Pläne, um den Sinn zu erschließen) anwenden. So kannst du die Unklarheit entweder beseitigen oder entdeckst, dass dies gar nicht notwendig ist, um den Text zu verstehen bzw. die Aufgaben zu bearbeiten.

Diese **Maßnahmen** kannst du nutzen, um den Text zu verstehen:

- Ignorieren: Ignoriere kleinere Unklarheiten und lies einfach weiter. Vielleicht ist der Aspekt, der dir unverständlich ist, gar nicht wichtig.
- Nochmals lesen: Lies unklare Textstellen noch einmal.
- Weiterlesen: Lies den Text weiter, um festzustellen, ob dir der Sinn der unklaren Textstelle dadurch verständlich wird.
- Vorhergehenden Abschnitt erneut lesen: Lies den Abschnitt direkt vor der unklaren Textstelle noch einmal.
- Zusammenhang herstellen: Stelle das Gelesene mit den Inhalten, die du kennst oder vorher gelesen hast, in einen Zusammenhang.
- Wörterbuch verwenden: Nimm das Rechtschreibwörterbuch zu Hilfe, vielleicht ist der unverständliche Begriff dort erklärt.

3.2 Sprachgebrauch

In diesem Bereich musst du Regeln und Strategien des **Sprachgebrauchs** sowohl anwenden als auch erklären können. Laut Bildungsplan spielen folgende Inhalte eine Rolle:

Sprachgebrauch

Struktur von Wörtern (Morphologie)

- Wortarten, *z. B. Nomen, Artikel, Adjektiv, Pronomen, Numerale, Adverb, Verb, Präposition, Konjunktion*
- Wortbildung, *z. B. Komposita*
- Konjugation von Verben, *z. B. Tempus, Modus, Aktiv/Passiv*
- Kategorien des Nomens, *z. B. Genus, Kasus, Numerus*

Bedeutung von Wörtern (Semantik)

- Denotation und Konnotation, *z. B. sprachliche Bilder, Redewendungen, Sprichwörter*
- Bedeutung von Lehn- und Fremdwörtern

Struktur von Sätzen und Texten (Syntax)

- Satzglieder, *z. B. Subjekt, Prädikat, Objekte (Genitiv-, Dativ-, Akkusativ-, Präpositionalobjekt), adverbiale Bestimmungen (Lokal-, Temporal-, Modal-, Kausaladverbial)*
- Attribute (= Teile von Satzgliedern), *z. B. Adjektiv-, Genitivattribut, Präpositionales Attribut, Relativ-/Attributsatz, Apposition*
- Beschreiben von Sätzen mithilfe des Feldermodells, *z. B. Einordnen in die Feldertabelle (Koordinations-, Vor-, Mittel-, Nachfeld, linke/ rechte Verbklammer)*
- Satzarten, *z. B. Haupt-, Nebensatz, Verberst-, Verbzweit-, Verbletztsatz*
- Infinitiv- und Partizipgruppen

Rechtschreibung (Orthographie)

- Groß- und Kleinschreibung
- Getrennt- und Zusammenschreibung
- Schreibung von gängigen Fremdwörtern
- Begriffe und Regeln aus dem Rechtschreibrahmen (Klasse 7–10)

Zeichensetzung (Interpunktion)

- Zeichensetzung bei Zitaten
- Regeln der Zeichensetzung
- Begriffe und Regeln aus dem Rechtschreibrahmen

Ein intensives Training zum Pflichtteil A 1 sowie den anderen prüfungsrelevanten Aufgabentypen bietet dir der Band „Training Abschlussprüfung" mit ActiveBook zum zusätzlichen Üben am PC/Tablet (Best.-Nr. C08140).

4 Pflichtteil A 2: Lektüre

Ein Pflichtbestandteil der Prüfung sind **jährlich wechselnde Ganzschriften**. Es werden in Bezug auf die jeweilige Lektüre beispielsweise Aufgaben zum **Textverständnis**, also zum konkreten Inhalt, zu einzelnen Textstellen, zu übergeordneten Themen, zur Sprache oder zum Textzusammenhang gestellt.

Zusätzlich wird eine **produktive Schreibaufgabe** verlangt. Dabei musst du z. B. zu einer bestimmten Situation oder Textstelle im Buch einen Tagebucheintrag, Brief, inneren Monolog oder ein Gespräch schreiben.

Der produktive Teil der Aufgaben enthält eine **Mindestwortangabe**. Es wird eine Textlänge von mindestens 150 bis 200 Wörtern verlangt werden. Diese solltest du keinesfalls unterschreiten. Konzentriere dich insbesondere darauf, alle inhaltlichen Vorgaben der Aufgabenstellung umzusetzen. Dabei kann der Text auch länger werden. Punktabzüge gibt es nur bei Unterschreitung der Mindestwortanzahl. Insgesamt können in diesem Aufgabenteil **25 Punkte** erreicht werden.

4.1 Merkmale der möglichen Textsorten im Überblick

Dialog / Gespräch

Ein **Dialog** ist ein Gespräch zwischen zwei oder mehreren Personen. In der Prüfung soll meist ein Gespräch, das in der Lektüre nicht stattgefunden hat, aber denkbar wäre, geschrieben werden. Auf diese Weise soll eine sogenannte Leerstelle in der Lektüre gefüllt werden.

Äußere Merkmale

- Aussagen in Form von wörtlicher Rede
- Namen der Figuren am Zeilenanfang
- Regieanweisungen zur Angabe der Sprechweise, z. B. Lautstärke, Art des Gesagten

Sprache

- wörtliche Rede
- zu den Figuren passende Wortwahl und Ausdrucksweise
- typische, in der Lektüre gemachte Aussagen oder sprachliche Eigenheiten
- Regieanweisungen zur Verdeutlichung der Handlungen / Gesten / Mimik der Figuren während des Gesprächs

Innerer Monolog

Der **innere Monolog** ist ein Selbstgespräch, das nur im Kopf der literarischen Figur abläuft. Du musst dich in die Figur und in die Situation, in der sie sich gerade befindet, hineinversetzen. Es kommt nur das zur Sprache, was die Figur in dem genannten Moment denkt und fühlt.

Äußere Merkmale	Sprache
• evtl. Auslassungszeichen • Gedankenstriche • Fragen, die sich die Figur selbst oder anderen stellt	• Ich-Perspektive • Alltags-/Umgangssprache • Formulierungen und Aussagen der Figur aus der Lektüre

Tagebucheintrag

Einen **Tagebucheintrag** schreibt man dann, wenn einen ein Ereignis oder eine Situation so sehr beschäftigt, dass man seine wirren Gedanken loswerden oder ordnen will. Es findet eine Auseinandersetzung mit der Problematik / Situation, in der sich die Figur gerade befindet, statt. Deshalb kommen ehrliche Gedanken über Ereignisse oder über andere Figuren vor. Die Schreiberin oder der Schreiber wird versuchen, sich Fragen zu ihrer oder seiner Situation selbst zu beantworten. Rückblenden auf Geschehnisse sind möglich. Die Figur kann Überlegungen zur Zukunft anstellen.

Äußere Merkmale	Sprache
• evtl. Anrede („Liebes Tagebuch") sowie Schlussworte („Dein/e …") • Datum (falls bekannt) • kurze Hinführung / einleitende Worte, die die Problematik andeuten	• Ich-Perspektive • Alltags-/Umgangssprache • Formulierungen und Aussagen der Figur aus der Lektüre

Brief / E-Mail

Bei einem **Brief** handelt es sich um eine Art verschriftlichten Monolog. Die Schreiberin oder der Schreiber wendet sich an die Figur, an die das Schreiben gerichtet ist (Adressat*in), und möchte dieser etwas Wichtiges mitteilen. Worum es sich dabei handelt, gibt die jeweilige Aufgabenstellung vor.

Äußere Merkmale	Sprache
• Datum (falls bekannt) • Anrede („Hallo …", „Liebe/r …", „Sehr geehrte/r …") • Textinhalt • Grußformel („Mit freundlichen / herzlichen Grüßen", „Alles Gute")	• Schriftsprache • geordnete Gedanken • roter Faden von der Einleitung über die Erläuterung des Themas / Schreibanlasses (Hauptteil) bis zum Schluss

4.2 Ganzschriften 2022/2023

Für den Prüfungsdurchgang im **Schuljahr 2022/2023** sind zwei Ganzschriften vorgegeben, die im Folgenden kurz vorgestellt werden.

Matthias Brandt: Blackbird

Der Roman spielt im Deutschland der 1970er-Jahre. Die Eltern des 15-jährigen Morten Schumacher, genannt Motte, trennen sich gerade und sein bester Freund Manfred Schnellstieg, genannt Bogi, erkrankt am möglicherweise tödlichen „Non-Hodgkin-Lymphom" (Krebs). Dadurch ist in Mottes Leben nichts mehr, wie es einmal war. Trotz dieser einschneidenden Erlebnisse verliebt sich Motte in die schöne Jacqueline Schmiedebach vom Einstein-Gymnasium. Er versucht zufällige Treffen mit ihr herbeizuführen, schreibt ihr einen Brief und verabredet sich schließlich mit ihr fürs Kino. Das Rendezvous verläuft für ihn allerdings katastrophal. Parallel zu der neuen Situation von Verliebtsein und Liebeskummer quält ihn sein schlechtes Gewissen, weil er den immer kränker werdenden Bogi nicht oft genug im Krankenhaus besucht und bei seinen seltenen Besuchen nicht weiß, wie und worüber er noch mit ihm reden kann. Die Freunde Walki und Jan scheinen den Umgang mit dem kranken Freund besser zu meistern. Und doch vermisst Motte Bogi sehr und hat stets vor Augen, dass er sterben könnte. Nach dem Desaster mit Jacqueline kommt Motte einer ehemaligen Mitschülerin aus der Grundschule, die sich für ihn interessiert, näher. Steffi ist Motte eine Stütze, aber die Trauer um seinen sterbenden Freund muss er mit sich allein ausmachen. Kurz gibt es wieder Hoffnung, als Bogi für eine Weile nach Hause kommen darf. In dieser Zeit lassen Bogi und Motte ihre Freundschaft wieder aufleben. Als Bogi schließlich doch stirbt, ist Motte gerade bei ihm im Krankenhaus. Panisch flieht er daraufhin vor der schrecklichen Tatsache, dass er nun ohne seinen besten Freund weiterleben muss. Er holt die zwei Flaschen Amselfelder Wein, die er und Bogi vor dessen Krankheit gekauft hatten, aus dem Versteck und betrinkt sich damit. Zuflucht findet er bei seinem Sozialkundelehrer und beim Bademeister des Freibads. Er ist aber nicht in der Lage, über seinen Schmerz zu sprechen und spricht schließlich gar nicht mehr. Erst nach der Urnenbestattung und dem Abschied der Freunde an Bogis Grab kommt Motte in den Armen seiner Freundin Steffi wieder ein Laut über die Lippen.

Weitere Informationen und Anleitungen zum Verständnis der Lektüre bietet dir das **Arbeitsheft** zu Matthias Brandts Roman „Blackbird" (Stark Verlag, Best.-Nr. 8154053).

Mirjam Pressler: Nathan und seine Kinder

Der reiche jüdische Kaufmann Nathan, von allen als „der Weise" bezeichnet, zeigt durch sein Handeln, dass Juden, Christen und Muslime in Frieden miteinander leben könnten, auch wenn in Jerusalem um 1192, zur Zeit des Dritten Kreuzzuges, eine feindselige Stimmung zwischen den Weltreligionen herrscht.

Als Nathan von einer Handelsreise zurückkehrt, erfährt er, dass sein Haus gebrannt hat, seine Tochter Recha aber von einem jungen Tempelritter, Curd von Stauffen, gerettet wurde. Dieser wurde bei der Gefangennahme der Kreuzritter als einziger Tempelritter nicht von Sultan Saladin getötet, sondern unter dessen Schutz gestellt. Als Nathan den jungen Christen zum Dank zu sich einlädt, entsteht schnell Freundschaft zwischen den Männern und Liebe zwischen Curd und Recha.

Da Nathan reich ist und die Kassen des Sultans leer sind, lässt dieser Nathan zu sich in den Palast holen. Dort kommt es zu Saladins berühmter Frage, welche Religion die einzig wahre sei. Nathan findet eine weise Antwort, indem er Saladin das Gleichnis von den drei Ringen erzählt. Dieses macht deutlich, dass jede Religion für die jeweils Gläubigen die wahre ist und dass sich die Religionen im Wesentlichen gleichen. Der Sultan ist tief beeindruckt von Nathan, der es ihm zusätzlich leicht macht, indem er dem Sultan von sich aus Geld anbietet.

Um dem Liebesglück zwischen Curd und Recha auf die Sprünge zu helfen und sich selbst eine Möglichkeit zur Rückkehr nach Deutschland zu verschaffen, verrät Rechas christliche Gesellschafterin Daja dem Tempelritter Nathans Geheimnis: Recha ist nicht Nathans leibliche Tochter, sondern das Kind einer Christin, die den Säugling vor ihrem Tod zu Nathan bringen ließ. Nathan, der kurz zuvor seine Familie bei einem Feuer verloren hatte, schöpfte damals durch Recha neuen Lebensmut. Als der Tempelritter dies hört, wendet er sich an sein christliches Oberhaupt, den Patriarchen, um sich von seinem Gelübde entbinden zu lassen. Dabei offenbart er ihm indirekt, dass ein Jude eine Christin aufzieht, wodurch er Nathan in große Gefahr bringt. Am Ende bleibt ungeklärt, wer Nathan ermordet hat, denn auch Hauptmann Abu Hassan stört sich am freundschaftlichen Umgang des Sultans mit Nathan. Recha hat kurz vor Nathans Tod von ihrer wahren Herkunft erfahren, will ihr Leben aber dennoch in Nathans Sinne weiterleben und sinnt nicht auf Rache.

Weitere Informationen und Anleitungen zum Verständnis der Lektüre bietet dir das **Arbeitsheft** zu Mirjam Presslers Roman „Nathan und seine Kinder" (Stark Verlag, Best.-Nr. 8154051).

Im Wahlteil darfst du dich für **eine** der drei vorgegebenen Aufgaben entscheiden. Folgende **Aufsatzarten** stehen zur Wahl:

- Textgebundene dialektische Erörterung
- Textbeschreibung Lyrik
- Textbeschreibung Prosa

Im Folgenden werden die drei Aufsatzarten näher erläutert.

5.1 Textgebundene dialektische Erörterung

Bei einer **textgebundenen** dialektischen Erörterung werden dir ein Sachtext und eventuell auch andere Materialien, z. B. ein Schaubild, eine Tabelle oder ein Diagramm, als Grundlage zur Verfügung gestellt. Diese musst du im Hinblick auf ein vorgegebenes Thema untersuchen. Das Thema enthält eine sogenannte Themen-/Themafrage, in der meist zwei Aspekte einander gegenübergestellt werden, z. B. Pro und Kontra oder Vor- und Nachteile. **Dialektisch** bedeutet demzufolge, dass man sowohl die Argumente für die eine als auch die andere Seite aufführen muss. Dazu ist es zunächst notwendig, den vorgegebenen Sachtext gründlich zu lesen und zu verstehen. Wende dabei die üblichen Texterschließungsstrategien an, z. B. Markieren von Schlüsselbegriffen. Es geht am Ende darum, die Informationen (z. T. sind es ganze Argumente oder Teile davon), die der Text enthält, herauszufiltern und für deinen eigenen Text zu nutzen. Die Informationen aus dem Sachtext und den anderen Materialien können dir für alle Teile des Aufsatzes Anregungen bieten und Fakten liefern. Einige davon kannst du direkt in deine Argumentation einfügen. So gelingt es dir, deine Argumente stichhaltig zu belegen und die Anschaulichkeit deiner Aussagen zu erhöhen.

Damit ein Argument stichhaltig ist, ist es für gewöhnlich **dreiteilig aufgebaut** und besteht aus den **drei „B“**:

Behauptung	= eine Aussage, die die These/Antithese unterstützt
Begründung	= eine gute und überzeugende Begründung dafür, warum die Behauptung zutrifft
Beispiel/Beleg	= ein konkret formuliertes Beispiel, das die Behauptung und Begründung veranschaulicht

Die einzelnen Argumente dürfen jedoch nicht isoliert stehen, sondern müssen in einen Fließtext eingebettet werden. Denke also daran, passende **Überleitungen** zwischen den Textteilen und Argumenten zu verwenden.

Deine textgebundene dialektische Erörterung muss dann folgende Komponenten enthalten:

Einleitung	Darin musst du kurz zum Thema deiner Erörterung **hinführen** und das **Thema konkret benennen**. Erwähnen musst du aber auch die **Textsorte** des vorgegebenen Ausgangstextes bzw. der anderen Materialien, den **Titel**, dessen **Autor*in**, die **Quellenangabe** und das **Erscheinungsdatum**.
Überleitung zum Hauptteil	Mit der **Themenfrage**, die die zu erörternden Aspekte enthält, leitest du dann zum Hauptteil über.
Hauptteil	Hier ist die Anordnung der Argumente, z. B. nach dem Sanduhrprinzip, wichtig. Die Argumente müssen aus einer **Behauptung**, einer **Begründung** und einem **Beispiel/Beleg** bestehen. Sie basieren auf dem, was der vorgegebene Sachtext oder die anderen Materialien an Informationen liefern, aber natürlich auch auf deinen eigenen Überlegungen.
Schluss	Am Ende musst du zum Thema noch selbst Position beziehen. Deine persönliche **Stellungnahme** sollte mit einem kurzen rückblickenden Verweis auf die wichtigsten Argumente erfolgen. Der Aufsatz endet mit einem Fazit, einem Ausblick in die Zukunft, deiner begründeten Meinung zum Ausgangstext oder einem Appell.

Insgesamt kannst du für den **Aufsatz 50 Punkte** bekommen. Der **Inhalt** kann mit bis zu **25 Punkten** bewertet werden. Dabei erhältst du z. B. Punkte für …

- die Qualität der Einleitung,
- das Einarbeiten der in den Materialien enthaltenen Argumente und Informationen sowie deiner eigenen Überlegungen und Argumente,
- den logischen und vollständigen Aufbau der Argumente und der Argumentationskette sowie
- die Überzeugungskraft deiner Argumente.

5.2 Textbeschreibung Lyrik

Grundlage für diese Art der Textbeschreibung ist immer ein **lyrischer Text**, also ein Gedicht oder Liedtext. Diesen musst du zunächst gründlich lesen und dir dann den Inhalt erarbeiten. Bestimmte Bausteine der Textbeschreibung werden auf jeden Fall erwartet, auch wenn sie nicht in der Aufgabenstellung erwähnt werden. Das betrifft die Einleitung und den Schluss. Die Schwerpunkte für den Hauptteil werden hingegen in der Aufgabenstellung ausdrücklich aufgeführt. Da du nicht weißt, welche Aspekte du in der Prüfung untersuchen sollst, musst du dich mit allen Elementen der Textbeschreibung auskennen.

Folgende **Elemente der Textbeschreibung Lyrik** sollten dir vertraut sein:

Form

- In wie viele Strophen und Verse ist das Gedicht unterteilt?
- Gibt es Reime/ein Reimschema? Gibt es Besonderheiten bezüglich der Reime?
- Gibt es sonstige Besonderheiten, z. B. Anordnung der Verse/Strophen, Schreibweise, besondere Gedichtform?

Metrum/Rhythmus

- Welches Metrum (Versmaß) liegt vor?
- Ist ein Rhythmus zu erkennen?

Atmosphäre

- Wie lassen sich Stimmung und Atmosphäre im Text beschreiben?
- Verändern sie sich im Textverlauf?

Sprache und Stil

- Welche Stilmittel oder sprachlichen Bilder werden verwendet (z. B. Vergleich, Personifikation, Metapher) und welche Wirkung erzeugen sie bzw. was wird durch sie veranschaulicht?
- Liegen Enjambements vor?
- Gibt es sonstige Auffälligkeiten bei der Sprache/Wortwahl?

Raum und Zeitdarstellung

- Was erfährt man über den Raum/Handlungsort?
- Was erfährt man über die Zeit/Dauer des Geschehens?
- Gibt es konkrete Orts- und Zeitangaben?

Titel

- Welche Assoziationen (erste, spontane Gedanken) löst der Titel bei den Leserinnen und Lesern aus?
- Ändert sich die Deutung des Titels nach dem Lesen des Textes?
- In welcher Beziehung stehen Titel und Inhalt zueinander?
- Gibt es Besonderheiten?

Inhalt

- Was wird im Gedicht beschrieben/behandelt?
- Wie ist der Handlungs- bzw. Konfliktverlauf? Gibt es evtl. eine Art Wendepunkt?
- Gibt es ein Leitmotiv?

Perspektive

- Liegt ein lyrisches Ich vor?
- Gibt es eine Art „Erzählperspektive“?
- Wechselt die Perspektive?
- Welche Wirkung hat diese Perspektive?

Figuren	Autoren-/Zeitbezug
• Gibt es eine Art Hauptfigur? • Was erfährt man über Verhalten, Einstellungen und Handlungen der Figuren? Wie bewertest du diese? • Welche inneren und äußeren Merkmale weisen die Figuren auf? • Was erfährt man über die Beziehung der Figuren zueinander? • Welche Eigenschaften und Handlungsmotive der Figuren lassen sich ableiten?	• Was weißt du über die Entstehungszeit (evtl. Epoche) des Gedichts bzw. die Zeit, in der die Handlung spielt? • Was weißt du über die Autorin/den Autor (z. B. Lebensumstände, politische Gesinnung), das in Bezug auf das vorliegende Gedicht interessant ist?

Die Textbeschreibung Lyrik muss also folgende Komponenten enthalten:

Einleitung	Fester Bestandteil der Einleitung ist der sogenannte **Basissatz**, der den **Titel**, die **Textsorte** bzw. Art des Gedichts, dessen **Autor*in**, die **Quellenangabe** sowie das **Thema** des Textes beinhaltet. Daran schließt sich eine **geraffte Inhaltswiedergabe** an. Das heißt, die Einleitung entspricht einer klassischen Inhaltsangabe mit den beiden genannten Bestandteilen.
Hauptteil	Hier musst du die **Aspekte bzw. Schwerpunktsetzung** der vorliegenden **Aufgabenstellung** berücksichtigen und dir selbst noch einmal klarmachen, welche „Bausteine" der Textbeschreibung erarbeitet und verschriftlicht werden müssen. Der Hauptteil ist nur dann vollständig, wenn alle genannten Aspekte aus der Aufgabenstellung eingearbeitet wurden.
Schluss	Am Ende deines Textes ist es sinnvoll, auch auf die **mögliche Intention** des Textes bzw. der Autorin/des Autors einzugehen. Zudem soll ein **möglicher Transfer** des Themas oder der Handlung auf dein eigenes Leben, die heutige Zeit oder andere Lebensbereiche vorgenommen und verschriftlicht werden. Außerdem sollst du eine **Stellungnahme** verfassen. Dabei kannst du z. B. zur sprachlichen Gestaltung und Thematik des Gedichts Position beziehen oder beschreiben, was dich am Text irritiert oder nachdenklich macht.

Insgesamt kannst du für den **Aufsatz 50 Punkte** bekommen. Der **Inhalt** kann mit bis zu **25 Punkten** bewertet werden. Dabei erhältst du z. B. Punkte …

- für die Qualität der verbindlichen Elemente der Einleitung (Basissatz, geraffte Inhaltswiedergabe),
- für die Erarbeitung der inhaltlichen Schwerpunkte inkl. passender Textbelege,
- für die Verwendung der entsprechenden Fachbegriffe,
- dafür, dass sich deine Erkenntnisse bzw. Erklärungen aufeinander beziehen (keine reine Auflistung) sowie logisch nachvollziehbar sind, und
- für die Qualität der verbindlichen Elemente im Schlussteil.

5.3 Textbeschreibung Prosa

Grundlage für diese Art der Textbeschreibung ist immer ein **Prosatext**, meist eine Kurzgeschichte. Diesen musst du zunächst gründlich lesen und dir dann den Inhalt erarbeiten. Bestimmte Bausteine der Textbeschreibung werden auf jeden Fall erwartet, auch wenn sie nicht in der Aufgabenstellung erwähnt werden. Das betrifft die Einleitung und den Schluss. Die Schwerpunkte für den Hauptteil werden hingegen in der Aufgabenstellung ausdrücklich aufgeführt. Da du nicht weißt, welche Aspekte du in der Prüfung untersuchen sollst, musst du dich mit allen Elementen der Textbeschreibung auskennen.

Folgende **Elemente der Textbeschreibung Prosa** sollten dir vertraut sein:

Aufbau

- Gibt es sichtbare Sinnabschnitte, Erzählschritte?
- Besteht ein Zusammenhang zwischen Textabschnitten und dem inhaltlichen Aufbau des Textes?
- Wie sind Anfang und Ende des Textes gestaltet?
- Gibt es einen Wende-/Höhepunkt? Wenn ja, wo?
- Gibt es sonstige Auffälligkeiten, z. B. Rückblenden oder Vorausdeutungen?
- Welche Wirkung erzielt dieser Aufbau?

Textsorte

- Zu welcher Gattung gehört der vorliegende Text? Epik!
- Welche Textsorte liegt vor?
- Welche Merkmale dieser Textsorte liegen im Text vor? Welche Textstellen kannst du als Belege nennen?

Handlung

- Welche Handlungen passieren als Aktionen (= äußere Handlung)?
- Welche Handlungen spielen sich im Inneren von Personen (als Gedanken oder Gefühle) ab (= innere Handlung)?
- Wie ist der Handlungs- bzw. Konfliktverlauf?

Erzähler / Erzählperspektive

- Gibt es einen Erzähler?
- Handelt es sich um einen Ich-Erzähler, einen personalen Erzähler, einen neutralen Erzähler oder einen allwissenden Erzähler?
- Woran erkennt man die Erzählperspektive?
- Welche Wirkung hat diese Perspektive?

Titel

- Welche Assoziationen (spontane Gedanken) löst der Titel aus?
- Ändert sich die Deutung des Titels nach dem Lesen des Textes?
- Gibt es Besonderheiten?
- In welcher Beziehung stehen Titel und Inhalt zueinander? Inwiefern wird der Textinhalt durch den Titel aufgegriffen?

Raum

- Sind im Text Ortsangaben vorhanden?
- Kann man durch Hinweise Vermutungen zu Handlungsorten anstellen?
- Haben Raum/Ort eine besondere Bedeutung? Welche?

Zeit

- Sind Zeitangaben im Text vorhanden?
- Gibt es Hinweise zur Zeit (z. B. Jahreszeit, Tageszeit, Tag)?
- Haben Zeitangaben eine besondere Bedeutung? Welche?
- Über welchen Zeitraum erstreckt sich die Handlung (= erzählte Zeit)? Wie lang ist die Erzählzeit im Vergleich dazu?
- Gibt es Vorausdeutungen oder Rückblenden?

Figuren/Figurenkonstellation

- Welche Figuren kommen im Text vor?
- Welche sind die Hauptfiguren?
- Wie verhalten sie sich? Wie kann man dies bewerten?
- Mit welchen Textstellen kannst du deine Bewertung belegen?
- Was erfährt man über sie (z. B. Aussehen, Lebenssituation, Alter, Charakter, Einstellungen, Denk- und Verhaltensweisen, sprachliche Besonderheiten, Entwicklung)?
- Welche Handlungsmotive (Beweggründe für ihr Verhalten) haben sie?
- Was erfährt man über die Beziehung der Personen zueinander?

Sprache und Stil

- Ist der Text in Standard- oder Umgangssprache, Jugendsprache oder Dialekt gehalten?
- Wie sind die Sätze aufgebaut? Gibt es viele Nebensätze oder gar keine?
- Sind die Sätze vollständig oder eher abgehackt?
- Kommt wörtliche Rede vor?
- Gibt es Auffälligkeiten bei der Wortwahl? Sind manche Wortarten z. B. besonders häufig vertreten?
- Welche Stilmittel oder sprachlichen Bilder werden verwendet (z. B. Vergleich, Personifikation, Metapher)? Welche Wirkung haben sie jeweils?
- Gibt es Auffälligkeiten bei der Zeichensetzung oder bei der Wahl des Tempus? Welche Wirkung hat dies jeweils?

Autoren-/Zeitbezug

- Kannst du Bezüge zu Entstehungszeit oder der Autorin/dem Autor herstellen?
- Wie hilft dies beim Textverständnis?

Atmosphäre

- Wie lässt sich die Atmosphäre im Text beschreiben?
- Verändert sich diese?

Die Textbeschreibung Prosa muss also folgende Komponenten enthalten:

Einleitung	Fester Bestandteil der Einleitung ist der sogenannte **Basissatz**, der den **Titel** des Textes, dessen **Autor*in**, die **Textsorte**, die **Quellenangabe** sowie das **Thema** des Textes beinhaltet. Daran schließt sich eine **geraffte Inhaltswiedergabe** an. Das heißt, die Einleitung entspricht einer klassischen Inhaltsangabe mit den beiden genannten Bestandteilen.
Hauptteil	Hier musst du die **Aspekte bzw. Schwerpunktsetzung** der jeweils vorliegenden **Aufgabenstellung** berücksichtigen und dir selbst noch einmal klarmachen, welche „Bausteine" der Textbeschreibung erarbeitet und verschriftlicht werden müssen. Der Hauptteil ist nur dann vollständig, wenn alle genannten Aspekte aus der Aufgabenstellung eingearbeitet wurden.
Schluss	Am Ende deines Textes ist es sinnvoll, auch auf die **mögliche Intention** des Textes bzw. der Autorin/des Autors einzugehen. Zudem soll ein **möglicher Transfer** des Themas oder der Handlung auf dein eigenes Leben, die heutige Zeit oder andere Lebensbereiche vorgenommen und verschriftlicht werden. Außerdem sollst du eine **Stellungnahme** verfassen. Dabei kannst du z. B. zur sprachlichen Gestaltung und Thematik des Textes Position beziehen oder beschreiben, was dich am Text irritiert oder nachdenklich macht.

Insgesamt kannst du für den **Aufsatz 50 Punkte** bekommen. Der **Inhalt** kann mit bis zu **25 Punkten** bewertet werden. Dabei erhältst du z. B. Punkte …

- für die Qualität der verbindlichen Elemente der Einleitung (Basissatz, geraffte Inhaltswiedergabe),
- für die Erarbeitung der inhaltlichen Schwerpunkte inkl. passender Textbelege,
- für die Verwendung der entsprechenden Fachbegriffe,
- dafür, dass sich deine Erkenntnisse bzw. Erklärungen aufeinander beziehen (keine reine Auflistung) sowie logisch nachvollziehbar sind, und
- für die Qualität der verbindlichen Elemente im Schlussteil.

6.1 Anforderungsbereiche (AFB)

Der Bildungsplan für die Sekundarstufe im Fach Deutsch definiert **drei** sogenannte **Anforderungsbereiche (= AFB)**, die sich in jeder Aufgabe in unterschiedlicher Form wiederfinden. Die einzelnen Anforderungsbereiche machen deutlich, welche Art der Leistung bei der Bearbeitung einer Aufgabe erbracht werden muss.

- **Anforderungsbereich I** umfasst die **Reproduktion**, das heißt die Wiedergabe oder die wiederholende Zusammenfassung von gelernten Sachverhalten. Bei diesen Aufgaben soll also zum Einsatz gebracht werden, was im Unterricht erarbeitet und gelernt wurde, z. B. das Faktenwissen zur Lektüre.
- **Anforderungsbereich II** beinhaltet unter anderem das selbstständige Auswählen, Ordnen, Erläutern oder Vergleichen von Inhalten, also die sogenannte **Reorganisation** von Bekanntem. Du sollst außerdem zeigen, dass du in der Lage bist, Arbeitsweisen, die du im Unterricht gelernt hast, anzuwenden, z. B. auf ein unbekanntes Gedicht oder eine Kurzgeschichte.
- **Anforderungsbereich III** betrifft die selbstständige gedankliche Leistung. Hier müssen Sachverhalte und Zusammenhänge eigenständig ausgewertet, durchdacht und begründet beurteilt oder sprachlich gestaltet werden, um zu einer differenzierten und kritischen Wertung zu gelangen. Zudem sollst du zeigen, dass du das Erarbeitete auf neue Zusammenhänge und Sachverhalte übertragen kannst. Du sollst also deine Fähigkeit zum **Transfer** beweisen.

Die Aufgabenstellung ist meist so formuliert, dass die Arbeitsanweisung bzw. der gewählte Operator (= das handlungsleitende Verb) klarmacht, in welchem Anforderungsbereich die Aufgabe angesiedelt ist.

6.2 Operatoren

Operatoren sind „handlungsleitende Verben" und machen deutlich, welche konkrete Handlung bei einer Aufgabenstellung verlangt wird. Dadurch wird z. B. klar, ob eine stichwortartige Darstellung, eine ausführliche Textvariante oder ein schlichter Antwortsatz erwartet wird. Operatoren lassen sich den Anforderungsbereichen des Bildungsplans zuordnen und geben damit einen Hinweis auf die Ausrichtung der entsprechenden Aufgabe. Durch ihre konkreten Vorgaben dienen Operatoren dazu, Arbeitsaufträge eindeutig zu formulieren und voneinander abzugrenzen. Sie geben außerdem vor, welche Maßstäbe bei der Korrektur und Bewertung angesetzt werden.

Diese Operatoren kommen häufig in Aufgabenstellungen vor:

Operator	Beschreibung	Beispiel	AFB
(be-)nennen	Du sollst z. B. Begriffe, Gegenstände oder Sachverhalte aufzählen oder zuordnen.	*Nenne Gründe für Peters Heimweh.*	I
beschreiben	Hier müssen z. B. Personen, Situationen oder Sachverhalte in eigenen Worten dargestellt werden.	*Beschreibe Nics Verhalten gegenüber seinem Sohn.*	I
bestimmen	Du sollst Gegebenheiten und Inhalte nach festgelegten Kriterien feststellen.	*Bestimme die Wortarten der unterstrichenen Wörter.*	I
formulieren	Hier soll z. B. ein Ergebnis, ein Standpunkt oder ein Eindruck knapp zum Ausdruck gebracht werden.	*Formuliere, welchen Standpunkt die Autorin im Text vertritt.*	I
skizzieren	Du sollst z. B. eine Person, eine Handlung, einen Entwicklungsprozess oder einen Sachverhalt in groben Zügen darstellen.	*Skizziere den Handlungsverlauf.*	I
wiedergeben	Du hast die Aufgabe, Informationen aus einem vorliegenden Text zusammenfassend in eigenen Worten zu präsentieren.	*Gib wieder, welche Gründe für Schulangst im Text genannt werden.*	I
darstellen/ darlegen	Hier sollen z. B. Zusammenhänge, Entwicklungen, Meinungen oder Probleme neutral wiedergegeben werden.	*Stelle anhand des Textes den Zusammenhang zwischen Fleischkonsum und Klimawandel dar.*	I, II
zeigen/ aufzeigen	Von dir wird erwartet, dass du z. B. Zusammenhänge, Entwicklungen oder Probleme unter einer bestimmten Fragestellung wiedergibst.	*Zeige anhand von Textbeispielen, dass die Hauptfigur mutig gehandelt hat.*	I, II
zusammenfassen	Du sollst z. B. Inhalte und Zusammenhänge von Texten auf das Wesentliche beschränkt wiedergeben.	*Fasse zusammen, was Lena schlussendlich zur Flucht bewegt hat.*	I, II
analysieren/ untersuchen	Bei dieser Aufgabe sollen z. B. formale und inhaltliche Aspekte eines Textes unter einer bestimmten Fragestellung herausgearbeitet werden.	*Analysiere, inwieweit Jans Verhalten durch seine Freunde beeinflusst wird.*	II
begründen	Es geht darum, z. B. eine Position oder Vermutung durch Argumente (mit Belegen und Beispielen) zu stützen.	*Begründe, warum Dario mit Andy wegläuft.*	II

belegen	Hier sollen z. B. zu bestimmten Aussagen Zitate (Belege, Beweise) im Text gefunden und genannt werden.	*Belege deine Vermutungen am Text.*	II
charakterisieren	Du sollst z. B. Personen und ihre Eigenschaften darstellen.	*Charakterisiere die Hauptfigur.*	II
erklären	Hier musst du Sachverhalte in einen Zusammenhang stellen und begründen oder zu Schlussfolgerungen kommen.	*Erkläre die Schreibweise mit dem Doppelkonsonanten „mm".*	II
erläutern	„Erläutern" entspricht eigentlich dem Operator „erklären", enthält darüber hinaus aber noch den Aspekt, dass die Ergebnisse durch Zusatzinformationen und Beispiele veranschaulicht werden sollen.	*Erläutere Pauls Beweggründe für sein aggressives Verhalten.*	II
herausarbeiten	Hier sollen z. B. Strukturen oder Leitgedanken aus einem Text herausgelöst und auf das Wesentliche konzentriert dargestellt werden.	*Arbeite die drei Hauptgedanken des vorliegenden Sachtextes heraus.*	II
vergleichen	Du sollst Texte, Figuren, Sachverhalte oder Problemstellungen unter vorgegebenen oder selbst gewählten Aspekten einander gegenüberstellen und Gemeinsamkeiten sowie Unterschiede feststellen.	*Vergleiche die beiden Pflegerinnen Fabiola und Elisa miteinander.*	II
beurteilen / bewerten	Hier sollst du zu einem Text, einem Sachverhalt oder einem Problem zu einem selbstständigen und begründeten Urteil gelangen.	*Beurteile, wie geeignet dir die im Text genannten Maßnahmen zur Reduzierung von Plastikmüll erscheinen.*	III
erörtern	Es geht darum, bei einer These, Problemstellung oder Themenfrage das Für und Wider abzuwägen. Dabei sollst du verschiedene Perspektiven überprüfen sowie ein begründetes Urteil fällen, ggf. auch Schlussfolgerungen ziehen und Lösungsperspektiven entwickeln.	*Erörtere, ob es sinnvoll ist, Einwegprodukte aus Plastik zu verbieten.*	III
Stellung nehmen	Hier geht es darum, nach kritischer Prüfung und Abwägung eine Einschätzung zu einer Problemstellung, einem Sachverhalt oder eine Wertung zu formulieren.	*Nimm Stellung zur zentralen These des Autors, der zufolge Computerspiele die Gewaltbereitschaft bei Jugendlichen fördern.*	III

ÜBUNGSAUFGABEN

Abschlussprüfung an Realschulen in Baden-Württemberg
Übungsaufgabe 1

PFLICHTTEIL A 1 — 25

Text **Plastikmüll: Schluss mit dem Konsum für die Tonne!**

Die Welt versinkt in Plastik. Und das nur, weil sich Millionen Menschen einen Konsum angewöhnt haben, der die ökologischen Folgen komplett ausblendet. Essay von Vivien Timmler

Zuerst die gute Nachricht. Strohhalme aus Kunststoff sterben aus, Einweggeschirr auch und Plastiktüten sowieso. Immer mehr Menschen hasten mit wiederverwendbaren To-Go-Bechern und Lunch-Boxen durch die Gegend. Und wagt es ein Supermarkt, klein geschnittenes Obst oder einzelne Bananen in Plastikverpackung anzubieten, ist ihm der virale Shitstorm sicher. Selten war das Bewusstsein für nachhaltiges Handeln so groß wie zurzeit. Nicht nur die großen Umweltverbände, sondern auch die Bundesregierung und die EU-Kommission haben Plastikmüllbergen den Kampf angesagt. Und so ökopopulistisch die Debatte gelegentlich auch geführt wird: Immerhin findet sie statt.

Doch die Realität sieht anders aus. Deutschland ist Europameister im Wegwerfen. 220 Kilo Verpackungsmüll fallen in Deutschland jedes Jahr pro Kopf an. Das ist absurd viel. Und es wird nicht weniger, im Gegenteil: Die Flut an Verpackungsmüll schwillt weiter an. Bis heute hat die Welt den Planeten mit unfassbaren 8,3 Milliarden Tonnen Kunststoff überzogen. Sichtbar wird das in Ländern wie Malaysia, Thailand oder Indien, wo Menschen und Umwelt am Müll der westlichen Welt zu ersticken drohen.

Noch immer glauben zu viele Menschen, der Müll in den Weltmeeren sei ein anderer als der, den sie zu Hause in die Tonne werfen. Was kann Deutschland, der Recycling-Vorreiter, schließlich dafür, wenn in Malaysia schmutziges Plastik in die Meere gelangt? Eine ganze Menge.

Etwa ein Drittel der Verpackungen, die im Gelben Sack landen, gelten nach wie vor als „nicht recyclingfähig“. Sie sind entweder stark verschmutzt oder bestehen aus Verbundmaterialien, die nur schwer voneinander zu trennen sind. Aber anstatt bessere Sortieranlagen zu entwickeln, war es bislang günstiger, den Plastikmüll einfach zu verbrennen – oder ihn zu exportieren. […]

Das eigentliche Ziel ist die Vermeidung von Plastikmüll

Doch es wäre falsch, nur die Industrie in die Verantwortung zu nehmen. Denn auch die besten Verwertungsanlagen und höchsten Recyclingquoten können nichts zur eigentlichen Lösung des Problems beitragen: der Vermeidung von Müll.

Es braucht einen grundlegenden Bewusstseinswandel. Millionen Menschen hierzulande haben sich einen Konsum angewöhnt, der die ökologischen Folgen komplett ausblendet. Es ist ja auch so bequem: die einzeln verpackten Bonbons, die in der Tüte nicht zusammenkleben; das eingeschweißte Steak, das sich ein paar Tage länger hält als das von der Frischetheke; die bereits portionierten Joghurts im Viererpack mit der praktischen Papp-Ummantelung. Der Mensch sieht schlicht keine Notwendigkeit mehr, sparsam mit Verpackungen umzugehen.

Was sich aber jeder Kunde vor Augen halten sollte: Jedes Mal, wenn er eine Kaufentscheidung tätigt, trifft er eine weitere Wahl: für das eigene, flüchtige Wohl und gegen das der Umwelt. Denn mit dem unreflektierten Konsum steigt auch das Abfallaufkommen. […]

Jeder Einzelne muss spüren, dass das Konsumverhalten, das er gewohnt ist, mit einer intakten Umwelt nicht vereinbar ist

[…] Einwegplastik muss schlicht aus den Regalen verschwinden, stattdessen braucht es neue Pfandsysteme etwa für Fertiggericht-Schüsseln, Frischeboxen oder Shampooflaschen, ähnlich dem „Milchmann-Modell" der Fünfzigerjahre. Jeder Einzelne muss spüren, dass das Konsumverhalten, das er gewohnt ist, mit einer intakten Umwelt nicht vereinbar ist. Dass sich etwas ändern muss. […]

Hinzu kommt, dass es mittlerweile für wirklich jedes Einwegprodukt gute Alternativen gibt. Und ausnahmslos jeder ist in der Lage, auf die kleinen Dinge des Einkaufs achtzugeben: Mehrweg statt Einweg. Unverpackt statt doppelt und dreifach. Eigene Behälter mitbringen. Und warum nicht einfach mal auf ein unnötig in Plastik verpacktes Produkt verzichten und dem Hersteller das auch so mitteilen? Es muss nicht gleich Zero Waste sein, wenn auch kleine Schritte zu mehr Nachhaltigkeit führen. Ein wöchentlicher Besuch in einem der immer häufiger werdenden Unverpackt-Läden beispielsweise: Kunden können sich dort unverderbliche Ware wie Nudeln, Reis oder Müsli zu fairen Preisen in eigene Behälter abfüllen. Das ließe sich leicht durchdeklinieren: Niemand muss für ein paar Hundert Milliliter Shampoo eine neue Plastikflasche kaufen. Auch bei Toilettenpapier ergibt die Plastikfolie nicht wirklich viel Sinn. Und möchte wirklich irgendjemand die ewig schmierigen Wurstfolien verteidigen?

Der Verzicht ist nötig – und er ist nicht automatisch teuer. Wir müssen uns nur entscheiden, in welcher Währung wir zahlen möchten. In Geld? Dann ab mit dem Jutebeutel in den Demeterladen. In Zeit? Lebensmittel retten geht auch legal, ist eben nur aufwendig – genau wie selbst hergestellte Zahnpastas und Waschmittel. Oder aber wir machen so weiter wie bisher und zahlen mit der dritten Ressource, die noch um einiges wertvoller ist als Zeit und Geld: der Umwelt. Tun wir es nicht.

Quelle: Vivien Timmler: Schluss mit dem Konsum für die Tonne! Süddeutsche Zeitung vom 24. 02. 2019. Im Internet unter: www.sueddeutsche.de/wirtschaft/plastikmuell-plastik-konsum-muell-verzicht-1.4341196-0

Textverständnis

1 Prüfe, welche der folgenden Aussagen mit dem Sachtext übereinstimmen. Notiere entsprechend „trifft zu“, „trifft nicht zu“ oder „nicht genannt“. (3)

a Nachhaltiges Handeln und Einkaufen ist derzeit vielen Menschen wichtig.

b Die Menge an Verpackungsmüll hat sich in Deutschland in den letzten Jahren bereits verringert.

c Da viele Materialien, die wir in den Gelben Sack werfen, bisher nicht recycelt werden konnten, wurden in letzter Zeit bessere Sortieranlagen entwickelt.

d Politiker und verschiedene Verbände haben das Problem erkannt und versuchen, mittels Verboten die Plastikmüllmenge zu reduzieren.

e Nur mit der Vermeidung von Müll kann man das Plastikproblem lösen.

f Neuartige sogenannte Bio-Kunststoffe könnten in Zukunft herkömmliches Plastik ersetzen.

2 Erkläre kurz, weshalb die Annahme vieler Menschen in Deutschland, der Müll in den Weltmeeren sei nicht von ihnen verursacht, falsch ist. (2)

3 Der Text betont an verschiedenen Stellen, dass sich das Verhalten der Verbraucher ändern muss, um die Plastikmüllmenge zu reduzieren. Nenne stichpunktartig drei Maßnahmen aus dem Text, die Beispiele für nachhaltiges Handeln darstellen. Gib die Zeilenangaben an. (1,5)

4 Erläutere in zwei bis drei Sätzen den Sinn dieser Aussage: „Jedes Mal, wenn [der Kunde] eine Kaufentscheidung tätigt, trifft er eine weitere Wahl: für das eigene, flüchtige Wohl und gegen das der Umwelt.“ (Z. 40–42) (2)

Sprachgebrauch

1 Bestimme die Wortarten der unterstrichenen Wörter. Verwende jeweils den lateinischen Fachbegriff. (2)

Jeder Einzelne muss spüren, dass das Konsumverhalten, das er gewohnt ist, mit einer intakten Umwelt nicht vereinbar ist.

2 Schreibe die unten stehenden Sätze mit allen fehlenden notwendigen Kommas auf. Begründe deine Einsetzung jeweils stichpunktartig mit der passenden Kommaregel. (4)

a Um die Menge an Plastikmüll nennenswert zu reduzieren wird ein Verbot von Strohhalmen aus Kunststoff nicht ausreichend sein.

b Klein geschnittenes Obst in Kunststoffverpackung einzelne Bananen oder Gurken in Plastikfolie doppelt verpackte Bonbons oder Salate in Einwegschüsseln lösen bei vielen Kunden mittlerweile mehr als nur ein Kopfschütteln aus.

c Ärmere Länder leiden unter dem Müll der westlichen Welt weil der Export von Plastikmüll bislang günstiger ist als die Entwicklung besserer Recycling-Anlagen.

d Jeder Einzelne kann mit seinen Kaufentscheidungen die auch die Umwelt berücksichtigen und nicht nur das eigene kurzfristige Wohl einen kleinen Teil zur Lösung des Müllproblems beitragen.

3 Bestimme jeweils die Zeitform. Verwende den lateinischen Fachbegriff. (1)

a Deutschland wird immer als Recycling-Vorreiter angesehen.

b Der Verzicht auf Produkte in Einwegverpackungen wird in Zukunft generell notwendig werden.

4 Formuliere den folgenden Satz ins Aktiv um. Behalte dabei die Zeitform bei. (1)

Bisher ist zu sehr auf Kosten der Umwelt gelebt worden.

5 Bilde aus den folgenden Wortbestandteilen Wörter, mit denen sich die unten stehenden Sätze sinnvoll ergänzen lassen. Schreibe die Wörter so auf, wie sie jeweils in die Lücken eingefügt werden müssten. Achte auf die richtige grammatikalische Form und korrekte Rechtschreibung. (2)

1. Bestandteile	**2. Bestandteile**
zustande	gehen
entlang	kommen
weiter	sein
da	laufen

a Die Deutschen sind Europameister im Wegwerfen und deshalb zu einem großen Teil mitverantwortlich am … der großen Menge an Verpackungsmüll auf der Welt.

b Wenn die Entwicklung so …, wird es auf der Erde kaum mehr einen Flecken geben, an dem die Tier- und Pflanzenwelt nicht von Plastikmüll bedroht ist.

c Schon jetzt haben wir, wenn wir an einem Strand …, unzählige Mikroplastikartikel unter den Füßen.

d Ob es auf der Welt jemals wieder so aussehen wird, als wäre der Plastikmüll nie …, ist sehr fraglich.

6 Formuliere den Satz so um, dass das Subjekt im Vorfeld steht, und bestimme anschließend das unterstrichene Satzglied. (2)

„Selten war das Bewusstsein für nachhaltiges Handeln so groß wie zurzeit." (Z. 8/9)

7 Erläutere die unterstrichenen sprachlichen Bilder aus dem Text in eigenen Worten. (3)

a „Schluss mit dem Konsum für die Tonne!" (Überschrift)

b „Die Welt versinkt in Plastik." (Z. 1)

c „Strohhalme aus Kunststoff sterben aus, Einweggeschirr auch und Plastiktüten sowieso." (Z. 4)

8 Nenne für die unterstrichenen Begriffe jeweils ein Wort oder einen Ausdruck mit ähnlicher Bedeutung. (1,5)

a „Doch die <u>Realität</u> sieht anders aus.“ (Z. 13)

b „Millionen Menschen hierzulande haben sich einen <u>Konsum</u> angewöhnt […].“ (Z. 33/34)

c „Jeder Einzelne muss spüren, dass das Konsumverhalten, das er gewohnt ist, mit einer <u>intakten</u> Umwelt nicht vereinbar ist.“ (Z. 49/50)

Matthias Brandt: Blackbird

1 Nenne zwei mögliche Gründe, warum Motte sofort in Tränen ausbricht, als er davon erfährt, dass Bogi ins Krankenhaus musste. (2)

2 Arbeite heraus, welches Gefühlschaos Motte erlebt, als er Bogi das erste Mal im Krankenhaus besucht (vier Aspekte). (4)

3 „Am Abend stand ich plötzlich meinem Vater im Wohnzimmer gegenüber, wir waren uns dort zufällig begegnet.“ (S. 48) (4)

Analysiere Mottes Verhältnis zu seinen Eltern (vier Aspekte).

4 Arbeite heraus, welche Erkenntnisse Motte über Steffi gewinnt, als er sie nach seinem Joint mit Neandertal-Klaus in der Stadt trifft. (3)

5 „Ich dachte: ‚Der Bogi …‘ – und dann fühlte ich etwas, wofür ich keine Worte hatte, was sehr wehtat, erst unter der Zunge, dann hinten am Kopf und am Ende auf der linken Seite, direkt unter den Rippen. Etwas, das bitter schmeckte und kurz und grell aufleuchtete […]. Dann schüttelte ich den Gedanken mit einem Ruck aus meinem Kopf […].“ (S. 38) (12)

Am Abend nach dem Besuch bei Bogi im Krankenhaus versucht Motte dieses Gefühl, das er beim Verlassen des Krankenzimmers gespürt hat, in Worte zu fassen.

Schreibe Mottes Tagebucheintrag (mind. 200 Wörter).

Mirjam Pressler: Nathan und seine Kinder

1 Nenne drei Gründe, weshalb es Daja so leichtfiel, ihre Heimat zu verlassen und sich dem Zug der Kreuzfahrer*innen nach Jerusalem anzuschließen. (3)

2 Erkläre mithilfe eines Zitats aus dem Roman, weshalb Geschem nach dem Brand in Nathans Haus befürchtet, dass er das Haus verlassen muss. (3)

3 Analysiere, welche Gefühle und Gedanken den Tempelritter umtreiben, nachdem Daja in ihrem Gespräch Rechas wahre Herkunft angedeutet hat (drei Aspekte). (3)

4 Zeige anhand von Zitaten aus dem Text auf, wie sich Recha am Tag nach dem Brand bei ihrem Spaziergang durch die Stadt fühlt und zu welcher Erkenntnis sie gelangt. (3)

5 „[D]ie Worte, die sie uns entgegenrief, kamen nur abgehackt aus ihrem Mund: ‚… Unglück … Feuer … Recha … mit Gottes Hilfe …‘
Ich sah, wie Nathan erstarrte und zu zittern begann, jegliche Farbe wich aus seinem Gesicht […].“ (S. 43) (13)

Schreibe Nathans inneren Monolog, der ihm in diesem Moment durch den Kopf gehen könnte (mind. 200 Wörter).

Bearbeite eine der drei folgenden Aufgaben.

Erörterung

Erörtere Möglichkeiten, wie du als Verbraucher*in zur Reduzierung von Plastikmüll beitragen kannst, und gehe auf Schwierigkeiten ein, die der Lösung des Problems im Wege stehen. Verwende die folgenden Materialien für deine Argumentation. Begründe deine Meinung.

Material 1 **Industrie wehrt sich gegen Plastikverbote: Wie sich die Plastikindustrie zurückmeldet**

Von Arvid Kaiser

Wer das Handwerk der Krisen-PR lernen will, findet derzeit kaum einen besseren Übungsfall als in der Plastikindustrie. In kurzer Zeit hat das Nischenthema Meeresmüll einen zentralen Platz in der Öffentlichkeit bekommen. Weit mehr als 100 Länder versuchen das Problem mit Verboten oder Steuern in den Griff zu bekommen. Die Branche ist in der Defensive. […]

Stolz ist die Industrie auf die von mehreren Konzernen zu Jahresbeginn gebildete „Allianz gegen Plastikmüll in der Umwelt“, die Milliarden in besseres Recycling investieren will. Was bleibt ihr auch anderes übrig? […]
Die Plastiklobby bestreitet nicht, dass ihre Produkte in der Umwelt ernsten Schaden anrichten. Ihr wichtigstes Argument jedoch: Die Alternativen könnten alles noch schlimmer machen. Im texanischen Austin würden seit dem Verbot von Einweg-Plastiktüten 2013 die dickeren Mehrweg-Plastiktüten die Kanalisation verstopfen.
Als Supertrumpf verweist die APBA[1] auf eine Studie des britischen Umweltamts, derzufolge leichte Plastiktüten im Vergleich am wenigsten Klimaschaden anrichten. Papiertüten müsse man schon – unrealistischerweise – viermal verwenden, Baumwolltaschen sogar 173-mal, um den CO_2-Ausstoß auf das Niveau einer Einweg-Plastiktüte zu bringen.
Die Studie stammt aus dem Jahr 2011 und stützt ihre Annahmen auf Daten von 2006, ist aber wirkungsvoll: Die Zahlen kursieren auch schon an deutschen Supermarktkassen. Das Klima riskieren, um die Meere zu schützen? Das Ausspielen verschiedener Umweltziele gegeneinander dürfte zwar wie im Fall der Atomkraft nicht weit führen. Mit dem Säen von Zweifeln lässt sich aber zumindest Zeit gewinnen – vor allem, wenn sie begründet sind und dann auch noch von unverdächtiger Quelle kommen.

So kommentiert auch Plastics Europe[2] den Plastikatlas: Zurzeit werde „der Trugschluss genährt, dass Konsum automatisch nachhaltig wird, wenn man nur die Plastikverpackung weglässt". Oft sei aber das Gegenteil der Fall. […]

Eine besondere Rolle spielt der Dax-Konzern Covestro, erst 2015 von Bayer abgespalten mit dem rasch wachsenden Verkauf von Plastik – pardon: „hochwertigen Polymer-Werkstoffen" – als Wachstumsstory. Das Leverkusener Unternehmen stellt zwar vor allem langlebige Produkte beispielsweise für Autos oder Gebäude her, hat also mit dem hauptsächlich kritisierten Einweg-Plastik wenig zu tun. Die Image-Probleme bekommt aber auch Covestro zu spüren.
Das „Handelsblatt" berichtet von einer Reise des Covestro-Chefs Markus Steilemann nach Indien – eines wichtigen Wachstumsmarkts, der aber noch restriktiver als die Europäer die Plastikflut eindämmen will. „Ich habe auf einer Konferenz hier gesagt, dass Plastik das Material des 21. Jahrhunderts ist", sagte der Manager. „Die Menschen haben darauf so reagiert, als wäre ich auf dem falschen Planeten." Ein indischer Geschäftspartner habe gescherzt, Steilemanns „High-Tech"-Visitenkarte aus Plastik dürfe er wohl nicht annehmen.
„Die Welt hat kein Kunststoffproblem", verteidigte sich Steilemann jüngst im „Tagesspiegel"-Interview. „Sie hat ein Problem mit dem Abfallmanagement." Eine „wirklich effektive globale Zirkulärwirtschaft" müsse dringend angegangen werden. Covestro selbst gehe mit gutem Beispiel voran: indem man sogar das Klimagas CO_2 selbst als Grundstoff anstelle von Erdöl nutze und so aus der Atmosphäre ziehe. Matratzenschaum und Turnhallenböden auf CO_2-Basis sind schon im Handel, viele weitere Produkte sollen folgen.
Nullenergiehäuser, Leichtbau von Fahr- und Flugzeugen – all das sei „kostengünstig ohne Kunststoffe nicht vorstellbar". Die Plastikindustrie will lieber Lösung als Problem sein.

Plastik ist leichter, flexibler, reiner, beständiger und vor allem günstiger als die gängigen Naturmaterialien – diese Vorteile werden reihenweise auch auf plastikkritischen Websites aufgezählt.

Die wohl wirksamste Gegenwehr zum Anti-Plastik-Kurs kommt ohnehin nicht von der Industrie selbst, sondern von Endkunden, die den Wandel ablehnen. In Australien kam es zu Tumulten, als eine Supermarktkette Einwegtüten aus dem Sortiment nahm. Und McDonald's erntete mit dem Wechsel zu Papierstrohhalmen in Großbritannien eine Petition mit hunderttausenden Stimmen. Daraufhin blieb die Burger-Kette doch lieber beim Plastik.

Quelle: Arvid Kaiser: Wie sich die Plastikindustrie zurückmeldet. Manager Magazin vom 12. 06. 2019. Im Internet unter: www.manager-magazin.de/unternehmen/artikel/plastik-industrie-meldet-sich-zurueck-lobby-gegen-verbote-a-1272003.html

Anmerkungen

1 American Progressive Bag Alliance: Industrieverband; wehrt sich gegen Verbote von Einweg-Plastiktüten

2 Plastics Europe: Verband der Kunststofferzeuger

Material 2 Schaubild

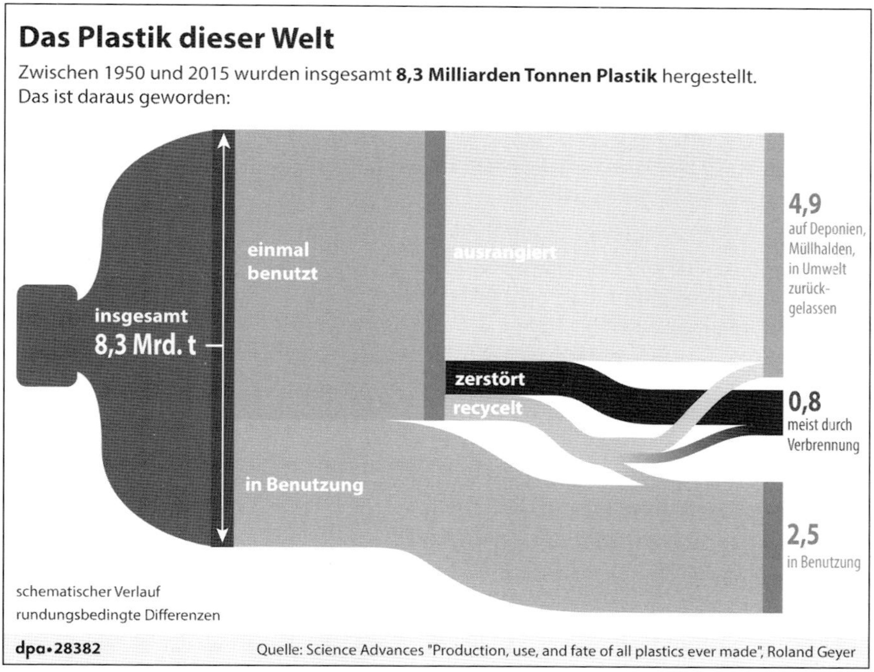

Quelle: © picture-alliance/ dpa-infografik

Text **Mascha Kaléko (1907–1975): Einmal sollte man**

Einmal sollte man seine Siebensachen
Fortrollen aus diesen glatten Geleisen.
Man müßte sich aus dem Staube machen
Und früh am Morgen unbekannt verreisen.

Man sollte nicht mehr pünktlich wie bisher
Um acht Uhr zehn den Omnibus besteigen.
Man müßte sich zu Baum und Gräsern neigen,
Als ob das immer so gewesen wär –

Man sollte sich nie mehr mit Konferenzen,
Prozenten oder Aktenstaub befassen.
– Man müßte Konfession und Stand verlassen
Und eines schönen Tags das Leben schwänzen.

Es gibt beinahe überall Natur,
– Man darf sich nur nicht sehr um sie bemühen –
Und so viel Wiesen, die trotz Sonntagstour
Auch werktags unbekümmert weiterblühen.

… Man trabt so traurig mit in diesem Trott –
Die andern aber finden, daß man müßte …
– Es ist fast, als stünd' man beim lieben Gott
Allein auf der schwarzen Liste.

Man zog einst ein Lebenslos „zweiter Wahl".
Die Weckeruhr rasselt. Der Plan wird verschoben.
Behutsam verpackt man sein kleines Ideal.
– *Einmal* aber sollte man … (Siehe oben!)

Quelle: Mascha Kaléko: Einmal sollte man. In: Das lyrische Stenogrammheft. 1933.

Aufgabenstellung

Fertige zu diesem Gedicht eine Textbeschreibung an. Bearbeite im Hauptteil folgende Schwerpunkte:

- Aufbau und Form
- Sprachliche Mittel und deren Wirkung
- Die Perspektive, aus der das Gedicht geschrieben ist
- Bezug zur Überschrift

Bewertet werden in deinem Aufsatz neben Inhalt, Aufbau und Form der Textbeschreibung auch Sprache und Rechtschreibung.

Text Botho Strauß (*1944): Rückkehr

Da gab es den Bäckermeister Alwin, der eines Morgens nicht mehr in seine Backstube kam, seine Frau Myriam verließ und nach Mexiko auswanderte. Dort kaufte er sich in eine Papierfabrik ein und wurde ein erfolgreicher Fabrikant. Schließlich gehörten ihm zwölf Papierfabriken in ganz Lateinamerika. Nach fünfundzwanzig Jahren kehrte er nach Hannover zurück. Dort lebte seine Frau immer noch in der kleinen Wohnung am Rande der Eilenriede. Sie war inzwischen fünfzig Jahre alt und litt eine bittere Armut. Als ihr Mann davon erfuhr, nahm er sich ein Herz und besuchte seine Frau in ihrer beider alten Bleibe. Die Frau saß bei einem Glas Pfirsichlikör an ihrem Tisch, an dem sie immer gesessen hatte, wenn die Küchenarbeit beendet war. Sie blickte auf, als ihr Mann plötzlich wieder neben ihr stand, und sah dann zurück auf die Tischplatte. Sie hörte, welch ein Angebot er ihr machte und welche Unterstützung er ihr versprach. Doch sie schüttelte den Kopf und bat ihn, sie wieder mit ihm allein zu lassen.

Quelle: Botho Strauß: Rückkehr. In: Kürzestgeschichten. Reclam 2010, S. 117.

Aufgabenstellung

Fertige zu diesem Text eine Textbeschreibung an. Bearbeite im Hauptteil folgende Schwerpunkte:

- Charakterisierung der Hauptfiguren
- Die Erzählperspektive
- Den Satzbau
- Bezug zwischen Überschrift und Inhalt

Bewertet werden in deinem Aufsatz neben Inhalt, Aufbau und Form der Textbeschreibung auch Sprache und Rechtschreibung.

Lösungsvorschlag

PFLICHTTEIL A 1

Textverständnis

1 **TIPP** **Hinweis zur Lösung**

Lies den Text nochmals genau durch und prüfe jede der angegebenen Aussagen einzeln, ob sie mit dem Inhalt übereinstimmt. Denke daran, dass einige Informationen nicht im Text enthalten sind; notiere dann „nicht genannt".

a trifft zu

b trifft nicht zu

c trifft nicht zu

d nicht genannt

e trifft zu

f nicht genannt

2 **TIPP** **Hinweis zur Lösung**

Achte auf die im Text genannte Begründung, warum der Müll in den Meeren doch auch aus Deutschland stammt – obwohl viele Menschen hierzulande denken, sie seien nicht dafür verantwortlich.

Ein großer Teil des Plastikmülls, der in Deutschland im Gelben Sack landet, kann in unseren Anlagen nicht recycelt werden. Da die Entwicklung besserer Sortieranlagen teuer ist, wird der Plastikmüll einfach verbrannt oder in andere Länder exportiert. Diese Länder sind jedoch häufig mit den großen Mengen an Müll überfordert, weshalb er dort teilweise auch in die Meere gelangt.

3 *Mögliche Antworten (nur drei erforderlich):*
- Wiederverwendbare To-Go-Becher und Lunch-Boxen nutzen (vgl. Z. 5/6)
- Auf Mehrweg- statt Einwegverpackungen achten (vgl. Z. 53)
- Auf in Plastik verpackte Produkte ganz verzichten (vgl. Z. 54/55)
- In Unverpackt-Läden einkaufen (vgl. Z. 57/58)
- Zahnpasta oder Waschmittel selbst herstellen (vgl. Z. 67)

4 **TIPP** **Hinweis zur Lösung**

Überlege, was mit der Aussage gemeint ist, und versuche, sie in eigenen Worten verständlich zu machen. Überprüfe deine Lösung anschließend daraufhin, ob sie tatsächlich den Sinn der ursprünglichen Aussage wiedergibt.

Mit dieser Aussage ist gemeint, dass jede*r von uns, wenn er etwas kauft, eine Entscheidung trifft, nämlich ob er in diesem Moment sich selbst etwas Gutes tut und damit der Umwelt langfristig schadet oder auf den Einkauf verzichtet und die Umwelt schont. Jeder Kauf ist mit einer Belastung für die Natur verbunden und dessen sollte sich jede*r bewusst sein.

Sprachgebrauch

1
- Einzelne: Substantiv / Nomen / substantiviertes Adjektiv
- dass: Konjunktion
- das (Konsumverhalten): Artikel, Demonstrativpronomen
- das: Relativpronomen

2 **TIPP** **Hinweis zur Lösung**

Erinnere dich an die wichtigsten Kommaregeln: Ein Infinitivsatz wird mit Komma abgetrennt, wenn er mit „um" (bzw. „ohne", „statt", „anstatt", „außer", „als") eingeleitet wird. Zwischen den einzelnen Teilen einer Aufzählung steht ein Komma, wenn sie nicht durch „und" oder „oder" miteinander verbunden sind. Außerdem steht zwischen Haupt- und Nebensatz ein Komma bzw. auch vor und nach dem Nebensatz, wenn dieser in den Hauptsatz eingeschoben ist.

a Um die Menge an Plastikmüll nennenswert zu reduzieren, wird ein Verbot von Strohhalmen aus Kunststoff nicht ausreichend sein.

Begründung: Komma bei einem Infinitivsatz

b Klein geschnittenes Obst in Kunststoffverpackung, einzelne Bananen oder Gurken in Plastikfolie, doppelt verpackte Bonbons oder Salate in Einwegschüsseln lösen bei vielen Kunden mittlerweile mehr als nur ein Kopfschütteln aus.

Begründung: Kommas bei einer Aufzählung

c Ärmere Länder leiden unter dem Müll der westlichen Welt, weil der Export von Plastikmüll bislang günstiger ist als die Entwicklung besserer Recycling-Anlagen.

Begründung: Komma zwischen Haupt- und Nebensatz

d Jeder Einzelne kann mit seinen Kaufentscheidungen, die auch die Umwelt berücksichtigen und nicht nur das eigene kurzfristige Wohl, einen kleinen Teil zur Lösung des Müllproblems beitragen.

Begründung: Kommas bei einem eingeschobenen Relativsatz

3 **TIPP** **Hinweis zur Lösung**

Lass dich nicht vom Hilfsverb „werden" verwirren. Es gibt mehrere Zeitformen, für die es gebraucht wird. Sieh dir seine „Begleiter" gut an: In Verbindung mit welchen Verbformen steht „werden" und was wird damit gebildet?

a Zeitform: Präsens

b Zeitform: Futur I

4 **TIPP** **Hinweis zur Lösung**

Da im Passivsatz die handelnde/n Person/en, also das Subjekt des Aktivsatzes weggelassen wurde/n, musst du dieses selbst ergänzen. Denke daran, bei der Umwandlung des Satzes die Zeitform beizubehalten.

Bisher haben die Menschen zu sehr auf Kosten der Umwelt gelebt.

5 **a** Zustandekommen

b weitergeht

c entlanglaufen

d da gewesen

6 **TIPP** **Hinweis zur Lösung**

Du findest das Subjekt im Satz, indem du die Frage „Wer oder was?" stellst und die Umstellprobe machst. Beginne den umformulierten Satz mit dem Subjekt und denke daran, dass das finite Verb in einem Aussagesatz immer auf der Position des zweiten Satzglieds steht (Verbzweitsatz). Satzglieder bestimmst du mithilfe der W-Fragen. Vermutlich kannst du rasch ausschließen, dass es sich bei dem unterstrichenen Satzglied um das Subjekt (Wer oder was?), das Prädikat (Was tut das Subjekt?) oder um ein Objekt handelt (Wessen? Wem? Wen oder was?). Denke also an die Kategorie der adverbialen Bestimmungen, die sich mit den Fragen „Wo? / Wohin?", „Wann? / Wie oft? / Wie lange?", „Wie?" oder „Warum?" erfragen lassen.

Das Bewusstsein für nachhaltiges Handeln war selten so groß wie zurzeit.

Satzglied: Adverbiale Bestimmung der Zeit/Temporaladverbiale

7 **TIPP** **Hinweis zur Lösung**

Lies die bildhaften Ausdrücke und den jeweiligen Zusammenhang, in dem sie im Text stehen, noch einmal nach. Beschreibe dann in eigenen Worten, wie sich die Sachverhalte anders, nämlich sachlich und ohne das sprachliche Bild, ausdrücken lassen. Überlege dazu, was die Formulierungen im wörtlichen Sinne bedeuten und wie sie auf den jeweils genannten Sachverhalt übertragbar sind.

a Damit ist gemeint, dass wir zu viele und oft unnötig verpackte Produkte kaufen, die oder deren Verpackung nach kurzer Zeit in der Mülltonne landen. Wir verursachen mit unserem Lebensstil also zu viel Müll.

b Versinken kann man in den Fluten, also im Wasser, oder im Schlamm, man geht unter, bekommt keine Luft mehr und stirbt. Wenn die Welt in Plastik versinkt, heißt das, dass die Menge an Plastikmüll auf der Erde so hoch ist, dass sie daran erstickt, also zugrunde geht.

c Das Verb „aussterben" kennt man üblicherweise von Tierarten oder Pflanzen, die zu bestehen aufhören, also nicht mehr existieren, meist aufgrund der Einwirkung durch den Menschen. Wenn Plastik-Strohhalme etc. „aussterben", bedeutet das, dass sie immer seltener produziert und verkauft werden. Der Grund dafür ist, dass viele Menschen und die Hersteller selbst darauf aufmerksam geworden sind, dass Plastikartikel schädlich für die Umwelt sind, und diese Dinge nicht mehr benutzen bzw. in Umlauf bringen möchten.

8 **TIPP** **Hinweis zur Lösung**

Überlege, was mit den Begriffen jeweils gemeint ist; vielleicht hilft dir dabei der Zusammenhang im Text. Finde anschließend Wörter mit gleicher oder ähnlicher Bedeutung und setze sie zur Probe gedanklich in die Sätze ein – der Sinn des jeweiligen Satzes darf sich nicht verändern.

a Realität: Wirklichkeit, (tatsächliche) Gegebenheit, Sachlage

b Konsum: Verbrauch; hier ggf. auch: Einkaufsverhalten, Lebensstil

c intakt: unversehrt, unbeschädigt, heil

PFLICHTTEIL A 2

Matthias Brandt: Blackbird

1 **TIPP** **Hinweis zur Lösung**

Der Operator „nennen" verlangt dass du bestimmte Aspekte des Romans knapp aufzählen sollst. Du kannst dich deshalb kurzfassen. Da die Gründe für Mottes Gefühlsausbruch jedoch nicht einfach aus dem Text „abgelesen" werden können, sondern erschlossen werden müssen, solltest du jeweils in ein bis zwei Sätzen erklären, wie du zu dieser Ansicht gekommen bist.

Der erste Grund, weshalb Motte sofort in Tränen ausbricht, als er von Bogis Krankenhausaufenthalt erfährt, ist vermutlich die Tatsache, dass dadurch ihre gemeinsamen Pläne über den Haufen geworfen werden. Motte und Bogi hatten sich sehr auf die bevorstehende Turnierfahrt gefreut, Bogi hatte Wein besorgt, den sie zusammen trinken wollten, und sie hatten vermutlich noch weitere Pläne für das gemeinsame Wochenende geschmiedet. Mit der plötzlichen Veränderung, nämlich dass Bogi nicht mitfahren wird, kommt Motte in diesem Moment nicht zurecht.
Ein zweiter Grund für Mottes Gefühlsausbruch könnte sein, dass er unterbewusst bereits ahnt, dass sich ab sofort etwas Grundlegendes verändern wird. Er denkt vielleicht noch nicht, dass Bogi sterben könnte, aber die plötzliche Einweisung ins Krankenhaus und die Unklarheit darüber, wie schlimm Bogis Krankheit ist, lassen ihn nichts Gutes erwarten. Motte ist angesichts der Lage, in der sich sein bester Freund plötzlich befindet, in einer Art Schockzustand.

2 **TIPP** **Hinweis zur Lösung**

Bei dieser Aufgabe musst du den Text noch einmal genau lesen. Trage zusammen, was bei der Schilderung von Mottes Besuch über seine Gefühle berichtet wird, und notiere dir zunächst passende Stichpunkte. Formuliere anschließend deine Antwort aus.

Zu seinem eigenen Erstaunen ist Motte nicht besonders traurig darüber, dass Bogi im Krankenhaus liegt, sondern vor allem aggressiv und sauer – sogar auf Bogi selbst. Er hat den irrationalen Gedanken, dass Bogi „mit dem Scheiß" (S. 25) aufhören und gesund werden solle, als könnte Bogi dies in irgendeiner Weise beeinflussen.
Motte denkt in diesem Moment egoistisch, denn es wird deutlich, dass er einfach sein altes Leben wiederhaben möchte, wozu auch sein bester Freund gehört.

Andererseits macht sich Motte auch Sorgen um seinen kranken Freund. Bogi so zu sehen, kann er kaum ertragen, und er möchte am liebsten wegrennen. Gleichzeitig freut er sich aber auch, ihn wiederzusehen. Er findet es jedoch „zum Kotzen" (S. 26), dass das Gespräch nicht in Gang kommt, und gibt sich selbst die Schuld daran.

3 **TIPP** **Hinweis zur Lösung**

Der Operator „analysieren" verlangt, dass du inhaltliche Aspekte des Romans unter einer bestimmten Fragestellung herausarbeiten sollst. Bei dieser Aufgabe musst du zunächst Textstellen finden, die über das Verhältnis zwischen Motte und seinen Eltern Auskunft geben. Suche anschließend vier Zitate heraus, die die Beziehung am anschaulichsten charakterisieren. Analysiere die Textstellen, indem du dir überlegst, was sie über das Verhältnis zwischen Eltern und Sohn aussagen. Schreibe anschließend deinen Text und binde die Zitate dabei passend ein.

Motte und sein Vater sind sich offenbar schon länger fremd, denn sie gehen sich nicht nur in der Zeit vor der eigentlichen Trennung der Eltern aus dem Weg, sondern sind sich schon immer nur „zufällig" (S. 48) begegnet. Mit dieser ungewöhnlichen Beschreibung für die Beziehung zwischen Vater und Sohn ist vermutlich gemeint, dass Motte und sein Vater kein enges Verhältnis hatten und haben. Die beiden hatten wahrscheinlich keinen „guten Draht" zueinander und lebten wohl mehr oder weniger nebeneinanderher.
Die Formulierung, dass es Motte „nicht wirklich etwas ausmach[t]" (S. 51), dass der Vater die Familie verlässt, lässt darauf schließen, dass es ihm eben nicht gleichgültig ist, auch wenn er so tut, als wäre dies so. Wahrscheinlich wäre es ihm lieber, wenn die Familie intakt bliebe, und vielleicht hat er auch das Gefühl, vom Vater verlassen zu werden. Auch die Aussage, dass es Motte „eigentlich" (S. 51) nichts ausmacht, dass der Vater nicht weiß, was er mit seinem Sohn reden soll, ist aufschlussreich: Das schlechte Verhältnis zu seinem Vater belastet Motte doch.
Von seiner Mutter ist Motte neuerdings vor allem genervt. Da sie sich vorgenommen hat, sich mehr um ihn zu kümmern, „quatsch[t] sie [ihm] in alles Mögliche rein" (S. 53) und möchte mit ihm über seine Gefühle reden. Das findet Motte offenbar sehr übergriffig und er versucht deshalb, ihr aus dem Weg zu gehen, indem er so schnell wie möglich in seinem Zimmer verschwindet und sich dort verkriecht. Zum Teil liegt dieses Verhalten jedoch auch daran, dass Motte die Traurigkeit seiner Mutter fertigmacht (vgl. S. 61). Eigentlich möchte er vor allem dieser aus dem Weg gehen, weshalb er sich lieber zurückzieht.

4 Auch wenn Motte in diesem Moment ziemlich bekifft und „neben der Spur“ ist, bemerkt er doch, dass es „gar nicht so leicht“ (S. 161) ist, Steffi zu widersprechen. Sie weiß offenbar, was sie will, und setzt dies auch durch. In dieser Situation ist Motte froh, dass sie die Führung übernimmt. Er fühlt sich aber auch wohl in ihrer Nähe, wie er „etwas überrascht“ (S. 162) feststellt. Anders als viele Leute, mit denen Motte tagtäglich zu tun hat, macht sie ihm keinen Stress. Außerdem sieht Steffi gut aus – ebenfalls eine Tatsache, die Motte zum ersten Mal auffällt. Was Motte jedoch besonders „schön“ (S. 164) findet, ist, dass er Steffi nichts erklären muss, sondern dass sie meistens versteht, was er will, bevor er es sagt bzw. sogar selbst weiß. Außerdem ist er davon beeindruckt, dass Steffi sehr direkt ist und die Situation bei Motte zu Hause rasch erfasst hat und punktgenau analysiert (vgl. S. 165/166).

5 **TIPP** **Hinweis zur Lösung**

Lies die angegebene Textstelle und einige Seiten davor noch einmal durch. Versetze dich in Motte hinein und überlege, wie es ihm nach dem Besuch bei Bogi ging bzw. welche Gefühle sich wie im Zitat beschrieben äußern könnten. Nimm in deinem Tagebucheintrag Bezug auf das, was im Roman über den Besuch berichtet wird. Informationen zur Textsorte „Tagebucheintrag“ findest du im vorderen Teil dieses Buches.

Heute habe ich Bogi im Krankenhaus besucht und ich bin immer noch sauer auf mich, dass das alles so krampfig war. Wir wussten überhaupt nicht, was wir miteinander reden sollen. Es wäre doch meine Aufgabe gewesen, Bogi ein wenig abzulenken, ihm Mut zu machen, ihm das Gefühl zu geben, dass er einer von uns ist. Aber ich konnte nicht. Es ging einfach nicht. Das können mir alle noch so sehr eintrichtern, wie wichtig das ist – aber wie soll das bitte gehen, wenn Bogi da rumliegt mit dieser Scheißkrankheit, die sich anhört, als wäre sie gar keine? Ich hatte mich total gefreut, ihn zu sehen, und gleichzeitig wollte ich nur noch weg. Und als wir uns verabschiedet hatten und ich aus dem Zimmer raus bin, hatte ich ein ganz komisches Gefühl. Es tat weh, unter der Zunge, hinten am Kopf und auf der linken Seite unter den Rippen. Und es schmeckte bitter und leuchtete gleichzeitig grell auf. Ich habe noch kurz gesehen, wie Bogi sich hinlegte, und er sah so krank aus und so erschöpft … Er wird daran sterben. Mein bester Freund wird nicht mehr lange da sein. Ich glaube, das ist mir in diesem Moment klar geworden. Was soll ich nur ohne ihn tun? Er ist doch der Einzige, der mich versteht und mit dem ich über alles reden kann. Wobei, meistens müssen wir gar nichts sagen, weil eh klar ist, was der andere meint. Ich habe keine Ahnung, wie das werden soll … ohne Bogi. (244 Wörter)

Mirjam Pressler: Nathan und seine Kinder

1 **TIPP** **Hinweis zur Lösung**

Der Operator „nennen“ verlangt hier, dass du die Gründe, weshalb Daja ihre Heimat verließ, knapp aufzählst. Achte dabei aber darauf, dass dein Antworttext trotz aller Kürze verständlich geschrieben ist. Gliedere deine Lösung am besten in Absätze und nenne pro Absatz jeweils einen von Dajas Gründen.

Mögliche Lösungen (nur drei erforderlich):

- Als in der Nähe des Dorfs, in dem Daja mit ihrer Großmutter lebte, Kreuzfahrer*innen ihr Lager aufschlugen, hörte Daja von deren Plan, Jerusalem aus den Händen der „Ungläubigen“ zu befreien. Den Predigern aus den Reihen der Kreuzfahrer*innen gelang es, viele Dorfbewohner*innen dafür zu gewinnen, sich dem Zug anzuschließen. Daja ließ sich leicht von dem „Wir-Gefühl“ und der allgemeinen Begeisterung, die die Kreuzfahrer*innen ausstrahlten, aber auch viele Dorfbewohner*innen bereits ergriffen hatte, anstecken (vgl. S. 30).
- Daja gesteht sich aber ein, dass bei ihr und vielen anderen weniger die Liebe zu Gott ausschlaggebend für den Entschluss zur Reise war. Vielmehr war es der versprochene Erlass aller Sünden und die zugesagte Befreiung vom Fegefeuer, vor dem viele, die ein nicht ganz gottesfürchtiges Leben führten, Angst hatten (vgl. S. 30).
- Daja begründet ihren Entschluss zum Aufbruch aus der Heimat aber auch damit, dass der Kreuzzug ihr die Gelegenheit gab, das freudlose und eintönige Leben bei ihrer Großmutter, die nie ein gutes Wort für sie übrighatte, hinter sich lassen zu können. Denn Daja war jung, abenteuerlustig und neugierig auf fremde Länder und Menschen, weshalb es ihr nicht schwerfiel, ihre Heimat zu verlassen und sich den Kreuzfahrerinnen und Kreuzfahrern anzuschließen (vgl. S. 30/31).
- Ein weiterer Grund könnte auch Gisbert gewesen sein, den Daja kurz nach der Ankunft der Kreuzfahrer*innen traf und der ihr sofort gefiel (vgl. S. 29). Ihr Aufbruch hatte wahrscheinlich auch damit zu tun, dass sie Gisbert nahe sein wollte und sich bereits eine gemeinsame Zukunft mit ihm vorstellen konnte.

2 **TIPP** **Hinweis zur Lösung**

Lies das Anfangskapitel des Romans noch einmal genau durch und suche ein passendes Zitat heraus, das die in der Aufgabe genannte Fragestellung beantwortet. Binde das Zitat anschließend in einen erklärenden Text ein, in dem du zusammenfasst, wie Geschem zu seiner Ansicht kommt.

Als Geschem aus seiner Ohnmacht erwacht, glaubt er zunächst, Recha sei tot. Sofort hat er das Gefühl, ein Versager zu sein, weil es seiner Ansicht nach seine Aufgabe gewesen wäre, Nathans Tochter zu retten. Er denkt, dass er damit die Gelegenheit verpasst hat, Nathan seine Dankbarkeit zu beweisen. Schließlich hat dieser ihn in seinem Haus aufgenommen. Er fühlt sich schuldig, weil er körperlich nicht imstande war, zu Rechas Rettung beizutragen. Sein vermeintliches Versagen bestärkt ihn in dem Gefühl, wertlos und unnütz zu sein, wie in folgendem Zitat deutlich wird: „Ich war ein Nichts, nur ein armseliger Schwächling, ein Krüppel, zu nichts zu gebrauchen. Unfähig, eine große Tat zu vollbringen, sogar unfähig, Dankbarkeit zu beweisen. Nicht wert, das Brot zu essen, das ihm gewährt wurde.“ (S. 12) Da er davon ausgeht, dass mit seiner Untätigkeit bei dem Unglück für alle Bewohner*innen des Hauses ersichtlich wird, dass er kein „nützliches“ Mitglied der Hausgemeinschaft ist, befürchtet er, Nathans Haus verlassen zu müssen.

3 Dajas Worte kommen dem Tempelritter im Nachhinein wie ein „verheißungsvolles Flüstern“ (S. 176) vor, da sie in ihm die Hoffnung wecken, Recha heiraten zu können. Dies wäre aus seiner Sicht nur möglich, wenn sie Christin ist. Er hat sich an dem Abend, den er in Nathans Haus verbracht hat, in sie verliebt, eine Heirat aber bisher ausgeschlossen, da sie nicht dem gleichen Glauben angehört wie er. Wenn Recha Christin wäre, könnte eine Hochzeit in greifbare Nähe rücken (vgl. S. 144/145).

Gleichzeitig verspürt er aber auch Verzweiflung, weil er als Tempelritter ein Keuschheitsgelübde abgelegt hat, weshalb eine Ehe für ihn generell nicht infrage kommt. In Gedanken macht er Helmfried, der ihm das Gelübde abgenommen hat, Vorwürfe. Als junger Mann, der er damals war und der noch nie verliebt gewesen war, habe er nicht gewusst, worauf er sich dabei einließ. Er findet, Helmfried hätte ihm den Schwur nicht abverlangen dürfen (vgl. S. 177). Darüber hinaus verspürt er nach Dajas Enthüllung von Rechas Herkunft und ihres christlichen Glaubens eine große Enttäuschung, weil Nathan ihm nicht die Wahrheit gesagt hat. Der Tempelritter fühlt sich von Nathan, der ihm ein väterlicher Freund geworden ist und den er bewundert, betrogen. Er ist enttäuscht, dass Nathan ihn offenbar genauso belogen hat wie sein Oheim Konrad von Stauffen (vgl. S. 179) und er Recha ebenfalls die Unwahrheit gesagt hat.

4 **TIPP** **Hinweis zur Lösung**

Lies den Abschnitt im Roman, in dem Rechas Spaziergang durch die Stadt beschrieben wird, noch einmal genau durch und markiere die Textstellen, die Rechas Gefühle und ihre Wahrnehmung der Welt verdeutlichen. Schreibe dann deinen Antworttext, in dem du aufzeigst, wie sich Recha während des Spaziergangs fühlt. Arbeite in deinen Text passende Zitate ein, die deine Aussagen verdeutlichen.

Recha fühlt sich bei ihrem Spaziergang, als sähe sie „alles zum ersten Mal" (S. 61) und als wären ihre Augen bisher „mit Blindheit geschlagen gewesen" (S. 61). Die Gerüche, als sie am Souk vorbeikommt, „kitzel[n] [ihre] Nase so aufreizend" (S. 62), wie sie es zuvor noch nie erlebt hat. Ihr Gehör ist „feiner als sonst" (S. 62), weshalb sie aus dem Gewirr der Stimmen und Geräusche einzelne voneinander unterscheiden kann. Die Strahlen der Sonne auf ihrer Haut fühlen sich auf einmal „angenehm und lebensspendend" (S. 62) an und sogar der Schmerz an ihrem Arm macht sie „froh" (S. 62), weil er ein Beweis dafür ist, dass sie am Leben ist. Sie verfügt also insgesamt über eine veränderte, aufmerksamere Wahrnehmung, als sie durch die Stadt spaziert, und eine „überströmende Freude" (S. 62) steigt deshalb in ihr auf. Sie erkennt, dass sie „übergroßes Glück" (S. 62) gehabt hat und „was für ein großes, überwältigendes Geschenk das Leben ist" (S. 62). Nach ihrer Erfahrung, wie „nahe Leben und Tod beieinander liegen" (S. 63), wird ihr bewusst, dass das Leben „ein unbegreiflicher Schatz" (S. 62) ist, den man nicht als selbstverständlich hinnehmen darf.

5 **TIPP** **Hinweis zur Lösung**

Lies die angegebene Textstelle und einige Seiten davor und danach noch einmal durch. Versetze dich in Nathan hinein und überlege, wie er sich fühlen muss, als er glaubt, Recha sei tot. Erinnere dich an die Informationen, die im Roman über Nathans Vergangenheit gegeben werden, also in Bezug auf das Unglück in Gath und wie Recha zu Nathan kam. Überlege dir auch, welche Einstellung Nathan zu Gott und den Menschen hat und verarbeite diese ggf. in deinem Text. Du könntest beispielsweise darauf eingehen, dass Nathan eigentlich nicht an einen „Gott der Rache" glaubt, diese Ansicht durch den vermeintlichen Tod Rechas aber grundlegend erschüttert wird. Achte darauf, die Merkmale der Textsorte „Innerer Monolog" umzusetzen; du kannst sie im vorderen Teil dieses Buches noch einmal nachlesen.

Nein! Es kann nicht sein … nicht auch noch Recha! Meine geliebte Recha! Sie war noch so jung, es darf nicht sein … Mein Gott, was habe ich nur getan, dass du mich so bestrafst?! Schon wieder ein Feuer … schon wieder in meinem Haus … wie damals in Gath! Gott, genügt es dir nicht, dass du mir meine Frau und meine Söhne genommen hast, musst du mir nun auch noch meine Tochter nehmen? War es so eine schwere Sünde, sie aufzunehmen, ein Waisenkind, von allen Menschen verlassen, und sie aufzuziehen, ihr eine Familie zu geben, sie mit allem auszustatten, was ein Mensch braucht: Bildung, Erziehung, Familie, Liebe …?! War es so eine große Sünde, sie im Glauben zu lassen, sie sei Jüdin und meine Tochter? Dienen wir dir nicht alle in der gleichen Weise?
Ich dachte, Recha wäre ein Geschenk von dir, Gott, als Trost in den schlimmsten Tagen und Wochen meines Lebens. Stattdessen nimmst du sie mir wieder?! Um mich zu bestrafen? Wofür? Weil mir meine Geschäfte meist zum Vorteil geraten, weil ich ein großes Vermögen besitze? Ich habe niemanden übervorteilt, niemandem etwas Böses getan! Siehst du denn nicht, dass ich meinen Reichtum mit den Bedürftigen teile? Siehst du denn nicht, dass ich Gutes bewirke, dass ich versuche, die Menschen zu lieben, auch die, die mir so viel Leid zugefügt haben, um dir zu dienen und dir nahe zu sein? Du darfst mich nicht bestrafen, Recha darf nicht tot sein, nein, Daja muss sich irren … – Wie? Was sagt Elijahu? Recha lebt?! (248 Wörter)

WAHLTEIL B

Erörterung

TIPP **Hinweis zur Lösung**

Verlangt ist hier eine dialektische Erörterung; du sollst zum einen Argumente dafür finden, wie sich Plastikmüll durch die Verbraucher reduzieren lässt, zum anderen Argumente, welche Schwierigkeiten der Lösung des Problems im Weg stehen. Für deine Erörterung sind zwei Materialien vorgegeben, denen du Argumente entnehmen kannst. Untersuche sie zunächst gründlich und notiere dir, auf welche Inhalte du in deinem Aufsatz Bezug nehmen kannst. Überlege dir dann zusätzlich eigene Argumente.
Gliedere deinen Text folgendermaßen:

- Einleitung, in der du kurz zum Thema hinführst und zur Themenfrage überleitest (Nennung von Textsorte, Titel, Autor*in, Quelle und Erscheinungsdatum des vorgegebenen Textes);
- Hauptteil, in dem du eigene Argumente ausarbeitest und auf die Materialien Bezug nimmst;
- Schluss, in dem du ein abschließendes Fazit ziehst und deine eigene Meinung begründet darstellst.

Achte im Hauptteil darauf, dass deine Argumente vollständig sind, sie also Behauptung, Begründung und Beispiel/Beleg enthalten. Denke auch daran, dass du die Quelle nennst, wenn du etwas aus den Materialien direkt oder indirekt zitierst. Verwende eine sachliche Sprache und verknüpfe die Argumente abwechslungsreich miteinander.

Aufsatzbeispiel

Einleitung

Mit Plastikmüll verschmutzte Strände, Mikroplastik im Trinkwasser, ein Verbot von Trinkhalmen und Wattestäbchen – die Problematik der großen Menge an Plastikmüll ist derzeit immer wieder in der Diskussion. Dass Plastik, das in die Umwelt gelangt, äußerst schädlich für Menschen und Tiere ist, ist unbestritten, doch ob und wie etwas dagegen getan werden kann, darüber sind sich Politik, Industrie und Gesellschaft uneins. Der Zeitschriftenartikel „Industrie wehrt sich gegen Plastikverbote: Wie sich die Plastikindustrie zurückmeldet“ von Arvid Kaiser, der am 12. 06. 2019 auf der Website des „Manager Magazin“ erschienen ist, zeigt einige Aspekte dieser Auseinandersetzung anschaulich auf. Da eine umfassende Lösung noch nicht gefunden ist, stellt sich die Frage, was jede*r Einzelne zur Reduzierung des Plastikmülls beitragen kann, aber auch, welche Schwierigkeiten der Lösung des Müllproblems im Wege stehen.

Themenfrage

Eine erste Möglichkeit, wie jeder Einzelne dazu beitragen kann, dass die Plastikmüllmenge nicht noch weiter anwächst, bietet sich, indem man beim Einkaufen darauf achtet, ob und wie viel Plastik in den Produkten enthalten ist, und wo möglich auf Alternativen ausweicht. In vielen Dingen des täglichen Bedarfs findet sich sogenanntes Mikroplastik, dessen Menge sich zunehmend in der Umwelt ansammelt und ihr schadet. In Kosmetikartikeln ist beispielsweise häufig Mikroplastik enthalten, das über das Abwasser in Flüsse und Meere gelangt. Ähnlich ist es bei (Billig-)Kleidung, deren Kunststofffasern beim Waschen gelöst und ebenfalls in die Kanalisation geleitet werden. Von dort gelangt es in die Umwelt und letztendlich auch in unser Essen. Auch wenn es sich nur um mikroskopisch kleine Teilchen handelt und bisher nicht erwiesen ist, dass sie gefährlich für den Menschen sind, schaden sie Ökosystemen und der Tierwelt – Grund genug, ihre Menge zu reduzieren.

Hauptteil
Maßnahme 1: beim Einkauf auf enthaltenes Plastik achten, Alternativen auswählen

Eine zweite Maßnahme, etwas gegen die zunehmenden Plastikmüllberge zu unternehmen, ist es, Kunststoffartikel länger zu verwenden oder – wie im Fall von Verpackungen – sie nach dem Gebrauch wenigstens dem Recycling zuzuführen. Der Großteil des auf der Welt bisher hergestellten Plastiks wurde nur einmal benutzt, und davon landete wiederum das meiste auf Deponien, Müllhalden oder in der Umwelt (vgl. M 2), was den Müllberg weiter anwachsen lässt. „Upcycling" liegt derzeit im Trend – eine gute Möglichkeit, Plastik wiederzuverwenden. Im Internet finden sich unzählige Ideen, wie aus alten Joghurteimerchen Blumentöpfe werden oder wie man aus Verpackungen Taschen, Portemonnaies oder sogar Schmuck basteln kann. Und muss doch einmal etwas entsorgt werden, dann sollte es zur Sammelstelle gebracht oder im „Gelben Sack" entsorgt werden, damit es möglichst recycelt werden kann.

Maßnahme 2: Plastik länger verwenden/ Recycling

Noch viel besser als Recycling ist es natürlich, wenn überhaupt kein Plastikmüll anfällt, man also gar kein Plastik einkauft. Um dies umzusetzen, kann man z. B. Mehrwegbehälter und -taschen nutzen. Viele Geschäfte haben sich mittlerweile darauf eingestellt und legen die Waren in die von den Kunden mitgebrachten Boxen, statt neue Verpackungen zu verwenden, z. B. an der Fleisch- oder Käsetheke im Supermarkt. Zudem gibt es in vielen Städten neuerdings sogenannte „Unverpackt"-Läden, in denen man sich haltbare Lebensmittel wie Nudeln oder Reis in eigene

Maßnahme 3 auf Plastik verzichten

Behältnisse umfüllen kann. Dadurch spart man in jedem Fall Plastik ein und reduziert die Müllmenge.

Überleitung zu Schwierigkeiten

Leider funktioniert das nicht bei allen Waren, die wir tagtäglich einkaufen. Es gibt auch zahlreiche Schwierigkeiten, die einer Reduzierung des Plastikmülls entgegenstehen und im Folgenden angesprochen werden sollen.

Schwierigkeit 1: mangelnde Alternativen zu Plastik

Zunächst sind viele Waren in Plastik einfach am besten verpackt, was sogar plastik-kritische Stimmen zugeben müssen (vgl. M 1, Z. 52–54). Gängige Alternativen, beispielsweise aus Naturmaterialien, sind entweder zu teuer, was für die Verbraucher*innen zusätzliche Kosten verursacht, oder haben eine schlechtere CO_2-Bilanz, was wiederum der Umwelt schadet. Eine andere Alternative, nämlich dickere Mehrweg-Plastiktüten, verursachen an anderer Stelle Probleme, wie das Beispiel der US-amerikanischen Stadt Austin zeigt, in der diese Tüten die Kanalisation verstopfen (vgl. M 1, Z. 11–13).

Schwierigkeit 2: Recycling-Systeme sind ineffizient

Die unzureichende Leistung der Recycling-Systeme ist ebenfalls ein Problem, weshalb die Menge an Plastikmüll kaum weniger wird. Bisher funktionieren die bestehenden Anlagen nicht gut, wie auch ein Manager eines Kunststoff-Unternehmens feststellt (vgl. M 1, Z. 43–45). Aus der Grafik „Das Plastik dieser Welt" (M 2) geht hervor, dass nur ein sehr geringer Teil des hergestellten Plastiks recycelt wird. Die Verbraucher*innen können zwar ihren Müll gewissenhaft nach Wertstoffen trennen, wenn diese jedoch aufgrund schlechter Anlagen oder Systeme nicht recycelt, sondern einfach verbrannt werden, ist diese Mühe umsonst.

Schwierigkeit 3: Umweltschutz zu wenig im Bewusstsein

Aber auch die besten Recycling-Systeme oder Plastik-Alternativen nützen wenig, wenn in der Gesellschaft das Bewusstsein für den Schutz der Umwelt zu wenig verbreitet ist. Zwar ist das Thema der großen Plastikmüllmenge in den letzten Jahren verstärkt ins öffentliche Bewusstsein gerückt, nicht zuletzt durch drastische Bilder von vermüllten Stränden oder am Plastik verendeten Walen und Seevögeln, doch haben wohl nur die wenigsten Menschen etwas an ihrem persönlichen Lebensstil geändert. Ein Anfang ist sicherlich gemacht, da sich mehr, vor allem junge Menschen, für den Umweltschutz engagieren, doch um wirklich etwas im Kampf gegen den Plastikmüll erreichen zu können, wäre ein Bewusstseinswandel bei viel mehr Menschen nötig. Jede*r müsste im Alltag vermehrt darauf achten, Plastikverpackungen und -produkte möglichst ganz zu vermeiden. Leider ist es so, dass viele Menschen zu bequem sind, an ihrem bisherigen

Lebensstil etwas zu ändern. Beispiele wie die Tumulte, weil eine Supermarktkette Einwegtüten aus dem Sortiment nahm, oder eine Petition mit hunderttausenden Unterschriften gegen die Einführung von Papier- statt Plastikstrohhalmen zeigen, dass viele Menschen entweder die Dringlichkeit des Plastikmüll-Problems noch nicht erkannt haben oder ihnen die Umwelt egal ist (vgl. M 1, Z. 56–59).

Schluss

Fazit

Zusammenfassend lässt sich feststellen, dass jede*r Einzelne etwas zur Reduzierung des Plastikmülls beitragen kann und dies oft sogar ohne großen Aufwand. Möglicherweise gelingt es der Industrie in absehbarer Zeit auch, umweltfreundliche Verpackungen ohne Plastik oder aus ganz neuen Materialien herzustellen, wie dies bei Matratzenschaum und Turnhallenböden bereits geglückt ist (vgl. M 1, Z. 47/48).

eigene Meinung

Um noch mehr zu erreichen, sind aber vermutlich drastischere Maßnahmen nötig. Vielleicht muss die Politik beispielsweise durch Steuern oder Verbote stärker eingreifen, um spürbare Effekte zu erzielen.

bewusster (weniger) einkaufen

Abschließend muss man wohl – ausgerechnet – dem Verband Plastics Europe recht geben, der sagt, dass „Konsum [nicht] automatisch nachhaltig wird, wenn man nur die Plastikverpackung weglässt“ (M 1, Z. 26–28). Denn am besten für die Umwelt ist es, wenn man bewusster und insgesamt weniger einkauft.

Textbeschreibung Lyrik

TIPP **Hinweis zur Lösung**

Bei der Textbeschreibung eines lyrischen Textes sollst du ein vorliegendes Gedicht eingehend untersuchen. In der Aufgabenstellung sind Aspekte vorgegeben, auf die du in der Analyse eingehen sollst, z. B. auf die Form des lyrischen Textes (Strophen, Reime) oder die Sprache (sprachliche Mittel, Satzbau).
Gliedere deinen Aufsatz folgendermaßen:

- Einleitung mit Kern-/Basissatz und kurzer Inhaltsbeschreibung;
- Hauptteil, in dem du die gewonnenen Erkenntnisse deiner Untersuchung vorstellst, also die in der Aufgabenstellung geforderten Aspekte beschreibst und deutest;
- Schluss, in dem du die Übertragbarkeit der Gedichtaussage auf die heutige Zeit oder dein persönliches Leben erläuterst und kurz dazu Stellung nimmst.

Lies das Gedicht zunächst mehrmals genau durch. Markiere auffällige Stellen und Schlüsselbegriffe und notiere erste Stichpunkte deiner Analyse. Ordne deine Notizen anschließend und erstelle einen Schreibplan, bevor du mit der Ausformulierung deines Aufsatzes beginnst.

Aufsatzbeispiel

Einleitung
Information zum Text mit Kern-/Basissatz

Das Gedicht „Einmal sollte man“ von Mascha Kaléko, die von 1907 bis 1975 lebte, ist 1933 im Band „Das lyrische Stenogrammheft“ erschienen. Es beschreibt den Wunsch des lyrischen Ichs, aus seinem Alltagstrott auszubrechen, zu verreisen und die Natur zu genießen. Trotz genauer Vorstellungen, wie dieser Plan zu verwirklichen wäre, wird der Wunsch jedoch nie in die Tat umgesetzt.

kurze Zusammenfassung des Inhalts

Mit dem Gedanken, seine Sachen zu packen und sich „aus dem Staube [zu] machen“ (V. 3), also zu verreisen, ohne jemandem Bescheid zu geben, beginnt das Gedicht. Das lyrische Ich sinnt über sein Leben nach und erwägt, nicht wie sonst pünktlich zur Arbeit zu fahren. Es möchte die Arbeitswelt mit ihren Konferenzen, Zahlen und Akten hinter sich lassen, sogar sein ganzes bisheriges Leben „schwänzen“ (V. 12). Das Ziel dieser Auszeit soll die (unberührte) Natur sein. Das lyrische Ich zeigt sich in seinen Gedanken traurig über seinen Alltag und fühlt sich allein mit dieser Unzufriedenheit, da andere Menschen in seiner Umgebung offenbar nicht diesen Eindruck machen. Es denkt, vom Leben benachteiligt zu sein. Dann klingelt der Wecker und die Träumereien von einem anderen Leben enden, jedoch nur vorerst, denn der Kreislauf der Gedanken beginnt bald von Neuem.

Das Gedicht ist in sechs Strophen zu je vier Versen gegliedert. Strophe 2 und 3 weisen einen umarmenden Reim auf, alle anderen Strophen einen Kreuzreim. Auffällig sind einige unreine Reime, z. B. „bisher/wär“ (V. 5/8) oder „müßte/Liste“ (V. 18/20). Die gleichmäßige Stropheneinteilung verweist eventuell auf den immer gleichen Alltagstrott, in dem sich das lyrische Ich befindet. Die Variation bei den Reimen und die unreinen Reime lassen den Lesefluss in der gleichen Weise ins Stocken geraten, wie die Gedanken des lyrischen Ichs an einen „Ausbruch“ aus seinem Leben seinen Alltag unterbrechen.

Hauptteil
Aufbau/Form

Inhaltlich lassen sich die ersten drei Strophen zu einer Sinneinheit zusammenfassen, in der die Wünsche des lyrischen Ichs zum Ausdruck kommen. Strophe 4 beschäftigt sich mit der Natur an sich und wirkt dadurch wie ein kleiner Ruhepol. Die letzten beiden Strophen stellen eine Art Zustandsbeschreibung der Gefühlswelt des lyrischen Ichs dar. Der letzte Vers nimmt schließlich die Träumereien des Beginns wieder auf.

sprachliche Mittel und deren Wirkung

Wiederholungen

Bei der Untersuchung der sprachlichen Mittel fällt zunächst die häufige Wiederholung der Formulierungen „Man sollte …“ bzw. „Man müsste …“ (vgl. z. B. V. 3, 5, 7, 9) auf. Dies ist zum einen Ausdruck des Gedankengangs des lyrischen Ichs, das vielleicht nachts oder früh am Morgen über sein Leben nachsinnt und verschiedene Möglichkeiten der Veränderung durchspielt. Zum anderen wird durch den Konjunktiv deutlich, dass es sich (von Vornherein) nur um nicht erfüllbare Wünsche handelt und sich das lyrische Ich bewusst ist, dass es diese Träume vermutlich nie in die Tat umsetzen wird.

Die Wiederholung von „Einmal“ zu Beginn und am Ende des Gedichts (vgl. V. 1, 24) verdeutlicht den Kreislauf der Gedanken. Durch die Kursivsetzung und das zusätzliche „aber“ im letzten Vers wirkt diese Formulierung besonders nachdrücklich, als würde das lyrische Ich jetzt tatsächlich einen Entschluss zur Veränderung fassen. Stattdessen folgt jedoch die Pointe des Gedichts mit dem nachgeschobenen „(Siehe oben!)“ (V. 24): alles beginnt von vorn, die Träumereien setzen sich fort.

Pointe

Im Gedicht sind häufig jeweils zwei aufeinanderfolgende Verse durch ein Enjambement verbunden (z. B. V. 1/2, 3/4, 5/6, 9/10), wodurch ebenfalls der Eindruck eines inneren „Gedankenstroms“ entsteht: Das lyrische Ich hängt seinen Gedanken nach und führt quasi ein inneres Selbstgespräch.

Enjambements

Schon zu Beginn von Strophe 1 findet sich bildhafte Sprache: Der Ausdruck „Siebensachen“ (V. 1) steht hier stellvertretend nicht nur für die Habseligkeiten des lyrischen Ichs, sondern sinnbildlich für das ganze alltägliche Leben, das aus den „glatten Geleisen“ (V. 2) fortgerollt werden soll. Mit dieser ersten von einigen Metaphern, die im Gedicht enthalten sind, wird ausgedrückt, dass das alltägliche Leben allzu vorhersehbar verläuft. Das lyrische Ich findet es zwar nicht sonderlich schlecht – schließlich läuft es „glatt“ –, aber offenbar langweilig. Deutlich negativer fällt die Charakterisierung des Alltags in Strophe 5 durch eine weitere Metapher aus: Nicht nur, dass das lyrische Ich in diesem Trott „traurig“ (V. 17) mittrabt, es steht sogar auf Gottes „schwarze[r] Liste“ (V. 20). Auf einer „schwarzen Liste“ stehen üblicherweise Personen oder Dinge, die in irgendeiner Form benachteiligt werden sollen. Im folgenden Vers verdeutlicht das lyrische Ich diese Tatsache nochmals durch die Metapher „Lebenslos ‚zweiter Wahl‘“ (V. 21). Das lyrische Ich fühlt sich allein (vgl. V. 20) mit seiner Ansicht, dass das Leben doch mehr zu bieten haben müsste, sowie missverstanden (vgl. „Die andern aber finden, daß man müßte“, V. 18) und benachteiligt.

Metaphern

Um diesem Leben zu entfliehen, überlegt das lyrische Ich, sich „aus dem Staube [zu] machen“ (V. 3). Diese Redewendung betont vor allem die Heimlichkeit, mit der sich das Ich seinen Rückzug aus dem Alltag vorstellt. Es möchte sich niemandem anvertrauen, sondern „unbekannt verreisen“ (V. 4), sich also ohne jemandes Wissen davonmachen.

Redewendung

Das Ziel dieser Reise soll die Natur sein, die hier für die Freiheit von Alltagszwängen steht, was in der Formulierung „eines schönen Tags das Leben schwänzen“ (V. 12) deutlich wird. Die natürliche Umgebung wird sogar mit einer Personifikation bedacht: Wiesen, die „unbekümmert“ (V. 16) blühen, und zwar auch werktags, die also auch während der üblichen Arbeitszeiten der Menschen schön sind.

Personifikation

Die Gedankenstriche und Auslassungspunkte, die sich an vielen Stellen im Gedicht finden (vgl. z. B. V. 8, 11, 17), verdeutlichen auch die Perspektive des Textes. Es handelt sich um einen Gedankengang des lyrischen Ichs, ein stummes Selbstgespräch. Das unpersönliche „man“ (vgl. z. B. V. 1, 3, 5), das die Autorin verwendet, zeigt, dass es kein konkretes „Ich“ gibt, das die Wünsche in die Tat umsetzt. Hier träumt ein unbestimmter Jemand vor sich hin, wodurch verdeutlicht wird, dass wohl jede*r solche

Perspektive

Gedanken-striche/Auslas-sungspunkte

„man“

Gedanken schon einmal hatte. Eventuell lässt sich das Gedicht auch als Aufforderung an andere lesen, den Alltagstrott hinter sich zu lassen und zumindest für einen Tag „sein kleines Ideal" (V. 23), also seinen Traum zu leben.

Bezug zur Überschrift

Wenn die Leser*innen die Überschrift des Gedichts („Einmal sollte man") zum ersten Mal lesen, überlegen sie vermutlich zuerst, was sie tun „sollten", also welcher Aufforderung sie Folge leisten sollen. Wahrscheinlich fallen den meisten Menschen zunächst Dinge ein, die man nicht so gerne macht, z. B. aufräumen oder für eine Prüfung lernen. Beim genauen Lesen des Gedichts wird jedoch deutlich, dass es dem lyrischen Ich um die eigenen Träume geht, die es verwirklichen möchte. Viele Leser*innen erkennen sich vermutlich in diesem Wunsch wieder: Jede*r sollte „einmal" das tun, wonach sie*er sich sehnt. Das Wort „Einmal" könnte dabei zweierlei bedeuten: Zum einen, dass man diese Dinge – zumindest oder nur – ein einziges Mal tun sollte, z. B. weil es sich um besondere, teure oder schwierig umzusetzende Erlebnisse handelt, z. B. auswandern. Wahrscheinlicher ist jedoch, dass mit „Einmal" ein unbestimmter Zeitpunkt in der Zukunft gemeint ist: Eines Tages oder irgendwann sollte man aus seinem Leben ausbrechen und das tun, worauf man Lust hat oder wovon man schon lange geträumt hat. Diese Unbestimmtheit ist – wie beim lyrischen Ich – bei den meisten Menschen aber gerade das Problem: Man träumt immer wieder davon, sein Leben umzukrempeln und seine Wünsche in die Tat umzusetzen – und tut es dann doch nicht.

Schluss
Transfer

Im Gedicht wird aufgezeigt, wie sich fast alle Menschen hin und wieder fühlen: Ob als Schüler*in oder Berufstätige*r – fast jede*r denkt ab und zu, dass man am nächsten Tag gerne etwas anderes täte, als in die Schule oder zur Arbeit zu gehen. Stattdessen träumt man davon, wie ein idealer Tag aussehen könnte. Den meisten bleibt jedoch nichts anderes übrig, als den manchmal ungeliebten Alltagstrott auszuhalten, schließlich muss gelernt und für sein Auskommen gesorgt werden.

Stellungnahme

Generell empfinde ich meinen Alltag als nicht so beschwerlich, wie er im Gedicht beschrieben wird. Natürlich macht nicht jeder Schultag Spaß, aber es gibt doch immer etwas, worauf man sich freuen kann, z. B. auf ein interessantes Projekt, das Lieblingsessen in der Schulmensa oder einfach die Freistunde am Nachmittag. Wichtig ist aus meiner Sicht auch, dass man seine Pläne nicht immer hinausschiebt. Es muss ja nicht gleich das komplette Leben verändert werden, aber manches lässt sich doch leicht umsetzen, wie beispielsweise der Wunsch, mehr Zeit in der Natur zu verbringen.

Den meisten von uns genügen zum Glück solche kleinen „Fluchten“ vom Alltag, z. B. ein Nachmittag am See, Ferien oder Urlaubstage, die man verbringen darf, wie man möchte, und auf die man sich freuen kann. Und hin und wieder kann auch ein kleiner Tagtraum helfen, die Unterrichtsstunde oder das nächste Meeting zu überstehen. Abrundung

Textbeschreibung Prosa

TIPP **Hinweis zur Lösung**

Bei der Textbeschreibung eines Prosatextes sollst du eine vorliegende Kurzgeschichte eingehend untersuchen. In der Aufgabenstellung sind Aspekte vorgegeben, auf die du in deiner Analyse eingehen sollst, z. B. auf den Aufbau, die Sprache (sprachliche Mittel, Satzbau) oder auf die Figurenkonstellation.
Gliedere deinen Aufsatz folgendermaßen:

- Einleitung mit Kern-/Basissatz und kurzer Inhaltszusammenfassung;
- Hauptteil, in dem du die gewonnenen Erkenntnisse deiner Untersuchung vorstellst, also die in der Aufgabenstellung geforderten Aspekte beschreibst und deutest;
- Schluss, in dem du deinen Text abrundest und die Übertragbarkeit der Textaussage auf die heutige Zeit oder dein persönliches Leben erläuterst und dazu Stellung nimmst.

Lies die Kurzgeschichte zunächst mehrmals genau durch. Markiere auffällige Stellen und Schlüsselbegriffe und notiere erste Stichpunkte deiner Analyse. Ordne deine Notizen anschließend und erstelle einen Schreibplan, bevor du mit der Ausformulierung deines Aufsatzes beginnst.

Aufsatzbeispiel

Einleitung
Information zum Text mit Kern-/Basissatz

Die von Botho Strauß verfasste Kurzgeschichte „Rückkehr“ ist im Jahr 2010 im Band „Kürzestgeschichten“ erschienen und erzählt von einem Bäckermeister, der seine Frau, die er vor 25 Jahren verlassen hat, überraschend besucht und ihr Hilfe anbietet, die diese jedoch ablehnt.

kurze Zusammenfassung des Inhalts

Der Bäckermeister Alwin war eines Morgens nach Mexiko ausgewandert und wurde dort ein erfolgreicher und wohlhabender Fabrikant. Bei seiner Rückkehr nach Hannover 25 Jahre später erfährt er, dass seine Frau Myriam, die er damals verlassen hat, in großer Armut lebt. Er besucht sie in ihrer ehemaligen gemeinsamen Wohnung, macht ihr ein Angebot und bietet ihr Unterstützung an. Die Frau trinkt gerade ein Glas Likör, lehnt das Angebot ihres Mannes ab und bittet ihn, sie wieder mit „ihm“ allein zu lassen.

Hauptteil
Charakterisierung der Hauptfiguren
Bäckermeister Alwin

In der Kurzgeschichte spielen lediglich zwei Personen eine Rolle: der Bäckermeister Alwin und dessen Frau Myriam. Die Informationen, die die Leser*innen über sie erhalten, sind sehr knapp. Über den Bäckermeister erfährt man, dass er an einem Tag nicht mehr in seine Backstube gekommen ist, seine Frau verlassen hat und nach Mexiko ausgewandert ist. Die Formulierung „eines Morgens“ (Z. 1) lässt darauf schließen, dass dieser Entschluss des Mannes plötzlich erfolgt ist und wohl niemand anderes davon wusste. Auch die Beschreibung dieser Episode in einem einzigen Relativsatz deutet darauf hin, dass er offenbar von heute auf morgen abgereist ist. In Mexiko wurde Alwin ein „erfolgreicher Fabrikant“ (Z. 3), wobei offenbleibt, wie ihm dies – über den Kauf von Anteilen an einer Papierfabrik hinaus – genau gelungen ist. Woher das Geld für den Kauf dieser Anteile stammte, wird im Text ebenfalls nicht erläutert. Es könnte also beispielsweise sein, dass er das mit seiner Frau gemeinsam Ersparte für diesen Zweck verwendet hat. Interessant ist, dass er sich von seinem ursprünglich erlernten Beruf (Bäcker) ganz abgewandt hat und in einen völlig anderen Berufszweig gewechselt ist. Vor seiner Rückkehr nach Hannover gehörten ihm schließlich 12 Papierfabriken – nicht nur in Mexiko, sondern in ganz Lateinamerika (vgl. Z. 3/4). Alwin hatte also großen beruflichen Erfolg und ist vermutlich dementsprechend wohlhabend. Über sein Alter erfährt man im Text nichts. Was im Text ebenfalls unklar bleibt, ist der Grund für seine Rückkehr nach Hannover. Seine Frau ist es nicht, denn er besucht Myriam erst, als er von ihrer schwierigen Situation erfährt. Dass ihm dieser Besuch nicht leichtfällt, geht aus der Formulierung „nahm er sich ein Herz“ (Z. 7) hervor: Er muss sich offenbar überwinden, diesen Schritt zu tun. Man kann sich auch vorstellen, dass er ein schlechtes Gewissen hat. Von einer Entschuldigung Alwins oder einer Erklärung, weshalb er damals einfach so gegangen ist, ist im Text jedoch nicht die Rede. Stattdessen macht er seiner Frau ein „Angebot“ (Z. 11) – wie dies genau aussieht, erfährt man nicht – und verspricht ihr Unterstützung. Sie lehnt jedoch ab.

Über Myriam erfährt man im Text noch weniger als über Alwin. Myriam
Sie wohnt noch in der gleichen „kleinen“ (Z. 6) Wohnung, in der sie vor 25 Jahren mit ihrem Mann gelebt hat. Sie ist fünfzig Jahre alt und offenbar bitterarm (vgl. Z. 6/7). Es könnte sein, dass es ihr nach dem Weggang ihres Mannes nicht gelungen ist, beruflich Fuß zu fassen und für ihr Auskommen zu sorgen. Dass die „Küchenarbeit“ erwähnt wird, die sie anscheinend „immer“ (Z. 9/10) verrichtet hat, könnte ein Hinweis darauf sein, dass sie in ihrer gemeinsamen Zeit mit ihrem Mann Hausfrau war. Ihr

Mann findet sie jedenfalls in einer Situation vor, die ihm aus früheren Tagen noch gut bekannt ist: Sie sitzt nach beendeter Hausarbeit an einem Tisch und trinkt ein Glas Likör. Obwohl sich Alwin nicht angekündigt hat, sondern „plötzlich“ (Z. 10) neben ihr steht, wirkt Myriam nicht überrascht und blickt nur kurz auf. Das Angebot ihres Mannes nimmt sie fast teilnahmslos zur Kenntnis, denn sie hört nur zu und sagt selbst gar nichts (vgl. Z. 11/12.). Nach Alwins Hilfsangebot schüttelt sie den Kopf und bittet ihn, sie wieder mit ihm allein zu lassen. Wie es scheint, hat sie ihr Leben genau so weitergeführt, als wäre ihr Mann noch da bzw. ist er dies in ihrer Vorstellung sogar noch – allerdings der Ehemann, der er vor seinem Weggang war. Möglicherweise war die Verletzung durch sein plötzliches Verschwinden so groß, dass sie es einfach verdrängt hat. Um Alwins Hilfsangebot anzunehmen, ist sie vielleicht zu stolz. Möglich wäre auch, dass sie lieber das ärmliche Leben weiterführen möchte, an das sie sich in den letzten 25 Jahren gewöhnt hat, als in Kontakt mit dem „neuen“ Alwin, dem Fabrikanten, zu treten.

Erzählperspektive

Beim Lesen der Kurzgeschichte fallen sofort die nüchterne, sachliche Sprache und die knappen Beschreibungen auf. Der Schluss liegt also nahe, dass es sich um eine neutrale Erzählperspektive handelt. Tatsächlich erfährt man als Leser*in nichts über die Gefühle und Gedanken der Figuren, der Erzähler kommentiert oder wertet nicht. Eine kleine Ausnahme bildet die Aussage „nahm er sich ein Herz“ (Z. 7). Es wird deutlich, dass sich Alwin überwinden muss, seine Frau zu besuchen. Hier gewährt der Erzähler einen kurzen Einblick in die Gefühlswelt des Bäckermeisters.

Satzbau

Raum für Interpretationen bieten die Sätze der Kurzgeschichte also durchaus, obwohl sie insgesamt eher einfach und leicht verständlich aufgebaut sind. Nach dem einleitenden Relativsatz, der die Umstände von Alwins Auswanderung knapp zusammenfasst, folgt eine Satzreihe, d. h. einige kurze Aussagesätze. Ab Alwins Besuch bei seiner Frau (vgl. Z. 7–13) geht der Satzbau in Satzgefüge über – sozusagen dann, wenn Alwins Leben durch die Kontaktaufnahme mit seiner Frau ebenfalls wieder komplizierter wird.

Bezug zwischen Überschrift und Inhalt

Die Überschrift lässt auch einiges im Unklaren, denn es bleibt fraglich, was mit „Rückkehr“ gemeint ist. Auch im Text steht lediglich, „kehrte er nach Hannover zurück“ (Z. 5). Wie lange sein Aufenthalt in Hannover dauern soll oder ob er für immer zurückkommt, erfährt man nicht. Hier könnte man auch nochmals über das „Angebot“ (Z. 11) spekulieren, das Alwin Myriam macht. Handelt es sich nur um finanzielle Unterstützung und sonstige Hilfe oder möchte er vielleicht auch zu seiner Frau zurückkehren?

Schluss
Transfer

Die Situation in der Kurzgeschichte hat vielleicht der ein oder andere selbst schon erlebt: Man kann in einer Beziehung nicht einfach dort wieder anfangen, wo man in der Vergangenheit aufgehört hat. Die Entscheidung der Frau, nicht einmal Alwins Unterstützung anzunehmen, zeigt deutlich, dass die Zeit eben nicht alle Wunden heilt und emotionale Verletzungen, die sich Menschen gegenseitig zufügen, oft lange nachwirken. Außerdem ist es natürlich so, dass sich Menschen im Laufe der Zeit verändern und manche Beziehungen dann einfach nicht mehr funktionieren. Wenn sich ein Partner weiterentwickelt, der andere jedoch immer „der Alte“ bleibt, werden sie sich über kurz oder lang auseinanderleben.

Stellungnahme

Meiner Meinung nach ist es wichtig, mit dem anderen Menschen im Gespräch zu bleiben und sich dafür zu interessieren, was der oder die andere denkt und fühlt. Dadurch lebt man sich auch nicht so schnell auseinander. Möglicherweise wäre die Geschichte anders ausgegangen, wenn die beiden über ihre Wünsche und Vorstellungen für die Zukunft und ihre Beziehung gesprochen hätten.

Abrundung

Dies ist jedoch nur eine Möglichkeit, die Geschichte „Rückkehr“ weiterzudenken. Welche Erkenntnis die Leserin oder der Leser dieser Geschichte für sich persönlich mitnimmt, bleibt ihr oder ihm überlassen. Erstaunlich ist in jedem Fall, dass ein solch kurzer Text so viele Denkanstöße für das persönliche Leben, eigene Beziehungen und Freundschaften enthält.

PFLICHTTEIL A 1

Text Vorlesestudie: Vorlesen geht auch ohne Bücher

Ein Drittel aller Eltern liest einer Studie zufolge zu wenig vor. Dabei gibt es in dem Bereich auch unkonventionelle Möglichkeiten, die Kinder zu fördern.

Seit 2013 hat sich trotz Vorlesetagen und Vorlesestudien kaum etwas verändert: Vielen Kindern in Deutschland wird relativ selten vorgelesen. Zu diesem Schluss kommt auch eine aktuelle Untersuchung: Laut der Vorlesestudie lesen rund 32 Prozent der befragten Eltern ihren Kindern nie oder höchstens einmal pro Woche vor. Das entspricht in etwa dem Anteil vorangegangener Erhebungen.

Den aktuellen Ergebnissen zufolge sind es eher ungebildete Eltern und Eltern mit einem geringen Einkommen, die kaum vorlesen. Wenn sie mehrere Kinder haben, kann das Mütter und Väter ebenfalls vom Vorlesen abhalten. Außerdem lesen noch immer fast 60 Prozent der Väter kaum vor, dasselbe gilt nur für 27 Prozent der Mütter. Die Arbeit hält Eltern jedoch nicht davon ab, vorzulesen. Die Studie zeigt sogar: Berufstätige Mütter lesen häufiger vor als nicht berufstätige. 39 Prozent der nicht arbeitenden Mütter lesen selten vor, aber nur 27 Prozent der berufstätigen. [...]

Es müssen nicht immer Bücher sein

Was aber zählt überhaupt als Vorlesen? Wiederum vor allem Eltern mit wenig formaler Bildung gehen von vornherein davon aus, Bilderbücher anzuschauen und etwas dazu zu erzählen, gehöre nicht dazu. Die Studie weist dagegen darauf hin, dass auch Aktivitäten, die dem Vorlesen ähneln, Kinder fördern. Das gelte etwa, wenn man Bilderbuch-Apps nutze, Geschichten erfinde oder Märchen nacherzähle, ohne dabei ein Buch in der Hand zu halten.

Allerdings erzählen auch weniger gebildete Eltern weniger Geschichten oder Märchen. Gleichwohl geben sie wichtige Sprachanregungen, indem sie etwa mit ihren Kindern Fotobücher, Kataloge oder Bilder auf dem Smartphone anschauen und darüber reden. Sie singen Lieder vor oder hören Hörspiele. Diese Aktivitäten sollte man laut Studie fördern. Dadurch könnten Eltern motiviert werden, auch vorzulesen.

Grundsätzlich empfiehlt die Stiftung Lesen, jeden Tag 15 Minuten vorzulesen, Geschichten zu erzählen oder Bilderbücher anzuschauen. Ältere Vorlesestudien haben gezeigt, dass Kinder, denen regelmäßig vorgelesen wird, erfolgreicher in der Schule sind. Vier von fünf der Vorlesekinder fällt das Lesenlernen in der Grundschule leicht – aber nur der Hälfte der Kinder, denen nicht vorgelesen wird. Letztere sind auch häufiger frustriert, weil ihnen das Lesenlernen zu lange dauert. Aber nicht nur in Deutsch, auch in Mathe und Fremdsprachen haben die Kinder mit Vorleseerfahrungen bessere Noten als Kinder ohne. Vorlesen soll darüber hinaus den Gemeinschafts- und Gerechtigkeitssinn der Kinder fördern. […]

Quelle: Vorlesen geht auch ohne Bücher. Zeit Online vom 29. 10. 2019. Im Internet unter: www.zeit.de/gesellschaft/schule/2019-10/vorlesestudie-buecher-kinder-erziehung-vorlesen

Textverständnis

1 Prüfe, welche der folgenden Aussagen mit dem Sachtext übereinstimmen. Notiere entsprechend „trifft zu“, „trifft nicht zu“ oder „nicht genannt“. (3)

a Etwa 32 Prozent der befragten Eltern lesen ihren Kindern regelmäßig vor.

b Der Grad der Bildung der Eltern, ihre Berufstätigkeit und die Anzahl der Kinder sind laut Studie mitverantwortlich dafür, ob und wie viel Eltern ihren Kindern vorlesen.

c Auch Aktivitäten, die nicht direkt mit Vorlesen zu tun haben, wie Filme und TV-Sendungen anzusehen, können zur Sprachförderung beitragen.

d Die aktuelle Studie zeigt, dass Kinder, denen regelmäßig vorgelesen wird, größeren schulischen Erfolg haben.

e Kindern, denen nicht vorgelesen wird, fällt das Lesenlernen in der Grundschule nicht so leicht wie den Vorlesekindern.

f Wenn Kindern vorgelesen wird, profitieren sie von diesen Erfahrungen nicht nur in Deutsch, sondern auch in allen anderen Fächern.

2 Nenne stichpunktartig zwei Textstellen, die die Aussage belegen, dass Vorlesen für die Entwicklung von Kindern vorteilhaft ist. Gib die Zeilenangabe an. (2)

3 Die Überschrift des Textes lautet: „Vorlesen geht auch ohne Bücher“. Erläutere die Aussage anhand des Textes. (2)

Sprachgebrauch

1 Formuliere jeweils das unterstrichene Satzglied in einen Nebensatz um. Lasse keine Informationen weg und füge keine neuen hinzu. (2)

a Die Stiftung Lesen kümmert sich unter anderem durch die Aufklärung über verschiedene Aktivitäten zur Sprachförderung um die Bildung von Kindern.

b Ältere Studien haben den größeren Schulerfolg von „Vorlesekindern“ aufgrund der frühen Förderung belegt.

2 Erkläre, weshalb das unterstrichene Wort kleingeschrieben wird und wie sich die Bedeutung des Satzes verändern würde, wenn man es nominalisieren würde. (2)

Nicht berufstätige Mütter lesen seltener vor als berufstätige.

3 Schreibe die unten stehenden Sätze mit allen fehlenden notwendigen Kommas auf. Begründe deine Einsetzung jeweils stichpunktartig mit der passenden Kommaregel. (3)

a Berufstätige Mütter lesen häufiger vor als nicht berufstätige Männer seltener als Frauen und Eltern mit geringer formaler Bildung weniger als gebildete Eltern.

b Auch vorlesenahe Aktivitäten z. B. das Erzählen von Geschichten oder das Anschauen von Bilderbüchern bieten Kindern wichtige Sprachanregungen.

c Die Verfasser der Vorlesestudien stellten fest dass regelmäßiges Vorlesen wichtig für den späteren Schulerfolg der Kinder ist und empfehlen deshalb eine Vorlesedauer von 15 Minuten pro Tag.

4 Übertrage die Tabelle auf ein separates Blatt und bestimme die möglichen Wortarten der folgenden Wörter. Gib auch jeweils einen Beispielsatz für die entsprechende Verwendung an. Ein Beispiel ist vorgegeben. (4)

Wort	**Wortart**	**Beispielsatz**
eins	*Zahlwort*	*Eins und zwei ist drei.*
eins	*Pronomen*	*Ich habe mir ein E-Bike gekauft. Hast du auch eins?*
laut		
laut		
überlegen		
überlegen		

(3)

5 Erläutere die unterstrichenen sprachlichen Bilder mit eigenen Worten.

a Wenn ich meinen Kindern viel vorlese, wird das hoffentlich später Früchte tragen, indem sie in der Schule gute Noten schreiben.

b Hoffentlich erzählt meine Tante nicht wieder von ihren Lieblingsbüchern – da redet sie immer wie ein Wasserfall!

c Es ist bei Kindern ganz wichtig, dass beim Vorlesen einer Geschichte der Funke überspringt, denn nur so kann man Lesefreude wecken!

6 Bestimme in den folgenden Sätzen jeweils, welche Wörter im Mittelfeld stehen, und schreibe sie heraus. (2)

a Sollte man nicht schon viel früher mit dem Vorlesen beginnen?

b Schon kleine Babys werden viel Freude daran haben, Bilderbücher anzuschauen.

c Vorlesekinder haben erwiesenermaßen weniger Schwierigkeiten beim Lesenlernen als Kinder ohne diese Erfahrung.

d Auch alltagsnahe Aktivitäten können Sprachanregungen geben, von denen Kinder profitieren.

7 Nenne für die unterstrichenen Wörter aus dem Text jeweils ein Synonym, also einen Ausdruck mit gleicher oder ähnlicher Bedeutung, das man stattdessen einsetzen könnte. (2)

a Dabei gibt es in dem Bereich auch unkonventionelle Möglichkeiten, die Kinder zu fördern. (Z. 1/2)

b Gleichwohl geben [die Eltern] wichtige Sprachanregungen […]. (Z. 24)

Matthias Brandt: Blackbird

1 Erkläre, weshalb Motte die Tatsache, dass Bogi plötzlich im Krankenhaus ist, so aus der Bahn wirft. (2)

2 Motte, Jan und Walki verhalten sich bei ihrem ersten Besuch bei Bogi im Krankenhaus unterschiedlich. Beschreibe, wie Jan mit Bogi umgeht. Erkläre auch, weshalb dies vermutlich die beste Art ist, sich bei diesem Besuch zu verhalten. (3)

3 Arbeite heraus, weshalb Motte Bogi nicht öfter im Krankenhaus besucht und inwiefern ihn das belastet. Belege deine Aussagen mit Zitaten aus dem Text. (3)

4 Charakterisiere Lehrer Kragler und zeige auf, weshalb er den Schülerinnen und Schülern so verhasst ist. (4)

5 „Wir gingen in den Klassenraum [...] und ich [...] überlegte, ob das wirklich so eine gute Idee war mit Walki und dem Brief an Jacqueline und allem. Oder ob das nicht lieber alles noch mal genau überlegt werden müsste." (S. 81) (13)

Als sie schließlich im Klassenraum sitzen, gehen Motte immer noch viele Gedanken durch den Kopf. Schreibe Mottes inneren Monolog (mind. 200 Wörter).

Mirjam Pressler: Nathan und seine Kinder

1 Fasse kurz zusammen, wer Geschem ist und wie er in Nathans Haus gelangt ist. (2)

2 Erkläre, weshalb der Tempelritter keine Freude darüber empfinden kann, dass er als einziger der Tempelritter vom Sultan verschont wurde. (2)

3 Erkläre, was sich der Tempelritter von seinen Besuchen beim Patriarchen erhofft und wie die Gespräche stattdessen ausgehen. (4)

4 „Wie leicht sie es doch schafft, ihren Vater um den Finger zu wickeln, das hat sie schon immer gekonnt, seit ich sie kenne." (S. 26) (4)

Charakterisiere ausgehend von diesem Zitat das Verhältnis zwischen Nathan und seiner Ziehtochter Recha und belege deine Aussagen durch passende Textstellen.

5 „‚Geschem braucht einen Menschen, der sich um ihn kümmert', hörte ich Nathan sagen. ‚Er hat keinen Vater und du hast keinen Sohn.'" (S. 53) (13)

Nach dem Gespräch mit Nathan beschließt Elijahu, sich wie ein Vater um Geschem zu kümmern. Am Abend schreibt Elijahu in sein Tagebuch und lässt das Gespräch und die Gefühle, die er währenddessen verspürt hat und die zu seiner Entscheidung geführt haben, Revue passieren. Schreibe diesen Tagebucheintrag (mind. 200 Wörter).

Bearbeite eine der drei folgenden Aufgaben.

Erörterung

Erörtere, weshalb manche Eltern ihren Kindern zu wenig vorlesen, und zeige Vorteile auf, die Vorlesen für Kinder wie für Eltern hat. Gehe in deinem Fazit darauf ein, wie Eltern motiviert werden könnten, mehr vorzulesen. Begründe deine Meinung. Verwende die folgenden Materialien für deine Argumentation.

Material 1 **Vorlesen tut auch Eltern gut**

- Kinder profitieren davon, wenn ihnen viel vorgelesen wird.
- Doch auch Eltern haben Vorteile vom gemeinsamen Schmökern, ergab nun eine neue Studie: Sie sind besonders entspannt.

Von Sebastian Herrmann

Wenn die Kinder ins Bett gebracht werden, beginnt die Reise in die eigene Vergangenheit. Es wärmt die Seele, Geschichten vorzulesen, die einem die eigenen Eltern auch schon vorgelesen haben. Alleine die Komplizenschaft mit den Kindern ist großartig, die daraus entstehen kann: Da säuft der gute Riese aus Roald Dahls „Sophiechen und der Riese" Blubberwasser, lässt darauf Pupse durch seine Höhle donnern und vollführt Furzelbäume. Großer Kinderhumor, hysterisches Gekicher am Abend, solche Momente mit den Kindern zu teilen und gemeinsam in Geschichten einzutauchen, schweißt zusammen.

Vorlesen tut gut – auch oder vielleicht besonders: den Eltern. Gerade haben Pädiater um Manuel Jiménez von der Rutgers University in New Jersey eine große Studie veröffentlicht, die diesen Zusammenhang nahelegt. Die Nachricht der Arbeit im Fachmagazin *Journal of Developmental & Behavioural Pediatrics* lautet: Vorlesende Eltern sind entspannte Eltern, und das wirkt sich natürlich auch positiv auf die Kinder aus.

Allerdings weisen die Wissenschaftler ausdrücklich darauf hin, dass sie keine Aussagen über kausale Zusammenhänge treffen können, sie haben zunächst also eine Korrelation beobachtet. Es kann daher sein, dass entspannte Eltern einfach häufiger vorlesen oder dass sich vorlesende Eltern eben eher entspannen. […]

Wer seinen Kindern im Alter von einem Jahr regelmäßig vorgelesen hatte, pflegte zwei Jahre später einen im Vergleich entspannteren, liebevolleren Umgang mit seinen Kindern. Den gleichen Zusammenhang beobachteten die Forscher auch für die übrigen Altersgruppen […]. Zugleich fielen die Vorlese-Kinder seltener durch

Hyperaktivität oder aggressives Verhalten auf. Das wiederum ist der Faktor, der es Eltern sehr leicht macht, einen entspannten Umgang mit den Kindern zu pflegen.

Trotz aller wissenschaftlicher Vorsicht klingt es plausibel, dass das Vorlesen auch einen kausalen Effekt auf das Eltern-Kind-Verhältnis haben kann. Sich gemeinsam auf das Sofa zu kuscheln und in ein Buch einzutauchen, blendet für ein paar Minuten die Hektik des Alltags aus. In dieser Zeit drücken Mütter und Väter eben mal nicht auf dem Handy herum, flippern mal nicht durch die Wohnung, weil es immer etwas zu erledigen gibt, und sind mal nicht mit ihren Gedanken in irgendwelche fernen Regionen davongeeilt (nun ja, meistens zumindest). Für die Kinder gilt das ebenfalls: Zusammen zu lesen, lässt andere Begierden in den Hintergrund verschwinden (Fernsehen, Eis, Süßigkeiten) und schenkt gemeinsame Ruhe.

Bisher hat sich die Vorlese-Forschung vor allem auf die Effekte konzentriert, die auf Kinder wirken. So haben Studien gezeigt, dass gemeinsames Lesen für die kognitiven Fähigkeiten von Kindern förderlich ist: In der Schule lernen Vorlese-Kinder im Durchschnitt selbst rascher lesen, und verfügen über einen im Vergleich größeren Wortschatz. Auch für die Konzentrationsfähigkeit sowie die Regulation von Emotionen ist gemeinsame Zeit zwischen den Seiten eines Buches förderlich.

[…] So kam kürzlich auch eine große Meta-Analyse im Fachblatt *Pediatrics* zu dem Schluss, dass gemeinsames Lesen das Eltern-Kind-Verhältnis vertiefe. Andere Studien haben gezeigt, dass schon ein achtwöchiges Vorleseprogramm die emotionale Kompetenz von Kindern im Vergleich zu einer bücherlosen Kontrollgruppe fördere. Wer mit Kindern Bücher liest, ist sowieso geneigt, all diese wissenschaftlichen Beobachtungen zu glauben. Gemeinsam in Geschichten einzutauchen, schenkt große Momente – und die Chance, selbst wieder ein bisschen Kind zu sein und über Pups-Witze zu kichern.

Quelle: Sebastian Herrmann: Vorlesen tut auch Eltern gut. Süddeutsche Zeitung vom 29. 05. 2019. Im Internet unter: www.sueddeutsche.de/wissen/vorlesen-entspannung-familie-1.4465886 (gekürzt)

Material 2 Grafik

Quelle: Stiftung Lesen / Vorlesestudie 2018

Text Julia Engelmann (*1992): Kleiner Walzer

Dam da dam da dam da dam.

Aus deinem Gesicht scheint Sonnenlicht,
es freut mich für dich, wie glücklich du bist.
Während du sprichst, zweifele ich –
weiß es noch nicht, was das Richtige ist.

Ich mag alle anderen, nur nicht mich selbst,
ist jeden Tag anders, was mir gefällt,
und ich weiß nicht, wohin ich gehör.

Dam da dam da dam da dam.

Alles ist gut, aber nie gut genug,
ich lass zu wenig los und viel zu viel zu,
Ein Schritt nach vorne und dreißig zurück,
ich warte auf morgen erreich ich mein Glück.

So viel Gelegenheit, ich geh nicht raus,
hab so viel geredet, so wenig geglaubt,
so wenig Nähe und zu viel Applaus,
und ich weiß nicht, wohin ich gehör …

Dam da dam da dam da dam.

Die einen sind jünger und schöner als ich,
die anderen älter und weiser.
Ich bin doch zu jung für mein ernstes Gesicht
und eigentlich zu oft alleine.

Ich mach alles ein bisschen, alles vielleicht,
ist nichts wirklich richtig, nichts wirklich falsch,
und ich weiß nicht, wohin ich gehör.

Dam da dam da dam da dam.

Du weißt es, und ich halt dich nicht … oh,
du weißt es, und ich halt dich nicht auf,
du weißt es, und ich halt dich nicht aus –
deinem Gesicht scheint Sonnenlicht,
es freut mich für dich, wie glücklich du bist,
einen Augenblick streift es auch mich –
wüsste so gern, was das Richtige ist.

Quelle: Julia Engelmann: Kleiner Walzer. In: Keine Ahnung, ob das Liebe ist. München: Goldmann 2018, S. 52 f.

Aufgabenstellung

Fertige zu diesem lyrischen Text eine Textbeschreibung an. Bearbeite im Hauptteil folgende Schwerpunkte:

- Aufbau und Form
- Sprachliche Mittel und deren Wirkung
- Die Bedeutung des Titels und die Funktion des „Dam da dam da dam da dam."
- Die derzeitige Lebenssituation des lyrischen Ichs im Vergleich zum angesprochenen „Du"

Bewertet werden in deinem Aufsatz neben Inhalt, Aufbau und Form der Textbeschreibung auch Sprache und Rechtschreibung.

Text Pedro Lenz (*1965): Die Tätowierung

Wir saßen uns in der Deutschen Bahn stundenlang gegenüber. Der Mann war ungefähr in meinem Alter. Er trug ein kurzärmliges Hemd. Auf seinem rechten Unterarm sah ich eine Tätowierung: ein Kreuz, ein Lorbeerkranz und dazwischen ein Schriftzug, der schwer zu lesen war. Hin und wieder schaute ich unauffällig auf diese Tätowierung. Lange versuchte ich vergeblich das Wort über dem Lorbeerkranz zu entziffern. Dann sah ich, dass es „Hamburg“ hieß.
In Hamburg war ich auch schon. Ich nahm das Wort zum Anlass, mit dem Mann ins Gespräch zu kommen. Ob er aus Hamburg stamme, fragte ich ihn und fügte an, mir gefalle Hamburg gut.
„Hamburg? Ich war noch nie in Hamburg!“, sagte er in einem Tonfall, der mir klarmachte, dass er nicht daran interessiert war, mit mir Konversation zu machen.
„Ach so“, meinte ich fast schon entschuldigend, „ich dachte bloß, Sie seien vielleicht ein Hamburger, weil ja da auf Ihrer Tätowierung Hamburg steht.“
Der Mann schien verärgert und sagte: „Homburg, Homburg im Saarland, nicht Hamburg, Homburg. Das ist kein ‚A‘, das ist ein ‚O‘!“
Dann schwiegen wir beide wieder. Die Bahnfahrt schien kein Ende nehmen zu wollen. Mehrmals sah ich unauffällig auf die Tätowierung des Mannes. Und ich hätte schwören können, dass es sich beim zweiten Buchstaben um ein „A“ handelte. Aber ich sagte nichts, denn ich wollte den Mann nicht weiter verärgern.
Hamburg oder Homburg, das spielt ja letztlich überhaupt keine Rolle, dachte ich. Und manchmal ist Schweigen das A und O einer friedlichen Bahnfahrt.

Quelle: Pedro Lenz: Die Tätowierung. In: Franz Hohler (Hrsg.): 113 Einseitige Geschichten. München: Random House 2016, S. 103.

Aufgabenstellung
Fertige zu diesem Text eine Textbeschreibung an. Bearbeite im Hauptteil folgende Schwerpunkte:
- Charakterisierung der Hauptfiguren
- Die Erzählperspektive
- Die sprachlich-stilistische Gestaltung
- Die Pointe der Erzählung

Bewertet werden in deinem Aufsatz neben Inhalt, Aufbau und Form der Textbeschreibung auch Sprache und Rechtschreibung.

Lösungsvorschlag

PFLICHTTEIL A 1

Textverständnis

1 **TIPP** **Hinweis zur Lösung**

Lies den Text nochmals genau durch und prüfe jede der angegebenen Aussagen einzeln, ob sie mit dem Inhalt übereinstimmt. Denke daran, dass einige Informationen nicht im Text enthalten sind; notiere dann „nicht genannt".

a trifft nicht zu

b trifft zu

c nicht genannt

d trifft nicht zu

e trifft zu

f nicht genannt

2 *Mögliche Antworten (nur* *zwei* *erforderlich):*
- Erfolgreicher in der Schule (vgl. Z. 30–32)
- Lesenlernen fällt leicht (vgl. Z. 32/33)
- Bessere Noten auch in anderen Fächern (vgl. Z. 35/36)
- Förderung des Gemeinschafts- und Gerechtigkeitssinns (vgl. Z. 36/37)

3 **TIPP** **Hinweis zur Lösung**

Überlege dir, was damit gemeint ist, wenn von „Vorlesen ohne Bücher" die Rede ist. Suche die Textstellen heraus, die den Aspekt des „Vorlesens" näher erläutern. Formuliere anschließend deine Erklärung mithilfe des Textes.

Mit dieser Aussage ist gemeint, dass Aktivitäten, die dem Vorlesen ähneln, wie das Anschauen von Bilderbüchern oder das Erzählen von Geschichten, die gleichen positiven Aspekte haben können wie „klassisches" Vorlesen (vgl. Z. 19/20). Den Leserinnen und Lesern soll deutlich werden, dass Sprachförderung auch auf unkonventionellen Wegen passieren kann. Es ist also nicht unbedingt nötig, dazu immer „ein Buch in der Hand zu halten" (Z. 22).

Sprachgebrauch

1 **TIPP** **Hinweis zur Lösung**

Durch die Umformung des Satzglieds entsteht ein Satzgefüge. Leite den Nebensatz durch eine passende Konjunktion ein. Prüfe, ob in deiner Lösung die inhaltliche Aussage des vorgegebenen Satzes beibehalten wird.

a Die Stiftung Lesen kümmert sich um die Bildung von Kindern, indem sie unter anderem über verschiedene Aktivitäten zur Sprachförderung aufklärt.

b Ältere Studien haben belegt, dass „Vorlesekinder" aufgrund der frühen Förderung größeren Schulerfolg haben. /
Ältere Studien haben den größeren Schulerfolg von „Vorlesekindern", da sie früh gefördert werden, belegt.

2 **TIPP** **Hinweis zur Lösung**

Finde zunächst heraus, um welche Wortart es sich bei „berufstätige" handelt. Überlege dann, wie sich der Sinn des Satzes verändern würde, wenn es als Nomen im Satz stünde.

Es handelt sich um ein Adjektiv und bezieht sich auf das Wort „Mütter". Würde man es an dieser Stelle großschreiben, wären alle infrage kommenden Berufstätigen gemeint, also z. B. auch die Väter oder andere (berufstätige) Personen, die den Kindern ggf. vorlesen würden.

3 **TIPP** **Hinweis zur Lösung**

Erinnere dich, was du über die Kommaregeln gelernt hast: Zwischen den Teilen einer Aufzählung steht ein Komma, sofern sie nicht durch „und" oder „oder" verbunden sind. Nachgestellte oder eingeschobene Erläuterungen werden durch Kommas abgetrennt, ebenso wie Nebensätze. Auch bei Nebensätzen gilt, dass am Beginn und Schluss des Nebensatzes ein Komma steht, wenn er in den Hauptsatz eingeschoben ist.

a Berufstätige Mütter lesen häufiger vor als nicht berufstätige**,** Männer seltener als Frauen und Eltern mit geringer formaler Bildung weniger als gebildete Eltern.

Begründung: Komma bei einer Aufzählung

b Auch vorlesenahe Aktivitäten, z. B. das Erzählen von Geschichten oder das Anschauen von Bilderbüchern, bieten Kindern wichtige Sprachanregungen.

Begründung: Kommas bei einer Apposition

c Die Verfasser der Vorlesestudien stellten fest, dass regelmäßiges Vorlesen wichtig für den späteren Schulerfolg der Kinder ist, und empfehlen deshalb eine Vorlesedauer von 15 Minuten pro Tag.

Begründung: Kommas bei einem Satzgefüge: HS + NS, HS2

4

Wort	**Wortart**	**Beispielsatz**
eins	*Zahlwort*	*Eins und zwei ist drei.*
eins	*Pronomen*	*Ich habe mir ein E-Bike gekauft. Hast du auch eins?*
laut	Adjektiv	Ich habe dich aufgrund der lauten Geräusche nicht verstanden.
laut	Präposition	Laut einer Studie wird vielen Kindern nicht regelmäßig vorgelesen.
überlegen	Adjektiv	Sein überlegenes Lächeln ärgert mich.
überlegen	Verb	Ob ich am Wochenende mit ins Kino gehe, muss ich mir noch überlegen.

5 **TIPP** **Hinweis zur Lösung**

Lies die bildhaften Ausdrücke und überlege: Was bedeuten die Ausdrücke üblicherweise und wie lassen sie sich auf den jeweils genannten Sachverhalt übertragen? Beschreibe dann in eigenen Worten die Aussage der vorgegebenen Sätze.

a Normalerweise tragen Bäume oder Sträucher Früchte, die man im Herbst ernten und essen kann. Damit ist jedoch meist ein wenig Pflege und Arbeit verbunden. Im übertragenen Sinn wird mit dieser Redensart verdeutlicht, dass sich manche Anstrengung (hier: das Vorlesen) später lohnt und günstig auswirkt (gute Noten), dass man also die „Früchte" seiner Arbeit „ernten" kann.

b Ein Wasserfall zeichnet sich dadurch aus, dass eine große Menge Wasser über eine oder mehrere Stufen senkrecht nach unten fällt. Das Wasser fließt dabei sehr schnell und unablässig. Wenn man „wie ein Wasserfall" redet, dann ist man so aufgeregt oder begeistert, dass man sehr schnell und viel, ohne Unterbrechung und oft auch ein bisschen durcheinander spricht.

c Wenn man mithilfe eines Streichholzes oder auch nur mit Ästen und Zunder Feuer machen möchte, muss der Funke, also ein glühendes Teilchen, auf das Brennmaterial überspringen, um das Feuer zu entfachen. Im übertragenen Sinne „springt der Funke über", wenn etwas besonders mitreißend ist oder Begeisterung auslöst und man diese Erfahrung daraufhin öfter machen möchte.

6 **TIPP** **Hinweis zur Lösung**

Denke daran, dass das Mittelfeld bei zweiteiligen Prädikaten von der Satzklammer eingerahmt wird. Suche in den vorgegebenen Sätzen also zunächst nach den Prädikaten.

a man nicht schon viel früher mit dem Vorlesen

b viel Freude daran

c erwiesenermaßen weniger Schwierigkeiten beim Lesenlernen

d Sprachanregungen

7 **a** unkonventionell: ungewöhnlich, nicht alltäglich/gängig

b gleichwohl: trotzdem, dabei, ungeachtet dessen

PFLICHTTEIL A 2

Matthias Brandt: Blackbird

1 Motte fühlt sich ohne Bogi einsam und verloren. Da er zu seinen Eltern kein besonders enges Verhältnis hat und diese mit ihrer Scheidung beschäftigt waren, ist Bogi in den vergangenen Jahren zu seiner wichtigsten Bezugsperson geworden. Das wird beispielsweise durch folgende Aussage deutlich: „Bogi, mit dem ich seit Jahren fast jeden Tag verbracht hatte, war von einem Moment auf den anderen weg gewesen." (S. 12) Nicht nur Bogis, sondern auch Mottes Leben und sein gewohnter Alltag wurden durch Bogis Krankheit von einem Moment auf den anderen auf den Kopf gestellt.

2 Jan zeigt sich von der Tatsache, dass Bogi schwer krank ist, und von den Umständen im Krankenhaus unbeeindruckt. Er begrüßt Bogi so, wie er es vermutlich immer tut: laut und mit einer lustig gemeinten Beschimpfung. Jan hat offenbar keine Hemmungen, er gibt Bogi die Hand und sieht ihm dabei fest in die Augen. Mit seinem eigentlich unpassenden Spruch über die Krankenschwestern bricht er die angespannte Atmosphäre auf und Bogi muss sogar darüber lachen. Jan druckst nicht herum, sondern fragt Bogi nach dem Essen und danach, was dieser den ganzen Tag so mache. Bogi scheint sich über die Fragen zu freuen und genießt die Ablenkung durch die ganz normale Unterhaltung sichtlich. Jan erreicht also mit diesem Verhalten das Ziel, Bogi aufzumuntern und ihn von seiner Krankheit abzulenken.

3 Der Gedanke, dass er Bogi nach dem Umzug öfter besuchen könnte, durchzuckt Motte wie ein „Stromschlag" (S. 102): Er hat ein schlechtes Gewissen, weil seine Besuche offenbar selten geworden sind. Motte geht nicht gerne ins Krankenhaus, weil er nicht weiß, was er mit Bogi reden soll. Er hat das Gefühl, sie „hätten schon über alles gesprochen" (S. 102). Die Entfremdung zwischen ihnen geht darauf zurück, dass Bogis Leben quasi „stehen geblieben" ist, während Mottes „weiterras[t]" (S. 102). Motte hat das Gefühl, dass er Bogi nicht helfen kann. Er fühlt sich lediglich wie ein „Andenken an zu Hause" (S. 103), so wie Bogis alter Teddybär. Motte macht sich Vorwürfe, dass er Bogi nicht besser unterstützen kann. Er vermutet, „ein blödes, gefühlloses Arschloch" zu sein, das „seinen Freund alleine [lässt]" (S. 103).

4 **TIPP** **Hinweis zur Lösung**

Zur Bearbeitung dieser Aufgabe musst du auf deine Markierungen im Buch zurückgreifen bzw. nach passenden Textstellen suchen: Die Informationen über Kragler stehen in unterschiedlichen Kapiteln, z. B. in Kapitel 2 und 10. Trage zunächst alle Informationen zusammen und schreibe dann einen zusammenhängenden Text.

Oberstudienrat Kragler ist ein alter Nazi und bei den Schülerinnen und Schülern entsprechend unbeliebt. Im Erdkundeunterricht ist sein Lieblingsthema, über das er in fast jeder Stunde spricht, der Verlust von Schlesien nach dem verlorenen Zweiten Weltkrieg, was die Schüler*innen überhaupt nicht interessiert (vgl. S. 19/20).
Im Sportunterricht lässt er die Schüler „Militärscheiß“ (S. 18) machen, also Übungen, die mit Krieg zu tun haben. Dabei nimmt er auch Verletzungen von Schülern in Kauf, wie bei Michael Habel.
Kragler quält jedoch auch einzelne Schüler*innen, indem er sie über Wochen gezielt fertigmacht. Als Hans-Walter sich schließlich einmal wehrte, zeigte sich, dass Kragler „eine brutale Sau, ein Schläger“ (S. 133) ist, denn er hat den Jungen verprügelt. Motte charakterisiert den Lehrer Kragler als „das Gewalttätigste, was mir bis jetzt begegnet war“ (S. 137). Kragler ist also ein Mensch, der besser nicht für Kinder und Jugendliche verantwortlich sein sollte.
Außerdem ist er „nicht gerade die hellste Kerze auf der Torte“ (S. 92), weshalb er leicht zu durchschauen und auszutricksen ist, wie bei Walkis Racheplan mit dem 5000-Meter-Lauf deutlich wird (vgl. S. 136–144).

5 **TIPP** **Hinweis zur Lösung**

Lies die angegebene Textstelle und noch ein bisschen weiter. Dort findest du einige Informationen, d. h. Gedanken von Motte, die du für die Lösung dieser Aufgabe verwenden kannst. Nimm Mottes Perspektive ein und gib seine Überlegungen so wieder, wie sie ihm möglicherweise durch den Kopf gegangen sind. Wie es für einen inneren Monolog typisch ist, können Mottes Gedanken etwas ungeordnet sein, sollten aber hauptsächlich um das Thema „Brief an Jacqueline“ kreisen. Weitere Informationen zur Textsorte „Innerer Monolog“ findest du im vorderen Teil dieses Buches.

Neinneinnein! Walki muss mir den Brief sofort zurückgeben! Das geht so alles nicht! Mann Walki, jetzt schau doch mal zu mir rüber! Das gibt's doch nicht, der ist wieder in seinem Wachkoma! Ich muss den Brief wiederhaben! Ich mache mich hier komplett zum Affen, die anderen schauen auch schon … Ach, es ist zwecklos, ich muss warten, bis die Stunde vorbei ist … Was erzählt Frau

Standfuss da eigentlich? Egal. Den Brief, den kann ich unmöglich abschicken, er ist einfach nicht gut genug. Vielleicht hätte ich Jacqueline doch den längeren Brief, also den Entwurf, schicken sollen? Dann hätte sie gesehen, wie viel Arbeit ich mir gemacht habe. In der kürzeren Fassung steht überhaupt nicht das drin, was ich meine und fühle. Ich mache mich doch nur lächerlich, wenn Jacqueline den Brief liest. Die ganze Schule wird mich für einen Vollidioten halten. Wahrscheinlich nicht nur hier am Brahms, nein, am Einstein auch. Jacqueline wird jemandem von dem peinlichen Brief erzählen und derjenige wird es jemand anderem erzählen … bis ich das Gespött des Planeten bin. Und treffen wird sie sich ganz bestimmt nicht mit mir. – Bogi wüsste, wie ich die Sache am besten angehen könnte … der könnte mir sagen, was ich tun soll. Aber der liegt ja in diesem Scheißkrankenhaus und starrt seinen Teddy an … Oder soll ich Walki einfach mal machen lassen? Eigentlich ist es mir ganz recht, wenn jemand die Sache in die Hand nimmt, ich bin ja jetzt schon am Ende …

(240 Wörter)

Mirjam Pressler: Nathan und seine Kinder

1 Geschem ist ein Waisenkind, dessen Eltern vermutlich bei einem Feuer umgekommen sind. Er selbst wurde dabei schwer verletzt, denn er hat Narben von Brandwunden am Körper, die ihn beim Gehen beeinträchtigen und ihm immer noch Schmerzen bereiten. Elijahu hatte Geschem gefunden, als er todkrank in einer Nische neben der Jerusalemer Stadtmauer lag. Geschem hatte damals seit Tagen nicht gegessen und getrunken und wäre wohl gestorben, wenn ihn Elijahu nicht gerettet und in Nathans Haus gebracht hätte. Zipora hat ihn schließlich gesund gepflegt. Mittlerweile geht er ihr in der Küche zur Hand. Geschem kann sich nicht erinnern, welchen Namen er ursprünglich getragen hat, wer seine Eltern waren, wo er gelebt hatte und wie der genaue Ablauf des Unglücks war, bei dem er so schwer verletzt wurde.

2 Der Tempelritter empfindet es als Schande, dass er noch lebt, weil er seiner Meinung nach mit seinen Brüdern in den Tod hätte gehen sollen. Da er nach dem Angriff auf Saladins Truppen gemeinsam mit den anderen Tempelrittern in den Hinterhalt geraten war und gefangen genommen wurde, hätte er genauso wie sie von Saladins Henkern ermordet werden sollen, denkt er. Er verspürt eine tiefe Demütigung, dass Saladin ihn verschont hat, da ihn diese Situation an seine Kindheit erinnert. Denn Saladin hat ihn anders behandelt als alle anderen Tempelritter – genauso wie sein Ziehvater Konrad von Stauffen ihn immer anders behandelt hat als die anderen Jungen im Haushalt.

3 **TIPP** **Hinweis zur Lösung**

Suche zunächst die Kapitel heraus, in denen von den Besuchen des Tempelritters beim Patriarchen erzählt wird, und lies sie nochmals genau durch. Lege die Gründe, warum der Tempelritter das Kirchenoberhaupt aufsucht, verständlich dar. Gehe dann auf die Antwort bzw. die Forderungen des Patriarchen ein und stelle dar, weshalb der Tempelritter diese nicht erfüllen kann.

Nachdem der Tempelritter von Saladin begnadigt worden ist, erinnert er sich an die Worte des Kaplans von Tannenberg, der immer vor Müßiggang gewarnt hat. Daher beschließt er, zum Patriarchen zu gehen und ihn um eine Aufgabe zu bitten. Der Patriarch erteilt ihm jedoch einen Auftrag, der den Tempelritter mit Entsetzen erfüllt: Er soll Saladin bespitzeln, ihn dem Patriarchen ausliefern oder den Sultan möglichst sogar umbringen. Als der Tempelritter zögert, da er diesen Auftrag nicht mit seiner Ehre als Ritter vereinbaren kann, fordert der Patriarch absoluten Gehorsam der Kirche gegenüber ein. Der Patriarch beendet das Gespräch mit diesem Befehl und der Tempelritter verspürt Abscheu gegenüber dem Kirchenoberhaupt.
Bei seinem zweiten Besuch beim Patriarchen erhofft sich der Tempelritter die Befreiung von seinem Keuschheitsgelübde. Nachdem ihm Daja von Rechas wahrer Herkunft berichtet hat, sieht er eine realistische Chance, Recha heiraten zu können. Er findet, dass ihm Helmfried das Keuschheitsgelübde nicht hätte abverlangen dürfen, da er noch zu jung dafür gewesen war. Bevor er dem Patriarchen seine Bitte jedoch vorträgt, schildert er ihm – ohne Nathans Namen zu nennen – den Fall des Christenmädchens, das als Jüdin aufgezogen wurde. Daraufhin verlangt der Patriarch, dass der Tempelritter ihm den Namen des Juden verrät, der dies getan hat, da derjenige mit dem Tod bestraft werden soll. Der Tempelritter befürchtet, dass er Nathan damit in ernste Gefahr gebracht hat, und verlässt fluchtartig das Haus des Patriarchen.

4 **TIPP** **Hinweis zur Lösung**

Bei dieser Aufgabe musst du passende Textstellen finden, die etwas über das Verhältnis zwischen Nathan und Recha aussagen. Die meisten Informationen findest du in den Kapiteln, die sich mit Rechas Herkunft befassen oder die nach Nathans Tod spielen. Mache dir am besten vorab Notizen, bevor du an die Ausformulierung deines Antworttextes gehst. Versuche, deine Aussagen durch Textstellen aus dem Roman zu belegen, entweder in Form direkter Zitate oder durch Seitenverweise („vgl.").

Das in der Aufgabenstellung genannte Zitat zeigt Nathans Nachgiebigkeit gegenüber Recha. Es fällt ihm schwer, ihr einen Wunsch abzuschlagen. Dies hat mit den Umständen, wann und wie Recha zu ihm kam, zu tun: Für Nathan war die Tatsache, dass Recha nach dem Mord an seiner Familie plötzlich da war, ein Zeichen Gottes (vgl. S. 48). Durch die neue Aufgabe, sich um Recha zu kümmern, hat er es geschafft, über sein Schicksal hinwegzukommen und neu anzufangen. Er war sehr glücklich über die kleine Recha und gab ihr den Namen, den seine Frau immer für eine Tochter vorgesehen hatte. Daraus wird deutlich, dass er sie tatsächlich als seine eigene Tochter angenommen hat (vgl. S. 232). Nathan hat damals auch gar nicht versucht, herauszufinden, wer Rechas Eltern waren, weil er „viel zu glücklich" (S. 246) über sie war.
Obwohl sie mittlerweile im heiratsfähigen Alter ist, zögert er, sie zu verheiraten – einerseits wegen ihres (eigentlichen) Glaubens, andererseits trifft aber wahrscheinlich auch der Grund zu, den Daja einmal Recha gegenüber erwähnt: Nathan liebt Recha so sehr, dass er sie noch nicht hergeben will (vgl. S. 58). Dazu hat vermutlich auch beigetragen, dass Recha ein liebenswertes Wesen hat, wie Daja feststellt (vgl. S. 39).
Recha ist sich gewiss, dass sie „einen Vater [hatte], der [sie] liebte" (S. 245). Und gegenüber dem Tempelritter erklärt sie, dass „kein Kind [...] sich einen liebevolleren und zärtlicheren Vater wünschen [könnte]" (S. 246) als Nathan. Am Ende des Romans sagt sie zu al-Hafi, dass sie ihrem eigenen Sohn, den sie einmal haben wird, von Nathan erzählen will. Sie möchte, dass er und seine Ideale in seinen Kindeskindern weiterleben (vgl. S. 243). Das zeigt, dass Nathan ein großes Vorbild für sie war.
Insgesamt wird also deutlich, dass Vater und Ziehtochter eine enge Verbindung hatten und sich gegenseitig „gerettet" haben: Nathan Recha vor einem Schicksal als verlassenes Waisenkind und Recha Nathan vor der völligen Verzweiflung angesichts des Verlusts seiner Familie.

5 TIPP **Hinweis zur Lösung**

Lies die angegebene Textstelle noch einmal durch und versetze dich in Elijahu hinein. Versuche zu verstehen, weshalb er zunächst skeptisch gegenüber Nathans Vorschlag ist. Schreibe aus seiner Perspektive, was ihn während des Gesprächs bewegt und wie er schließlich von Nathan überzeugt wird. Da aus dem Roman nicht hervorgeht, weshalb und in welcher Form Nathan einst Elijahu geholfen hat, kannst du dies in deinem Text ebenfalls nur vage andeuten. Informationen zur Textsorte „Tagebucheintrag" findest du im vorderen Teil dieses Buches.

„Geschem Ben Abraham", so heißt der Junge jetzt also. Oder wird man einst sagen: „Geschem Ben Elijahu"? Heute habe ich von Nathan eine Aufgabe bekommen, die mir selbst nie in den Sinn gekommen wäre: Ich soll mich um den Waisenjungen kümmern, den ich gerettet habe, und ihm ein Vater sein, da ich keinen eigenen Sohn habe. Anfangs war das ein irritierender Gedanke. Wie sollte mir ein Findling einen Sohn ersetzen? Noch dazu einer, der nicht einmal weiß, ob er Jude oder Muslim oder keiner von beiden ist. Ich kann doch nicht jemanden meinen Sohn nennen, der vielleicht Muslim ist?! Dann hat Nathan noch davon gesprochen, dass jeder Mensch einen Platz braucht, an dem er Geborgenheit findet. Und wenn Geschem nicht wisse, was er ist, könne er genauso gut ein Jude sein. Ich war wie vor den Kopf gestoßen! Nathans Worte kamen mir geradezu ketzerisch vor! Man kann doch nicht einfach vorgeben, Jude zu sein, wenn man nicht weiß, welcher Religion man angehört! Ist das nicht eine schwere Sünde? Aber wie immer konnte Nathan mich überzeugen. Er sagte, Gott wolle, dass wir seine Geschöpfe lieben, und dass unser Leben nur dadurch einen Sinn bekomme. Es wäre das Richtige, wenn ich mich um Geschem kümmerte. Plötzlich erschien es mir ganz logisch zu sein, dass ich Geschem helfe, so wie Nathan einst mir geholfen hat. Wie kleingeistig und engstirnig kam ich mir plötzlich mit meiner zögerlichen Haltung vor, als ich mich daran erinnerte! Denn so ist doch der Lauf der Welt! Jeder benötigt einmal Menschen, die ihn unterstützen, und ein andermal ist man selbst in der Position, helfen zu können! Und das werde ich nun bei Geschem tun: Ich werde ihn fördern, ihm eine Ausbildung ermöglichen und versuchen, ihm ein ebenso guter Vater zu sein, wie Nathan es für Recha ist. (298 Wörter)

WAHLTEIL B

Erörterung

TIPP **Hinweis zur Lösung**

Verlangt ist hier eine dialektische Erörterung; du sollst zum einen Gründe dafür finden, weshalb viele Eltern ihren Kindern nicht oder zu wenig vorlesen, zum anderen positive Aspekte anführen, die das Vorlesen für Eltern und für Kinder hat. Zusätzlich sollst du in einem Fazit noch darauf eingehen, wie Eltern zum Vorlesen motiviert werden könnten. Hier genügt es, wenn du einen Aspekt, den du als besonders gut geeignet erachtest, nennst und ausformulierst. Für deine Erörterung sind zwei Materialien vorgegeben, denen du Argumente entnehmen kannst. Untersuche sie zunächst gründlich und notiere dir, auf welche Inhalte du in deinem Aufsatz Bezug nehmen kannst. Überlege dir dann zusätzlich eigene Argumente.
Gliedere deinen Text folgendermaßen:

- Einleitung, in der du kurz zum Thema hinführst und zur Themenfrage überleitest (Nennung von Textsorte, Titel, Autor*in, Quelle und Erscheinungsdatum des vorgegebenen Textes);
- Hauptteil, in dem du eigene Argumente ausarbeitest und auf die Materialien Bezug nimmst;
- Schluss, in dem du ein abschließendes Fazit ziehst und deine eigene Meinung begründet darstellst.

Achte im Hauptteil darauf, dass deine Argumente vollständig sind, sie also Behauptung, Begründung und Beispiel/Beleg enthalten. Denke auch daran, dass du die Quelle nennst, wenn du etwas aus den Materialien direkt oder indirekt zitierst. Verwende eine sachliche Sprache und verknüpfe die Argumente abwechslungsreich miteinander.

Aufsatzbeispiel

Einleitung

Dicke Wälzer, lange und anstrengende Geschichten, viel Text, wenige Bilder – vielleicht sind es Vorurteile wie diese, die Eltern trotz der großen Aufmerksamkeit, die das Thema in den Medien bekommt, davon abhalten, ihren Kindern regelmäßig vorzulesen. Jahr für Jahr stellt die „Vorlesestudie" fest, dass immer noch ein zu großer Anteil der Eltern ihren Kindern selten oder nie vorliest. Dabei profitieren Kinder sehr von Vorleseerfahrungen, wie das Diagramm „Wie leicht fällt Kindern das Lesenlernen?" aus der Vorlesestudie 2018 (M 2) darstellt. Doch Vorlesen hat nicht nur für Kinder, sondern auch für die Eltern positive Effekte. Sebastian Herrmann erläutert in seinem Artikel „Vorlesen tut auch Eltern gut" vom 29. 05. 2019, der online in der Süddeutschen Zeitung erschienen ist, einige dieser Vorteile. Deshalb stellen sich die Fragen, welche Gründe es für Eltern geben kann, auf das Vorlesen weitgehend zu verzichten und welche Vorteile Vorlesen sowohl für Kinder als auch Eltern hat.

Themenfrage

Hauptteil

Grund 1: niedriges Bildungsniveau

Ein erster Grund, weshalb Eltern ihren Kindern zu selten vorlesen, könnte sein, dass sie ein niedriges Bildungsniveau haben. Da bildungsferne Schichten häufiger von Armut betroffen sind, könnte es einerseits an den Kosten liegen, die für Bücher aufgewendet werden müssten, weshalb zu wenig vorgelesen wird. Andererseits haben Eltern mit geringer Bildung möglicherweise die Freude an Büchern (noch) nicht entdeckt oder sind selbst keine guten Leser. Wenn Eltern sich unsicher fühlen, ihren Kindern laut vorzulesen, werden sie es lieber vermeiden. Beispielsweise ist es den meisten Erwachsenen sicherlich peinlich, wenn sie beim Vorlesen immer wieder ins Stocken geraten, weil im Text Wörter auftauchen, die für sie kompliziert sind. Zudem ist es vermutlich frustrierend, wenn sie immer wieder Sätze neu beginnen müssen, weil es Verständnisschwierigkeiten gibt. Dazu kommt noch, dass nach einer gewissen Zeit die Aufmerksamkeit der Kinder nachlässt, da ihnen der stockende Lesefluss zum Zuhören zu anstrengend ist. Dies alles trägt verständlicherweise nicht dazu bei, dass das Vorlesen zu einer regelmäßigen Aktivität wird.

Grund 2: Bequemlichkeit

Aber auch die Bequemlichkeit mancher Eltern könnte ein Grund sein, weshalb sie ihren Kindern zu selten vorlesen. Zwar ist Vorlesen eigentlich nicht mit einem großen Aufwand verbunden – schließlich genügt es, ein geeignetes Buch auszuwählen und sich gemeinsam mit dem Kind auf das Sofa zu setzen oder es sich im Bett gemütlich zu machen –, aber es erfordert von den Eltern eine intensive Beschäftigung mit dem Kind. Man muss sich als Elternteil beispielsweise auf die Geschichte einlassen und bei der Sache sein, den Text ansprechend vortragen und natürlich auch auf Zwischenfragen des Kindes eingehen. Manchen Eltern ist es nach einem langen Arbeitstag einfach zu anstrengend, sich auch noch zum Vorlesen aufzuraffen.

Grund 3: Zeitmangel

Der Hauptgrund, weshalb viele Eltern ihren Kindern zu selten oder nie vorlesen, ist aber wohl der Zeitmangel im Alltag. Die meisten Eltern sind heutzutage beide voll berufstätig und kommen erst am Abend nach Hause. Dann sind oft noch viele Dinge zu erledigen, z. B. im Haushalt, oder die Eltern müssen ihren Kindern bei den Schularbeiten helfen, weshalb gemeinsame

„freie“ Zeit, die man zum Vorlesen nutzen könnte, knapp ist. Manchmal ist es für die Familien einfach schwierig, noch einen weiteren „Programmpunkt“ in den Tag zu integrieren, weshalb – wenn überhaupt – nur hin und wieder vorgelesen wird.

Würden einige Eltern umdenken, wenn die vielen positiven Aspekte des Vorlesens, sowohl für Kinder als auch für Eltern, besser bekannt wären? Im Folgenden sollen die wichtigsten Vorteile des Vorlesens genannt werden.

Überleitung zu Vorteilen

Anknüpfend an den letzten genannten Grund, weshalb Eltern selten vorlesen, nämlich Zeitmangel und Stress, passt ein positiver Aspekt besonders gut: Vorlesen bedeutet nämlich auch für die Eltern Entspannung, wie eine kürzlich veröffentliche Studie nahelegt (vgl. M 1, Z. 17). Zum einen wirkt Vorlesen wie eine Reise in die eigene Kindheit, wenn man Geschichten vorliest, die man selbst als Kind gehört hat – das „wärmt die Seele“ wie es im Text heißt (M 1, Z. 6). Zum anderen wird durch Vorlesen die Hektik des Alltags einfach ausgeblendet, denn man ist in dieser Zeit ganz auf die Geschichte konzentriert und befasst sich dabei beispielsweise nicht mit dem nächsten Meeting, das am folgenden Tag auf einen wartet.

Vorteil 1: Entspannung für die Eltern

Der nächste Vorteil, der mit dem Ritual des Vorlesens verknüpft ist, ist die positive Auswirkung auf die Eltern-Kind-Beziehung. Sich gemeinsam auf das Sofa zu kuscheln und eine Geschichte zu lesen, vertieft die Bindung zueinander (vgl. M 1, Z. 29–32). Vor allem die „Komplizenschaft“ (Z. 7), die beim gemeinsamen Lesen von Büchern entstehen kann, also zusammen in eine Erzählung einzutauchen, die Spannung zu erleben oder sich von lustigen Episoden mitreißen zu lassen, bis man hysterisch kichert (vgl. Z. 10–12), ist förderlich für die Beziehung. Man schafft gemeinsame Erlebnisse und kann sich später immer wieder an lustige oder besondere Momente erinnern. Darauf, wie der Vater beim Lesen von „Räuber Hotzenplotz“ immer die Stimme verstellte und man sich den Bauch hielt vor Lachen, wenn der Räuber den Namen des Zauberers Petrosilius Zwackelmann verhunzte, freut man sich nicht nur als Kind, die Erinnerung daran wird auch noch im Erwachsenenalter für schöne Momente sorgen.

Vorteil 2: positive Auswirkungen auf das Eltern-Kind-Verhältnis

Die positiven Auswirkungen auf die kognitiven Fähigkeiten der Kinder sollen als letzter und wichtigster Vorteil des Vorlesens genannt werden. Mehrere Studien haben gezeigt, dass Kinder, denen regelmäßig vorgelesen wurde, schneller lesen lernen und

Vorteil 3: förderlich für die kognitiven Fähigkeiten der Kinder einen größeren Wortschatz haben. Außerdem gelinge es ihnen besser, sich zu konzentrieren und ihre Emotionen zu regulieren (vgl. M 1, Z. 40–43). In der Vorlesestudie 2018 wurde detailliert abgefragt, wie leicht Kindern das Lesenlernen in der Schule fällt. 58 % der Kinder, denen täglich vorgelesen wurde, fiel das Lesenlernen „sehr leicht", aber nur 32 % der Kinder, denen nie vorgelesen wurde (vgl. M 2). Eindrucksvoll ist auch folgende Zahl aus der Erhebung: Nur 2 % der Vorlesekinder fiel das Lesenlernen „schwer", aber 27 % der Kinder ohne Vorleseerfahrung (vgl. M 2).

Schluss
Fazit: Aufklärung nötig: Vorlesen geht auch ohne Bücher

Angesichts dieser Studienergebnisse sollte meiner Meinung nach die Motivation der Eltern gestärkt werden, ihren Kindern regelmäßig vorzulesen. Die positiven Auswirkungen auf den Schulerfolg der Kinder dürfte den meisten Eltern ja bekannt sein; deshalb plädiere ich dafür, die Eltern verstärkt darüber zu informieren, was alles mit „Vorlesen" gemeint sein kann. Denn nicht nur das „klassische" Vorlesen aus Büchern zählt dazu, sondern auch das Erzählen von Geschichten oder Märchen, das Betrachten von Bilder- oder Wimmelbüchern, die Beschäftigung mit Bilderbuch-Apps, Fotobüchern oder Katalogen etc. All das gibt Kindern wichtige Sprachanregungen. Vielleicht macht dieses Wissen einigen Eltern den Einstieg leichter. Außerdem genügen schon 15 Minuten pro Tag – die Beschäftigung mit Büchern muss also nicht stundenlang dauern, um positiv zu wirken. Ein Blick in die Regale einer Buchhandlung beweist es: Bücher, gerade für Kinder und Jugendliche, bieten heutzutage viel mehr, als man es von „klassischen" Vorlesebüchern kennt. Da lassen sich Klappen öffnen und Elemente verschieben, man kann Geräusche erzeugen oder etwas erfühlen – all das macht Kinder neugierig auf Bücher und weckt die Lesefreude. Es ist zu hoffen, dass sich auch die „Vorlese-Verweigerer" unter den Eltern davon anstecken lassen.

Textbeschreibung Lyrik

TIPP **Hinweis zur Lösung**

Bei diesem lyrischen Text handelt es sich um einen Liedtext. Du kannst dir das Lied auch im Internet anhören, z. B. auf YouTube. Bei der Textbeschreibung eines lyrischen Textes sollst du ein vorliegendes Gedicht oder wie in diesem Fall einen Liedtext eingehend untersuchen. In der Aufgabenstellung sind Aspekte vorgegeben, auf die du in deiner Analyse eingehen sollst, z. B. auf die Form des lyrischen Textes (Strophen, Reime) oder die Sprache (sprachliche Mittel, Satzbau). Gliedere deinen Aufsatz folgendermaßen:

- Einleitung mit Kern- / Basissatz und kurzer Inhaltsbeschreibung;
- Hauptteil, in dem du die gewonnenen Erkenntnisse deiner Untersuchung vorstellst, also die in der Aufgabenstellung geforderten Aspekte beschreibst und deutest;
- Schluss, in dem du die Übertragbarkeit der Gedichtaussage auf die heutige Zeit oder dein persönliches Leben erläuterst und kurz dazu Stellung nimmst.

Lies das Gedicht zunächst mehrmals genau durch. Markiere auffällige Stellen und Schlüsselbegriffe und notiere erste Stichpunkte deiner Analyse. Ordne deine Notizen anschließend und erstelle einen Schreibplan, bevor du mit der Ausformulierung deines Aufsatzes beginnst.

Aufsatzbeispiel

Einleitung
Information zum Text mit Kern-/Basissatz

Das Gedicht bzw. der Liedtext der zeitgenössischen Autorin Julia Engelmann trägt die Überschrift „Kleiner Walzer“ und erschien im Jahr 2018 im Band „Keine Ahnung, ob das Liebe ist“. Das lyrische Ich zweifelt darin an sich selbst und ist unglücklich darüber, dass es noch nicht den richtigen Lebensweg für sich gefunden hat.

kurze Zusammenfassung des Inhalts

In den ersten Versen des Gedichts vergleicht sich das lyrische Ich mit einem Gegenüber, das offenbar sein oder ihr Glück bereits gefunden hat. Man erfährt nicht, ob es sich dabei um eine berufliche oder private Situation handelt. Das lyrische Ich zweifelt an sich selbst und kann sich nicht entscheiden, was das Richtige für es ist. Es hat anscheinend schon vieles ausprobiert, war aber nie richtig zufrieden damit. Es vergleicht sich mit anderen und findet, dass es nirgends dazugehört oder hineinpasst und es zu oft allein ist. In der letzten Strophe wendet es sich wieder an sein Gegenüber, freut sich für ihn oder sie und wünscht sich, selbst bald zu wissen, was das Richtige ist.

Diese Unentschlossenheit und Unsicherheit des lyrischen Ichs spiegelt sich auch auf formaler Ebene wider, da weder Strophenaufbau noch Reimschema einer klaren Struktur folgen: Das Gedicht besteht aus sieben Strophen, wobei die erste, dritte, vierte und fünfte Strophe jeweils vier Verse aufweist, die zweite und sechste Strophe drei Verse und die letzte Strophe sieben Verse. Vor und nach den ersten beiden Strophen, nach Strophe drei und vier sowie nach Strophe fünf und sechs folgt der Refrain „Dam da dam da dam da dam" (V. 1, 9, 18, 26). Auch ein durchgängiges Reimschema gibt es nicht. Es finden sich lediglich vereinzelte Reime, die teilweise unrein sind: Kreuzreim „Sonnenlicht – ich, bist – ist" (V. 1–4), Paarreim „zurück – Glück" (V. 12/13) und nochmals Kreuzreim (V. 30–34).

Hauptteil

Aufbau und Form

Inhaltlich ist das Gedicht in mehrere Abschnitte unterteilt: Es beginnt in der ersten Strophe mit dem Gespräch zwischen dem lyrischen Ich und einem „Du". Dieses Gespräch wird in der letzten Strophe wieder aufgenommen. In den anderen Strophen charakterisiert sich das lyrische Ich selbst und beschreibt, wie es sich verhält und warum es nicht an das gewünschte Ziel gelangt. Nach jeweils zwei Strophen bzw. jeweils vor dem Refrain werden die Überlegungen des lyrischen Ichs mit dem Vers „und ich weiß nicht, wohin ich gehör" (V. 8, 17, 25) zusammengefasst und abgeschlossen.

sprachliche Mittel und ihre Wirkung

Metapher

Bereits am Anfang des Gedichts finden sich erste sprachliche Mittel: Die erste Strophe beginnt mit der Metapher „Aus deinem Gesicht scheint Sonnenlicht" (V. 2). Diese beschreibt das vor Glück „strahlende" Gesicht des Gegenübers, während das lyrische Ich davon nur „beschienen" wird. Gegen Ende des Gedichts, in Vers 30, taucht die Metapher in abgewandelter Form nochmals auf, wobei nun das erste Wort „aus" in den vorhergehenden Vers gezogen und durch einen Gedankenstrich abgetrennt ist („[…] aus –/deinem Gesicht scheint Sonnenlicht", V. 29/30), womit sich die Bedeutung ein wenig verschiebt: Durch das entfallene „aus" und dadurch, dass „deinem Gesicht" am Versanfang steht und betont wird, scheint es fast so, als hätte das „Du" zusätzlich noch das besondere Glück, von der Sonne beschienen zu werden, also in dem Sinne, dass ihm oder ihr das Glück ohne eigenes Zutun zufällt.

Wiederholungen

Die Unschlüssigkeit und das Sich-nicht-entscheiden-Können des lyrischen Ichs wird besonders durch die Wiederholung des

Verses „und ich weiß nicht, wohin ich gehör“ (V. 8, 17, 25) ausgedrückt. Auch der Vers „es freut mich für dich, wie glücklich du bist“ (V. 3, 31) wird wiederholt und dadurch betont; allerdings ist zweifelhaft, ob dies auch so gemeint ist, denn in der siebten Strophe steht vor dieser Wiederholung der Satz „[...] ich halt dich nicht aus“ (V. 29). Das letzte Wort („aus“) könnte zwar, wie oben genannt, zur Metapher „aus deinem Gesicht scheint Sonnenlicht“ gehören, jedoch ist es auch vorstellbar, dass die Zufriedenheit des Gegenübers mit seiner Situation oder seinem Leben für das Ich unangenehm ist und es etwas neidisch ist. Die ersten drei Verse der letzten Strophe sind außerdem fast gleichlautend, nur das letzte Wort wird abgewandelt, wobei sich der Sinn in jedem Vers ändert, weil die Autorin mit unterschiedlichen Bedeutungen von „halten“ spielt: „ich halt dich nicht ... oh“ in Vers 27 nimmt durch die Interjektion vielleicht das Gesangliche und Liedhafte des „Walzers“ auf und meint wohl „halten“ im Sinne von „im Arm halten“ oder „umarmen“; der nächste Vers beschreibt, dass das Ich das Gegenüber nicht aufhalten will, da dieses ja bereits weiß, wo es in seinem Leben hin will und sich weiterentwickelt, während das Ich noch an sich zweifelt und zunächst „stehen bleibt“. Vers 29 zeigt, dass dem lyrischen Ich die Selbstgewissheit des Du unangenehm ist.

Hyperbeln

Die Hyperbel „Ich mag alle anderen, nur nicht mich selbst“ (V. 6) – selbstverständlich mag das lyrische Ich nicht tatsächlich „alle anderen“ – zeigt dieses Gefühl des Ichs eindrücklich. Die Übertreibung beschreibt gut, wie sehr das lyrische Ich an sich selbst zweifelt und wie wenig es sich selbst leiden kann. Es hat das Gefühl, auf seiner Suche nach einem erfüllten Leben „[einen] Schritt nach vorne und dreißig zurück“ (V. 12) zu gehen. Es tritt also nicht nur auf der Stelle, sondern kommt überhaupt nicht voran.

Antithesen

Des Weiteren finden sich im Gedicht einige Antithesen, die die Unentschlossenheit des lyrischen Ichs und Unzufriedenheit mit sich selbst versinnbildlichen, z. B. „Die einen sind jünger und schöner als ich,/die anderen älter und weiser“ (V. 19/20) oder „ist nichts wirklich richtig, nichts wirklich falsch“ (V. 24).

Parallelismen

Auffällig sind außerdem einige ähnlich oder parallel gebaute Verse, die wie eine Aufzählung dessen wirken, was das lyrische Ich bereits ausprobiert, aber nicht für endgültig gut befunden hat, z. B. Vers 14/15 oder Vers 23/24.

Die Inversion in Vers 7 – „ist jeden Tag anders, was mir gefällt" – bringt die Situation des lyrischen Ichs auf den Punkt. Vorstellbar ist für das Ich wohl vieles, aber die Gewissheit, auf dem richtigen Weg zu sein, fehlt ihm bisher noch.

Inversion

In diesem Zusammenhang wird auch klar, welche Funktion der Refrain im Gedicht einnimmt. Wie beim Tanzen eines Walzers (vgl. Titel des Gedichts) dreht sich das lyrische Ich (gedanklich) im Kreis und findet keine Richtung, in die es gehen möchte. Es zweifelt an sich selbst, ist unsicher und schwankt angesichts der vielen Möglichkeiten, die sich ihm für sein Leben bieten.

Bedeutung des Titels und Funktion des Refrains

Darüber hinaus nimmt die Lautmalerei des „Dam da dam da dam da dam" den Rhythmus eines Walzers auf und gibt dem Gedicht einen tänzerischen Charakter.

Diese Leichtigkeit des Walzers passt eigentlich gar nicht zu den grüblerischen Gedanken, die das lyrische Ich in seiner derzeitigen Lebenssituation umtreiben. Nicht nur, dass es im Gegensatz zu dem angesprochenen „Du" sein Glück noch nicht gefunden hat, es ist auch noch voller Selbstzweifel und hadert mit sich. Es mag sich nicht (vgl. V. 6) und gibt sich vielleicht selbst die Schuld daran, denn ihm ist offenbar nie etwas gut genug (vgl. V. 10). Es „macht alles ein bisschen, alles vielleicht" (V. 23), aber „nichts wirklich richtig" (V. 24). Es ist sich also bewusst, dass es sich mit seinen Selbstzweifeln und dem ständigen Ausprobieren der Möglichkeiten selbst im Wege steht. Darüber hinaus fühlt es sich sehr allein, obwohl es anscheinend in irgendeinem Bereich Erfolg hat und von anderen Menschen Anerkennung bekommt („viel Applaus", V. 16). Es spürt „so wenig Nähe" (V. 16) und ist „eigentlich zu oft alleine" (V. 22), d. h. es ist vielleicht unter Menschen, aber nicht im Sinne einer echten Zugehörigkeit oder Freundschaft/Liebe, in der es sich in seiner Persönlichkeit angenommen fühlt. Es sehnt sich danach, irgendwo dazuzugehören und endlich seinen Platz im Leben zu finden. Dass es sich ständig mit anderen vergleicht, trägt ebenfalls zur Unsicherheit des lyrischen Ichs bei (vgl. V. 19/20). Dabei weiß das lyrische Ich selbst, dass es die Selbstzweifel nicht weiterbringen und die aktuelle Lebensphase – vermutlich die des jungen Erwachsenenalters – normalerweise von Lebensfreude und Hoffnung auf das Kommende geprägt sein sollte. Der Vers „Ich bin doch zu jung für mein ernstes Gesicht" (V. 21) zeigt dies. Das „Du" ist hingegen sicher, „das Richtige" (V. 5, 33) gefunden zu haben, und ist voller Freude darüber.

Vergleich Ich – Du

Schluss
Transfer

Vielen Jugendlichen und jungen Erwachsenen geht es wahrscheinlich so wie dem lyrischen Ich im Gedicht „Kleiner Walzer“: Die Schule ist beendet, man ist „frei“ und die Möglichkeiten, die einem das Leben bietet, sind scheinbar unendlich. Aber genau das ist häufig das Problem. Wie soll man sich für eine Möglichkeit entscheiden, also beispielsweise einen Beruf auswählen, der dann auch noch das ganze Leben lang Spaß machen soll? Was tun, wenn man nicht schon von Kindesbeinen an einen Traumberuf hat, sondern sich vieles vorstellen kann? Aber selbst wenn man sich bereits einen Plan für sein Leben zurechtgelegt hat, kann es sein, dass man sich von den vielen Möglichkeiten verführen lässt und alles Erdenkliche ausprobiert – was nicht schlecht sein muss, denn vielleicht findet der ein oder andere gerade dadurch sein Glück.

Stellungnahme

Schwierig wird es allerdings dann, wenn die Selbstzweifel überhandnehmen und man sich gar nicht mehr zu etwas entschließen kann. Meiner Ansicht nach sind Unsicherheit und Zweifel, die hin und wieder auftreten, etwas ganz Normales und an sich durchaus sinnvoll. Um sich nicht selbst zu blockieren, ist es allerdings wichtig, sich immer wieder darauf zu besinnen, was man gut kann, was andere an einem schätzen, und sich auch Fehler zuzugestehen. Vor allem sollte man sich nicht mit anderen vergleichen, denn das führt nur zu mehr Verunsicherung. Schließlich ist jeder Mensch einzigartig und eine eigenständige Persönlichkeit.

Abrundung

Auch wenn sich das lyrische Ich momentan noch „im Kreis dreht“, ist zu hoffen, dass es sich bald aus diesem Zustand befreien und das Richtige für sich finden wird. Schließlich gelingt es den meisten Menschen früher oder später, sich nicht „fehl am Platz“ zu fühlen und ein erfülltes Leben zu führen.

Textbeschreibung Prosa

TIPP **Hinweis zur Lösung**

Bei der Textbeschreibung eines Prosatextes sollst du eine vorliegende Kurzgeschichte eingehend untersuchen. In der Aufgabenstellung sind Aspekte vorgegeben, auf die du in deiner Analyse eingehen sollst, z. B. auf den Aufbau, die Sprache (sprachliche Mittel, Satzbau) oder auf die Figurenkonstellation.
Gliedere deinen Aufsatz folgendermaßen:

- Einleitung mit Kern-/Basissatz und kurzer Inhaltszusammenfassung;
- Hauptteil, in dem du die gewonnenen Erkenntnisse deiner Untersuchung vorstellst, also die in der Aufgabenstellung geforderten Aspekte beschreibst und deutest;
- Schluss, in dem du deinen Text abrundest und die Übertragbarkeit der Textaussage auf die heutige Zeit oder dein persönliches Leben erläuterst und dazu Stellung nimmst.

Lies die Kurzgeschichte zunächst mehrmals genau durch. Markiere auffällige Stellen und Schlüsselbegriffe und notiere erste Stichpunkte deiner Analyse. Ordne deine Notizen anschließend und erstelle einen Schreibplan, bevor du mit der Ausformulierung deines Aufsatzes beginnst.

Aufsatzbeispiel

Einleitung
Information zum Text mit Kern-/Basissatz

Die kurze Erzählung „Die Tätowierung" von Pedro Lenz wurde im Jahr 2016 im Band „113 Einseitige Geschichten" veröffentlicht. Sie berichtet von dem missglückten Versuch des Erzählers, während einer Bahnfahrt mit seinem Mitreisenden ins Gespräch zu kommen.

kurze Zusammenfassung des Inhalts

Während einer langen Bahnfahrt bemerkt der Erzähler auf dem Unterarm seines Gegenübers eine Tätowierung, deren Schriftzug er nach eingehender Betrachtung als „Hamburg" identifiziert. Dies nimmt er zum Anlass, mit dem Mann ins Gespräch zu kommen. Dieser reagiert jedoch verärgert und klärt ihn auf, dass dort „Homburg" stehe. Der Erzähler ist zwar immer noch der Meinung, dass es sich um „Hamburg" handle, sagt jedoch lieber nichts mehr, sodass die beiden ihre Fahrt schweigend fortsetzen.

Hauptteil
Charakterisierung der Hauptfiguren

Erzähler

In der Geschichte spielen nur zwei Personen eine Rolle: der Erzähler und ein Mitreisender während einer Bahnfahrt. Die beiden sitzen sich schon „stundenlang" (Z. 1) gegenüber und der Erzähler hat sein Gegenüber bereits eingehend betrachtet, weshalb ihm dessen Tätowierung auffällt. Vielleicht beobachtet er gerne „unauffällig" (Z. 4) die Mitreisenden in der Bahn oder hat nichts zu lesen oder keine andere Ablenkung dabei. Er ist wohl neugierig, denn er gibt sich nicht mit einem kurzen Blick zufrieden, sondern versucht „[l]ange“ (Z. 5), den Schriftzug auf der Tätowierung zu entziffern. Als er glaubt, „Hamburg“ darauf zu lesen, nimmt er dies sofort zum Anlass, mit dem Mann ein Gespräch zu beginnen. Er ist Fremden gegenüber offenbar recht aufgeschlossen und hat nur eine Gelegenheit gesucht, um Kontakt aufzunehmen. Dass er den abweisenden Tonfall des Mannes sofort bemerkt, zeigt, dass er wohl sensibel für seine Mitmenschen ist und ihre Stimmungen gut einschätzen kann. Er kann es jedoch nicht lassen, den Mitfahrer „fast [...] entschuldigend“ (Z. 12) darauf hinzuweisen, dass seiner Auffassung nach „Hamburg“ auf dessen Tätowierung stehe, obwohl dieser es ja besser wissen muss. Nachdem sich der Mann erneut verärgert äußert, schweigt der Erzähler. Die Überlegung, was der Schriftzug bedeutet, lässt ihn jedoch nicht los, da er weiterhin „mehrmals“ (Z. 17) die Tätowierung studiert und sich immer noch im Recht fühlt. Um den Mann nicht weiter zu verärgern, sagt er aber nichts mehr und zieht für sich den Schluss, dass es manchmal besser ist, zu schweigen, wenn man friedlich mit seinen Mitmenschen auskommen will (vgl. Z. 21).

Mann mit Tätowierung

Über den Mann mit der Tätowierung erfährt man einige Äußerlichkeiten: Er ist ungefähr im gleichen Alter wie der Erzähler, trägt ein kurzärmeliges Hemd und hat auf seinem rechten Unterarm eine Tätowierung, bestehend aus einem Kreuz, einem Lorbeerkranz und einem schwer entzifferbaren Schriftzug. Vom Erzähler angesprochen, antwortet der Mann sofort in einem Tonfall, der deutlich macht, dass er kein Gespräch beginnen möchte (vgl. Z. 10/11), was bedeuten könnte, dass er während der Fahrt einfach seine Ruhe haben möchte. Dass er auf die zweite Äußerung des Erzählers jedoch „verärgert“ (Z. 14) reagiert, lässt verschiedene Schlüsse zu: Es könnte sein, dass er schon öfter auf die Tätowierung angesprochen wurde, also auch andere Leute diese falsch gelesen haben, weshalb er sofort klarstellt: „Das ist kein ‚A‘, das ist ein ‚O‘!“ (Z. 15) Möglicherweise ist Homburg aber auch seine Heimatstadt, auf die er besonders stolz ist, und ist deshalb über die Verwechslung verärgert. Möglich wäre auch, dass ihm die Tätowierung – vielleicht eine Jugendsünde? – an sich peinlich ist, evtl. gerade wegen der im Vergleich zur Großstadt Hamburg relativ unbedeutenden Stadt Homburg. Seinem Gegenüber erklärt er dies aber nicht, sondern hüllt sich für die weitere Reise in Schweigen. Er scheint kein besonders angenehmer Zeitgenosse zu sein, denn jede der genannten Möglichkeiten hätte er, mit ein bisschen Humor, leicht erklären und danach mit seinem Mitreisenden eine angeregte Unterhaltung führen können.

Erzähl-perspektive

Ich-Erzähler

Da die kurze Erzählung aus der Perspektive des Ich-Erzählers geschrieben ist, erfährt man über den Mann mit der Tätowierung nur das, was der Erzähler an diesem beobachtet bzw. was dieser in wörtlicher Rede zu ihm sagt. Weil der Erzähler von einem Ereignis aus seiner eigenen Vergangenheit berichtet, kann er dieses kommentieren und werten, wie er dies beispielsweise beim Tonfall, den der Mitreisende anschlägt, tut (vgl. Z. 10/11). Ob diese Interpretation jedoch zuverlässig ist, bleibt fraglich, da die Leser*innen von der Begebenheit nur aus einer Perspektive erfahren. Der Erzähler könnte auch unvollständig erzählen oder etwas bewusst anders darstellen, als es tatsächlich gewesen ist. Möglich wäre z. B. auch, dass der Mann mit der Tätowierung das vermeintlich unauffällige Hinschauen des Erzählers mitbekommen und ihn als aufdringlich empfunden hat. Es ist Aufgabe der Leser*innen, zu entscheiden, inwieweit sie dem Erzähler seine Geschichte abnehmen.

sprachlich-stilistische Gestaltung

Im Hinblick auf die sprachlich-stilistische Gestaltung des Textes fällt auf, dass er von vielen kurzen Hauptsätzen (vgl. z. B. Z. 1–3) und einfachen Satzgefügen (vgl. z. B. Z. 17–19) geprägt ist. Lediglich in der Mitte des Textes, während des kurzen Gesprächs zwischen den Reisenden, ist der Satzbau etwas komplexer und nimmt dadurch Bezug auf den Inhalt, da an dieser Stelle auch für den Erzähler alles ein wenig kompliziert zu werden scheint. Völlig unbeabsichtigt gerät er hier in eine schwierige Gesprächssituation. Die Sprache in der Erzählung ist sachlich und nüchtern und enthält keine sprachlichen Bilder oder rhetorischen Stilmittel. Lediglich die Städtenamen Hamburg und Homburg werden sehr oft wiederholt, was diesen eine besondere Bedeutung beimisst. Der Autor spielt hier mit den verwechselten Vokalen „A“ und „O“ (vgl. Z. 7–15). An zwei Stellen werden Sätze nach dem Schlusspunkt mit „und“ angeschlossen (vgl. Z. 17–19, Z. 21), sie erscheinen dadurch nachgeschoben, wodurch die Gedanken des Erzählers fast ein wenig ironisch wirken, aber bei den Leserinnen und Lesern besonderen Eindruck hinterlassen. Nicht umsonst handelt es sich bei dem zweiten dieser Sätze („Und manchmal ist Schweigen das A und O einer friedlichen Bahnfahrt.“, Z. 21) um die Pointe der Geschichte.

Der Schluss des Textes und die Pointe beziehen sich auf die Redewendung „das A und O von etwas sein", womit die Hauptsache oder das Wesentliche von etwas gemeint ist. Hier zieht der Erzähler den Schluss, dass Schweigen manchmal das „A und O", also das Wichtigste für eine friedliche Bahnfahrt ist. Damit wird zum einen ganz allgemein ausgedrückt, dass es während einer Bahnreise manchmal besser ist, nicht mit den anderen Mitreisenden zu sprechen, um nicht in Gefahr zu geraten, diese aus irgendeinem Grund zu verärgern. Zum anderen besteht der besondere Witz des Textes darin, dass die genannte Redewendung genau zu den verwechselten Vokalen der beiden Städtenamen, also zum Grund der Verärgerung des Mitreisenden passt. — Pointe

Schluss

Die Situation kennt wahrscheinlich jeder: Im Zug, im Restaurant, beim Sport etc. möchte man mit einer Person ein wenig Small Talk machen, sucht sich ein vermeintlich harmloses Thema – und sticht in ein Wespennest. Beispielsweise könnte die Frage, ob die andere Person Geschwister habe, bei dieser eine negative Reaktion auslösen, wenn sie sich kürzlich mit Bruder oder Schwester zerstritten hat. Statt der normalen Antwort, an die man im Gespräch anknüpfen könnte, erwartet den Fragesteller vielleicht nur ein ruppiges „Nein!" oder „Ich möchte nicht darüber reden". Es folgt eine peinliche Gesprächspause, die für beide Gesprächspartner unangenehm ist. — Transfer

Dieses Risiko muss man meiner Meinung nach jedoch auf sich nehmen, wenn man unbekannte Menschen kennenlernen will. In den meisten Fällen ergeben sich über harmlose Themen – zum Glück – angenehme und interessante Gespräche oder mit der Zeit sogar neue Freundschaften. Falls ein Gespräch doch einmal ins Stocken gerät und man das Gefühl hat, sich in schwierigem Fahrwasser zu befinden, sollte man den Fehler des Erzählers in der Geschichte „Die Tätowierung" lieber vermeiden: Dieser hätte sich nämlich besser mit der ersten schroffen Abfuhr zufriedengeben und nicht weiter nachbohren sollen, auch wenn er sich ungerecht behandelt fühlte. — Stellungnahme

Die Grenzen des anderen zu respektieren, auch wenn sie für einen selbst nicht immer sofort ersichtlich oder nachvollziehbar sind, ist wohl immer ein guter Ratschlag. Manchmal hilft auch Humor oder ein wenig Schlagfertigkeit, z. B. ein „Na, dann lassen Sie uns über etwas anderes reden – mögen Sie Fußball?", um die Peinlichkeit mit einem Schmunzeln wettzumachen. — Abrundung

PFLICHTTEIL A 1 25

Text **Nachhaltiges Reisen – Overtourism: Was man jetzt tun kann**

In beliebten Reiseländern regt sich immer mehr Protest gegen aufkommende Touristenströme. Overtourism ist aktueller denn je. [...]

Die Proteste gegen anhaltende Touristenströme aus dem vergangenen Jahr in beliebten Reisezielen wie Venedig, Palma de Mallorca und Barcelona haben die Schattenseiten des (Massen-)Tourismus aufgezeigt. In Island, wo aufs Jahr hochgerechnet mittlerweile sieben Reisende auf einen Einheimischen kommen, wächst die Unzufriedenheit und auch hierzulande regt sich in beliebten Städten wie Berlin und Hamburg die Kritik an den ankommenden Touristenmassen.

Tourismuskritik gibt es seit jeher
Dabei sind Proteste gegen den Massentourismus nichts Neues. Seit Anbeginn des Tourismus gibt es auch Tourismuskritik. [...]

Heute spricht man von Overtourism. Gemeint ist damit die regelrechte Überflutung von Städten und Regionen mit Touristen. Gelegentlich wird auch von „Touristifizierung“ gesprochen. Gemein haben sie allesamt, dass vor allem die dort lebende Bevölkerung die negativen Auswirkungen des Tourismus zu spüren bekommt: Menschenmassen, Enge, Lärm, Müll, unangemessenes Verhalten der Touristen und Preissteigerungen.

Man liest Sprüche wie „Tourist go home!“
In Städten, in denen die Wohnungsnot eh schon groß ist, tragen Anbieter wie Airbnb[1] dazu bei, die Mieten weiter zu erhöhen und die Bevölkerung weiter an den Stadtrand oder gar ganz zu verdrängen. Nicht umsonst gibt es in Berlin seit einigen Jahren das Zweckentfremdungsgesetz, dass das bloße Kaufen von Wohnungen, um sie ausschließlich auf Airbnb zu vermieten, verbietet.

In anderen Städten wie Venedig gibt es solche Gesetze (noch) nicht. Zahlreiche Dokumentationen über den Massentourismus in Venedig führen einem drastisch vor Augen, wie die kleine Stadt mit den täglich ankommenden Touristenmassen zu kämpfen hat. Doppelt tragisch: die meisten von ihnen kommen über Kreuzfahrtschiffe in die Stadt. Nicht nur ein Problem für die Umwelt, auch die dortige

Bevölkerung hat von den sonst positiven Effekten des Tourismus wenig. Die Kreuzfahrtgäste geben in der Regel wenig Geld in den Städten aus, essen und schlafen auf dem Schiff. [...]

Ein Wachstumssektor und kein Ende in Sicht

Aber auch das große Angebot von Billigfliegern bringt mehr und mehr Menschen in die Städte. Zum Shopping für ein Wochenende nach Barcelona – noch nie war es so leicht und günstig zu reisen wie heute. Die Zahl der Reisenden steigt seit Jahren kontinuierlich und es ist kein Ende in Sicht. Das ist zum einen schön. Denn das heißt, dass es sich mehr Menschen leisten können zu reisen. Doch das bringt auch ernst zu nehmende Probleme für die Umwelt und für die ortsansässige Bevölkerung mit sich wie beispielsweise mehr Müll, Lärm und Enge durch die ankommenden Menschenmassen.

Die Proteste spiegeln aber auch ganz allgemein die Ungerechtigkeiten des Sektors wider: unfaire Löhne und wenig Teilhabe der Bevölkerung bei der Stadtentwicklung. Dabei ist nichts wichtiger, als die Ortsansässigen in die Tourismusplanung mit einzubeziehen und sie am Erfolg teilhaben zu lassen. So wird zum einen sichergestellt, dass alle zu jedem Zeitpunkt über die zukünftigen Schritte informiert sind, zum anderen fühlen sie sich nicht vernachlässigt oder abgedrängt, wenn man sie am Erfolg teilhaben lässt.

Dass der Tourismus auch viele positive Seiten hat, vergisst man bei den Protesten leicht. So stellt der Sektor einen Großteil an nicht verlagerbaren Arbeitsplätzen und kann so auch ländliche oder strukturschwache Regionen stark machen. Darüber hinaus werden kulturelle Sehenswürdigkeiten instand gehalten. Auch das umliegende Landschaftsbild spielt für den Tourismus eine zentrale Rolle und es liegt in seinem Interesse, dieses aufrechtzuerhalten. Und schließlich kann Reisen positiv dazu beitragen, den eigenen Horizont zu erweitern. Es wird daher keine Option sein, nicht mehr zu reisen. Vielmehr müssen sich verträglichere Tourismusformen etablieren. Solche, die sowohl für die Einheimischen als auch für die Reisenden ein Zugewinn sind.

Nachhaltiger Tourismus setzt sich mit den Problemen auseinander

Schön also, wenn sich aus dem Protest heraus Vereine wie „Venezia Autentica“ bilden. Die Gründer Valeria und Sebastian haben es sich zum Ziel gemacht, Venedig vor der „Plage des Massentourismus zu retten“. Auf ihrer Plattform kann man individuelle Aktivitäten in Venedig buchen, die dem Reisenden das wahre Venedig zeigen. [...]

Staatliche Regulierungen können ebenfalls helfen, das Problem des Overtourism zu entschärfen. Gesetze wie das Zweckentfremdungsgesetz, aber auch Abgaben wie die Betten- oder Touristensteuer können dabei Lösungsansätze sein. Man könnte, ähnlich wie schon in manchen Nationalparks, auch Besucherbegrenzungen für Sehenswürdigkeiten festlegen. Anmeldesysteme für Sehenswürdigkeiten oder Besucherlenkungen können die Nachfrage regulieren und helfen, die Reisenden besser zu verteilen. […]

Quelle: Lisa Klakow: Overtourism: Was man jetzt tun kann. Im Internet unter: https://enorm-magazin.de/lebensstil/nachhaltiger-tourismus/tourismus-auswirkungen/overtourism-was-man-jetzt-tun-kann (erschienen am 3. 05. 2019) © Lisa Klakow/Good Travel

Anmerkung

1 Airbnb: Internet-Plattform, auf der man private Unterkünfte vermieten und buchen kann

Textverständnis

1 Im Text wird in einem Satz erklärt, was mit dem Begriff „Overtourism" gemeint ist. Schreibe das Zitat heraus und gib die Zeilennummer an. (1)

2 Prüfe, welche der folgenden Aussagen mit dem Sachtext übereinstimmen. Notiere entsprechend „trifft zu", „trifft nicht zu" oder „nicht genannt". (3)

a Jeder Isländer nimmt mittlerweile im Jahr sieben Reisende bei sich auf.

b Der Massentourismus sorgt schon so lange für Missfallen, wie Menschen an andere Orte verreisen.

c Für die Bewohner beliebter Städte ist es vorteilhafter, wenn Touristen in Unterkünften vor Ort übernachten.

d In puncto Umweltschutz hat sich bei Kreuzfahrten in letzter Zeit einiges verbessert.

e Damit sich der Tourismus in beliebten Regionen und Orten nicht weiterhin negativ auswirkt, müssen neue Formen des Tourismus gefunden werden.

f Die einzige Option, um sehenswerte Orte zu schützen, ist es, sie nicht mehr zu bereisen.

3 Ein bekanntes Zitat lautet: „Der Tourist zerstört, was er sucht, indem er es findet." Erkläre mithilfe des Textes in zwei bis drei Sätzen, was mit diesem Zitat gemeint ist. (2)

4 Welche der aufgeführten Maßnahmen wird im Text genannt, damit die Proteste der einheimischen Bevölkerung gegen Touristen aufhören? Antworte in einem ganzen Satz. (1)

a Man muss den Einheimischen deutlich machen, dass Reisen den eigenen Horizont erweitert.

b Es muss sichergestellt werden, dass die einheimische Bevölkerung bei der Tourismusplanung miteinbezogen wird und am Erfolg teilhaben kann.

c Ein Zweckentfremdungsgesetz nach Berliner Vorbild muss weltweit eingeführt werden.

d Die Preise für Flugreisen und Kreuzfahrten müssen drastisch angehoben werden, damit weniger Menschen an beliebte Orte verreisen.

Sprachgebrauch

1 Finde für die unterstrichenen Wörter oder Ausdrücke aus dem Text jeweils einen Ausdruck mit gleicher oder ähnlicher Bedeutung, den man stattdessen einsetzen könnte, und schreibe ihn auf. (4)

a „Nicht umsonst gibt es in Berlin seit einigen Jahren das Zweckentfremdungsgesetz […].“ (Z. 21/22)

b „Zahlreiche Dokumentationen über den Massentourismus in Venedig führen einem drastisch vor Augen […].“ (Z. 24–26)

c „Die Zahl der Reisenden steigt seit Jahren kontinuierlich […].“ (Z. 35/36)

d „Es wird daher keine Option sein, nicht mehr zu reisen.“ (Z. 54/55)

2 Schreibe aus dem Text jeweils zwei Beispiele für folgende Wortarten heraus: Verben, Konjunktionen, Adverbien, Pronomen. Übertrage dazu nachfolgende Tabelle auf ein separates Blatt. Trage anschließend alle Wörter in der Grundform in die richtige Spalte der Tabelle ein und füge die Zeilennummer hinzu. Bestimme außerdem die Wortart der Wörter in der fünften Spalte und ergänze den lateinischen Fachbegriff im Kopf der Tabelle. (4,5)

Verben	Subjunktionen	Adverbien	Pronomen	
				in (Z. 1)
				seit (Z. 10)

3 Bestimme Person, Numerus, Tempus und Modus des Verbs im folgenden Satz. Nenne auch, ob es sich um einen Aktiv- oder Passivsatz handelt. (2,5)

„Gelegentlich wird auch von ‚Touristifizierung' gesprochen." (Z. 13/14)

4 Schreibe jeweils alle Wörter heraus, die in den folgenden Sätzen im Vorfeld stehen. (1,5)

a Die Stadt Venedig, die besonders unter dem großen Touristenansturm leidet, hat wirklich beeindruckende Sehenswürdigkeiten zu bieten.

b Warum sollte man Venedig besser nicht mit dem Kreuzfahrtschiff besuchen?

c Mit etwas gutem Willen, der Neugier auf das „wahre" Venedig und einer kurzen Internetrecherche lassen sich für Mensch und Natur verträglichere Reiseangebote finden.

5 Nenne stichpunktartig die Bedeutung der folgenden unterstrichenen Wörter. (3)

a „Schattenseiten des (Massen-)Tourismus" (Z. 5)

b „eigener Horizont" (Z. 54)

c „Nachfrage regulieren" (Z. 69)

6 Notiere zu jedem der folgenden Wörter ein Antonym, also ein Wort mit gegenteiliger Bedeutung. Achte darauf, in welchem Zusammenhang die Wörter vorkommen. (2,5)

a Kritik (Z. 8)

b gelegentlich (Z. 13)

c erhöhen (Z. 20)

d einbeziehen (Z. 44)

e ähnlich (Z. 67)

Matthias Brandt: Blackbird

1 Zeige auf, welche Veränderung Motte an Bogi bemerkt, als er ihn zum ersten Mal im Krankenhaus besucht. (2)

2 Beschreibe, was Frau Standfuss von den anderen Lehrkräften unterscheidet, und weshalb die Schüler*innen nichts auf sie kommen lassen. (4)

3 Zeige anhand von Zitaten aus dem Text auf, inwiefern Mottes Freundin Steffi ihm vor und nach Bogis Tod und während der Trauerfeier eine große Stütze ist. (3)

4 „Dann machten wir ein bisschen Blödsinn mit Ballhochhalten und Zwei-gegen-einen und so und kamen uns irgendwie doof vor dabei [...], aber irgendwie wars auch ganz lustig und erleichternd, sich zu verausgaben. Bogi stand am Fenster und rührte sich nicht." (S. 38) (5)

Analysiere die Stimmungslage der drei Besucher sowie Bogis mögliche Empfindungen am Ende des Besuchs.

5 „Da hatte ich auch versucht, ihm zu erklären, warum ich ihn in letzter Zeit wieder seltener besucht hatte, aber gleich nachdem er geahnt hatte, worauf das hinauslaufen würde, hatte er das Thema gewechselt." (S. 190) (11)

Schreibe dieses Gespräch zwischen Motte und Bogi im Umfang von mindestens 200 Wörtern.

Mirjam Pressler: Nathan und seine Kinder

1 Fasse zusammen, was Daja in Bezug auf Zipora und Elijahu vorschlägt und wie Nathan darauf reagiert. Belege deine Aussagen mit passenden Zitaten aus dem Roman. (2)

2 Zeige anhand des Textes auf, inwiefern die Reise nach Jericho mit Geschems Entscheidung zu tun hat, den Namen „Geschem Ben Abraham" zu tragen. (2)

3 Analysiere das Verhältnis zwischen al-Hafi und Nathan. Gehe vor allem darauf ein, wie Nathan reagiert, als er erfährt, dass al-Hafi Schatzmeister des Sultans geworden ist. (4)

4 Arbeite heraus, wer für Nathans Tod verantwortlich sein könnte und weshalb Recha die Spekulationen darüber unterbindet. (4)

5 „‚Geh und bringe ihn her, deinen jüdischen Freund', hatte Sittah mir befohlen. ‚Jetzt, sofort.'" (S. 154) (13)

Schreibe das Gespräch zwischen Sittah und al-Hafi, das diesem Befehl vorausgeht (mind. 200 Wörter).

Bearbeite eine der drei folgenden Aufgaben.

Erörterung

Welche Gründe gibt es für das Phänomen des „Overtourism“ und welche Maßnahmen könnten ergriffen werden, um die negativen Auswirkungen einzudämmen? Verwende die folgenden Materialien für deine Argumentation. Begründe deine Meinung.

Material 1 **Overtourism in den Alpen: Massenhafter Besucherandrang dank Instagram**

Hütte unter Felswand, Kapelle im Abendrot, glasklarer Bergsee: Bilder von beliebten Fotospots im Gebirge erreichen über Instagram und Co. ein riesiges Publikum. Doch jeder Post lockt weitere Besucher an. Quer durch die Alpen erleben Orte einen Massenansturm, deren Folgen vor Ort kaum noch zu bewältigen sind.

Ein Wasserfall wie gemalt. Das Wasser stürzt über Klippen und sammelt sich in einem „natural infinity pool“, wie die Badegumpe im Instagram-Deutsch heißt. Man kann darin baden und gleichzeitig auf den Königssee schauen, wo sich die Schiffe vor der berühmten Echowand in Stellung bringen.

Der perfekte Platz für einen Heiratsantrag, zum Nachdenken über das Leben – oder wenn man einfach mal in Ruhe schauen will. Wären da nicht diese vielen Leute. Denn die Gumpen am Königsbachfall, früher ein Geheimtipp, werden heute regelrecht überrannt. Ein Ortsbesuch in dieser Woche: Ein Dutzend Leute sind da. Verhältnismäßig wenig. […]

Einen offiziellen Weg zu den Gumpen am Königsbachfall gibt es nicht, das Gelände ist steil und ausgesetzt. Und auch das Baden selbst ist gefährlich: Erst im April sind zwei junge Männer dabei gestorben. Eine ziemlich neue Entwicklung, sagt Carolin Scheiter vom Nationalpark Berchtesgaden:

„Im letzten Sommer ist dieser Spot über die Sozialen Medien massiv beworben worden. Da sind Gäste aus aller Welt. Die Bilder, die sehen so aus, als wäre man dort ganz alleine auf weiter Flur. Aber würde man die Kamera mal um 180 Grad drehen, dann sieht man, dass da an starken Tagen im Sommer eine Schlange ist an Leuten, die warten, weil das da einfach unfassbar voll ist und das Naturerlebnis da nicht mehr möglich ist.“

Influencer und Hashtags als Reiseführer

Probleme wie die am Königssee sind kein Einzelfall. Viele fotogene Plätze in den Alpen werden durch die Bilder einiger „Influencer“, also Meinungsmacher mit großer Reichweite, zu Instagram-Hotspots. Sie erleben einen massenhaften Besucheransturm. Mit Folgen, die vor Ort kaum noch zu bewältigen sind. Am Schrecksee im Naturschutzgebiet Allgäuer Hochalpen gibt es seit Jahren Probleme mit Leuten, die dort verbotenerweise campen, feiern und Müll hinterlassen. Und das, obwohl die Polizei Strafzettel verteilt. [...]

Manche Hütten-Pächter sind überfordert

Komplett aufgegeben haben die langjährigen Pächter des weltberühmten Gasthauses Aescher-Wildkirchli im Appenzeller Land. Der Grund: In den letzten Jahren explodierten die Besucherzahlen auf der Hütte. Sogar Wasser und Strom wurden knapp. Am Ende waren die Betreiber komplett überfordert. Neue Pächter wollen jetzt mit frischer Energie starten.

Nicht aufgeben will dagegen Gerhard Runggatscher vom Ranuihof im Südtiroler Villnösstal. Auf seiner Viehweide steht die Kapelle St. Johann in Ranui aus dem Jahr 1744. Dahinter ragen die Geislerspitzen in den Himmel. Der perfekte Fotospot. Bis zu 300 Leute zertrampeln täglich das Futter für die Tiere, Drohnen fliegen durch die Luft, Autos verstopfen die Straße, es ist laut. Schilder und eine eigens gebaute Fotoplattform helfen nichts, Runggatscher baut jetzt einen Zaun.

[...] Auf die Probleme mit den vielen Besuchern im Talschluss des Villnösstals angesprochen, hat diese Dame aus New York nur eine Idee parat: Abkassieren. „Er sollte Parkgebühren verlangen und Eintritt kassieren. Um einen Ausgleich dafür zu schaffen, dass die Leute das Gras für die Kühe zertrampeln. Es ist doch ganz einfach: Ein Wirtschaftszweig unterstützt einen anderen.“ Ein schwacher Trost für jemanden, der die Kontrolle über sein Eigentum verliert.

„Instagramability“ bestimmt das Urlaubsziel

All diese Orte haben eines gemeinsam: Sie geben das perfekte Instagram-Motiv ab. Und genau das wollen alle haben. Auch wenn die Fotos oft gleich aussehen. Und auch wenn man dafür sogar anstehen muss. Dass der Foto-Faktor beim Reisen immer wichtiger wird, ist belegt: In der Studie eines britischen Ferienhaus-Versicherers von 2017 gaben Menschen zwischen 18 und 33 Jahren an, ihre Urlaubslocation zuerst nach deren „Instagramability“ auszusuchen. Billiger Alkohol, lokale Küche oder gar Sightseeing lagen abgeschlagen dahinter. Schöne neue Like-Welt: Vor lauter Geltungsbedürfnis lassen sich freie Menschen die Ferienziele von einem Algorithmus diktieren. Der weiß dank Belohnungssystem und Interaktionsrate genau, was die Leute mögen. Und ist am Ende einzig und allein dazu da, die Kassen von Mark Zuckerbergs Facebook-Konzern zu füllen.

Quelle: Sebastian Nachbar: Overtourism in den Alpen: Massenhafter Besucherandrang dank Instagram. BR vom 1. 7. 2019.Im Internet unter: www.br.de/berge/bergtour/alpiner-overtourism-massenansturm-instagram-hot-spots-gebirge100.html

Material 2 **Schaubild**

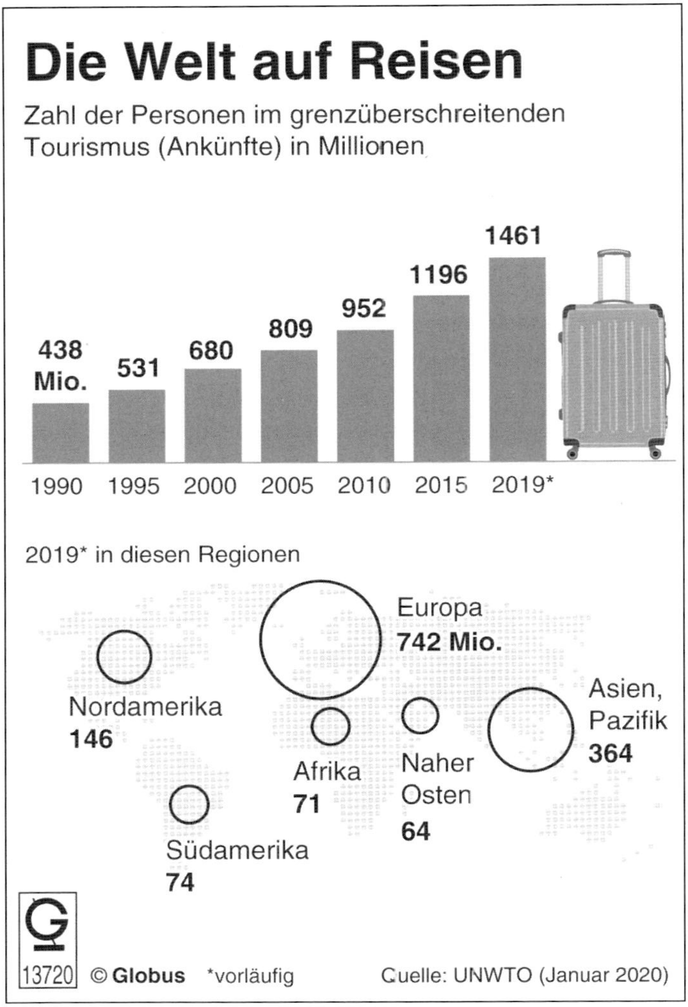

Quelle: © picture alliance/dpa/dpa-infografik GmbH

Text und Musik

Keno Langbein, Dominik Giesriegl (*1986): Was ist deine Geschichte?

Worüber hast du zuletzt gelacht?
Über was zu lange nachgedacht?
Was ist das Dümmste, das du je getan hast?
Was ist deine Superkraft?
Wonach roch deine Kindheit?
Wie lange dauert's noch?
Worauf kannst du unmöglich verzichten?
Und für wen tust du's doch?

(Refrain:)
Was ist deine Geschichte?
Was hast du erlebt?
Was zählt?
Was möchtest du ändern?
Was hat dich wirklich bewegt?
Wie's auch gewesen,
was auch geworden ist:
das Ergebnis sind wir – hier.
Erzähl mir von dir.

Wofür nimmst du dir Zeit?
Tut es dir gut?
Wovon hast du zu viel?
Was willst du teilen?
Sind wir genug?
Wessen Hand hältst du
und welche Versprechen?
Wovon handelt dein Lieblingslied?
Hab ich nicht irgendwas vergessen?

(Refrain:)
Was ist deine Geschichte? …
…
Erzähl mir von dir.

Wie sieht diese Welt aus,
wenn du sie beschreibst?
Was sehe ich anders,
wenn du es mir zeigst?
Komm wir machen
einen Anfang.
Erzähl mir.
Erzähl mir.
Erzähl mir von dir.

(Refrain:)
Was ist deine Geschichte? …

Quelle: Keno Langbein, Dominik Giesriegl: Was ist deine Geschichte? © Kobrow Musikverlag GmbH, Frauenneuharting. Im Internet unter: www.daserste.de/unterhaltung/weihnachten/weihnachten-2019/song/lyrics-leadsheet-100.pdf

Anmerkung
Das Lied „Was ist deine Geschichte?“ wurde im Rahmen der ARD-Weihnachtskampagne 2019 im TV ausgestrahlt und online veröffentlicht. Es wurde von 300 Menschen aus ganz Deutschland eingesungen.

Aufgabenstellung
Fertige zu diesem Liedtext eine Textbeschreibung an. Bearbeite im Hauptteil folgende Schwerpunkte:
- Aufbau und Form
- Sprachliche Mittel und deren Wirkung
- Bedeutung des Titels
- Die Funktion der vielen Fragesätze

Bewertet werden in deinem Aufsatz neben Inhalt, Aufbau und Form der Textbeschreibung auch Sprache und Rechtschreibung.

Text Larissa Boehning (*1971): Seerose

Anja stieg aus dem Auto ihrer Tante, stand auf dem Vorplatz der Bungalowvilla und trug noch das Namensschild für die Zugfahrt um den Hals. Ihre Cousine Liv erschien in der Tür der Villa. „Sie freut sich riesig, daß du den ganzen Sommer bleibst“, rief die Tante. Liv drehte sich gelangweilt ohne Gruß zurück ins Haus. Anja hatte nicht im Weg sein sollen, während ihre Eltern mit der scheidungsbedingten Teilung des Reihenhauses beschäftigt waren. Daher war sie hier.

Ihre Tante trug lange Tunikakleider und rauchte Zigaretten durch eine Spitze. Man sagte, sie sei mal Sängerin gewesen. Jedes der drei Wohnzimmer zierte ein Flügel. Es gab einen Atomschutzkeller, sechs Bäder, und Anja verbrachte Tage damit, unauffällig alle Räume zu erkunden. Sie saß allein auf dem Gästebett, neben Billardtisch und Schränken, die, wie alles im Haus, übervoll waren mit wundersamem Tand. Liv lag jeden Tag mit halb geschlossenen Augen auf der Hollywoodschaukel, stand nur auf, wenn die Tante rief: „Schatz, dein Lieblingssandwich.“ Anja wagte nicht, die Weltabgewandtheit zu stören, die Liv umgab. In ehrfürchtiger Entfernung setzte sie sich auf eine der Terrassen, webte aus Bambusrohren und Wollresten Venusaugen. Malte mit der Billardkreide den Vorplatz aus. Bastelte aus Klopapierrollen Girlanden. Und hörte, wie Liv auf die Frage, was ihr Besuch den ganzen Tag mache, sagte: „Beschäftigt sich mit Müll.“

Eines Nachmittags lag Liv auf der Schaukel und ließ die Papiertüten knallen, in die ihre Mutter jedes Sandwich verpackte. Anja fischte Ahornblätter aus dem Pool, hängte die Beine ins Wasser. Unauffällig setzte auch sie eine Tüte an die Lippen, zwirbelte das Ende, platzierte den Ballon auf einem Blatt und sah zu, wie beides übers Wasser trieb. „Was ist das?“ Liv plötzlich direkt neben ihr. Zum ersten Mal sprach sie mit ihr. Erstarrt sagte Anja: „Müll.“ Liv setzte sich, betrachtete sie und sagte dann: „Nein, es ist eine Seerose. Laß uns noch eine machen.“

Quelle: Larissa Boehning: Seerose. Im Internet unter: www.lesefutter.org/images/_pdfs_DE/literatur/larissa-boehning/seerose.pdf

Anmerkung
Der Text ist wie im Original in alter Rechtschreibung abgedruckt.

Aufgabenstellung
Fertige zu diesem Text eine Textbeschreibung an. Bearbeite im Hauptteil folgende Schwerpunkte:
- Ort und Zeit des Geschehens
- Charakterisierung der Hauptfiguren Anja und Liv
- Die sprachlich-stilistische Gestaltung
- Den Satzbau

Bewertet werden in deinem Aufsatz neben Inhalt, Aufbau und Form der Textbeschreibung auch Sprache und Rechtschreibung.

Lösungsvorschlag

PFLICHTTEIL A 1

Textverständnis

1 **TIPP** **Hinweis zur Lösung**

Suche im Text nach dem Schlagwort „Overtourism“ und analysiere diese Textstellen dahingehend, ob dort das Phänomen kurz und knapp erklärt wird. Wenn ja, hast du das richtige Zitat gefunden. Vergiss nicht, die Zeilennummer korrekt anzugeben.

„Gemeint ist damit die regelrechte Überflutung von Städten und Regionen mit Touristen.“ (Z. 12/13)

2 **TIPP** **Hinweis zur Lösung**

Lies den Text nochmals genau durch und prüfe jede der angegebenen Aussagen einzeln, ob sie mit dem Inhalt übereinstimmt. Denke daran, dass einige Informationen nicht im Text enthalten sind; notiere dann „nicht genannt“.

a trifft nicht zu

b trifft zu

c trifft zu

d nicht genannt

e trifft zu

f trifft nicht zu

3 **TIPP** **Hinweis zur Lösung**

Überlege zunächst, was das Zitat bedeutet. Setze es anschließend in Zusammenhang mit dem Inhalt des Textes und erkläre die Aussage des Zitats, indem du auch auf Textstellen verweist.

Wenn Touristen an Orte reisen, sind damit negative Auswirkungen verbunden, z. B. Lärm, Umweltverschmutzung, Müll, Menschenmassen auf den Straßen oder das Verdrängen der einheimischen Bevölkerung (vgl. Z. 14–17). Dadurch verändert sich der Ort oder die Stadt und ist nicht mehr das, was der Tourist eigentlich sehen wollte.

4 **TIPP** **Hinweis zur Lösung**

Prüfe jede der Aussagen dahingehend, ob sie so im Text steht und ob sie in Bezug auf die erwünschte Wirkung überhaupt Sinn ergibt. Entscheide dich anschließend für die richtige Aussage und nenne sie in einem Antwortsatz.

Die in Aussage **b** beschriebene Maßnahme wird im Text genannt.

Sprachgebrauch

1 **TIPP** **Hinweis zur Lösung**

Überlege, was die unterstrichenen Wörter im Satzzusammenhang aussagen und durch welche Ausdrücke du sie ersetzen könntest. Setze sie zur Probe in die Sätze ein. Die Aussage des jeweiligen Satzes darf sich dadurch nicht verändern.

a nicht umsonst: aus gutem Grund, berechtigterweise, mit/zu Recht

b drastisch: anschaulich, (sehr) deutlich, unmissverständlich, einprägsam

c kontinuierlich: stetig, ununterbrochen, fortlaufend

d Option: Alternative, Möglichkeit, ggf.: (kein) Weg

2

Verben	***Subjunktionen***	***Adverbien***	***Pronomen***	**Präpositionen**
aufzeigen (Z. 5)	dass (Z. 14)	hierzulande (Z. 7)	sie (Z. 23)	*in (Z. 1)*
regen (Z. 1)	wenn (Z. 59)	heute (Z. 12)	das (Z. 36)	*seit (Z. 10)*
weitere Möglichkeiten: kommen (Z. 6), wachsen (Z. 6), sprechen (Z. 14), spüren (Z. 15), erhöhen (Z. 20), verdrängen (Z. 21), informieren (Z. 45) etc.	*weitere Möglichkeiten:* als (Z. 43), etc.	*weitere Möglichkeiten:* damit (Z. 12), dort (Z. 14), schon (Z. 19), nur (Z. 28) etc.	*weitere Möglichkeiten:* man (Z. 18), alle (Z. 45), sein (Z. 53), dieses (Z. 53), solche (Z. 56), die (Z. 56) etc.	

3 3. Person, Singular, Präsens, Indikativ, Passiv

4

> **TIPP** **Hinweis zur Lösung**
>
> Erinnere dich: Das Vorfeld ist der Satzabschnitt vor der linken Satzklammer, die durch das finite Verb gebildet wird.

a Die Stadt Venedig, die besonders unter dem großen Touristenansturm leidet

b Warum

c Mit etwas gutem Willen, der Neugier auf das „wahre" Venedig und einer kurzen Internetrecherche

5 a „Schattenseiten des (Massen-)Tourismus" (Z. 5): die negativen Aspekte einer eigentlich positiven Sache, die Nachteile oder auch der Haken an einer Sache

b „eigener Horizont" (Z. 54): das eigene Denkvermögen; das, was ich verstehe, was mir vertraut und bekannt ist

c „Nachfrage regulieren" (Z. 69): das Interesse an etwas, der Bedarf

6 a Kritik (Z. 8): Lob, Zustimmung, Anerkennung

b gelegentlich (Z. 13): immer, häufig, oft

c erhöhen (Z. 20): (ab)senken, verringern, vermindern

d einbeziehen (Z. 44): ausschließen, ggf. im Kontext auch: ignorieren, ausklammern

e ähnlich (Z. 67): verschieden, unterschiedlich, anders

PFLICHTTEIL A 2

Matthias Brandt: Blackbird

1 Motte hat bei seinem ersten Besuch im Krankenhaus den Eindruck, dass Bogi sich sehr verändert hat, obwohl er noch gar nicht lange im Krankenhaus liegt. Diese Veränderung hat jedoch nichts mit Äußerlichkeiten zu tun, also dass Bogi beispielsweise eine Glatze hätte oder von den Medikamenten oder Therapien anderweitig gezeichnet wäre. Motte denkt eher, dass es so wirkt, als würde Bogi nicht mehr Teil ihrer Welt sein und nicht mehr dazugehören. Für Motte scheint es so, als wäre Bogi nun Teil der Krankenhaus-Welt, die mit seinem vorherigen Leben, in dem sich momentan so vieles ändert, nichts zu tun hat (vgl. S. 24).

2 Frau Standfuss wird als „wahnsinnig nett" und „sehr lustig" (S. 81) beschrieben. Sie ist schlagfertig, wie beispielsweise bei der Begebenheit mit Udo Mönch deutlich wird. Sie hat etwas übrig für solche Tricks wie Walkis Wachkoma, die Schülerinnen und Schüler manchmal anwenden, um den Schultag zu überstehen (vgl. S. 83). Um von ihren Kolleginnen und Kollegen in Ruhe gelassen zu werden, hat sie sich selbst welche von diesen Tricks zugelegt, z. B. ihre Qualmerei zwischen den Unterrichtsstunden. Deshalb hat sie bereits Ärger mit Hausmeister Schaff bekommen, was ihr jedoch gleichgültig ist, denn sie lässt sich von anderen nichts sagen, schon gar nicht von so einer „Knalltüte" (S. 80) wie dem Hausmeister – eine Tatsache, die ihr den Respekt der Schüler*innen einbringt. Die Schüler*innen stellt sie nicht bloß, beispielsweise korrigiert sie Motte nicht vor allen anderen, sondern nach der Stunde, was dieser „irre nett" (S. 85) findet. Motte teilt die Lehrer*innen der Schule in die „Netten" ein, die ihre Schüler*innen nicht anbrüllen, aber auch sonst „wie Pudding" sind, und in die „Brüllaffen" wie Kragler – Frau Standfuss ist dagegen „irgendwas dazwischen" (S. 240) und gerade deshalb so beliebt.

3 Steffi ist Motte allein durch ihre Anwesenheit vor und während Bogis Beerdigung eine große Hilfe. Ohne große Worte vermittelt sie ihm die Zuversicht, dass er die Trauerfeier ohne weiteren Zusammenbruch überstehen wird: „[…] aber ich wusste, ich kriege das hin. Und wenn das mal kurz nicht so war, musste ich nur zu Steffi rübergucken." (S. 256) Als während der Beerdigung „Blackbird", eines von Bogis Lieblingsstücken, gespielt wird, droht die Trauer zu viel für Motte zu werden, aber auch hier erfährt er Unterstützung in Form einer kleinen Geste Steffis: „Weil ich gerade nicht wusste, wohin mit mir, lehnte ich mich ein bisschen nach links, sodass ich Steffis Arm spüren konnte, und sie schaute mich an, kräuselte ihre Nase und guckte dann wieder nach vorne. Und dann ging es mir auch schon wieder besser." (S. 260) Die körperliche Nähe und die Berührung tun Motte in dieser Situation ebenfalls gut.

Auch vor Bogis Tod, als bereits klar war, dass er den Kampf gegen die Krankheit verlieren wird, wusste Steffi genau, was Motte in der schwierigen Situation braucht. Sie begleitete ihn zum Krankenhaus, wartete auf ihn und nahm ihn nach dem Besuch bei Bogi ohne viele Worte in den Arm: „Steffi hatte sich einfach unten auf die Bank gesetzt und gewartet, und als ich nach einer halben Ewigkeit wiedergekommen war, hatte sie gelacht und mich in den Arm genommen, als ob die Warterei das Selbstverständlichste von der Welt gewesen wäre. Dabei konnte sie sonst echt gnatzig werden, wenn ich mal ein paar Minuten zu spät kam.“ (S. 264) Sie kann sich offenbar gut in Motte hineinversetzen und weiß genau, wie sie ihn unterstützen kann. Dabei stellt sie auch eigene Bedürfnisse hintenan, wie aus dem Zitat deutlich wird oder daran, dass sie sich nie beschwert, dass Motte nicht mehr spricht, obwohl sie „manchmal traurig deswegen“ (S. 254) ist.

4 **TIPP** **Hinweis zur Lösung**

Bei dieser Aufgabe musst du den Text etwas „weiterdenken“, da im Roman nur wenige Informationen zur Stimmungslage gegeben werden. Lies die betreffende Stelle noch einmal im Text nach und schlussfolgere aus dem Verhalten der Freunde, wie sie sich wahrscheinlich fühlen. Achte darauf, in deiner Lösung zu begründen, wie du zu deiner Einschätzung kommst, also welche Hinweise es im Text darauf gibt.

Motte, Jan und Walki sind vermutlich erleichtert, der bedrückenden Atmosphäre im Krankenhaus entkommen zu sein. Dementsprechend albern und überdreht sind sie auch bei ihrem Spiel. Die körperliche Betätigung tut ihnen ebenfalls gut. Sie kommen sich aber auch „doof vor dabei“ (S. 38), weil sie Bogi vor Augen haben, der normalerweise bei ihren Späßen mitmachen würde, nun aber zu krank dafür ist. Vielleicht haben sie auch ein schlechtes Gewissen wegen der Ungerechtigkeit, dass sie – im Gegensatz zu Bogi – gesund sind und „hier vor den Kranken so einen Larry“ (S. 38), also Quatsch machen können. Andererseits denken sie möglicherweise auch, dass sie Bogi mit ihren Faxen eine Freude machen können, was ihnen wiederum ein gutes Gefühl gibt, weil sie ihm trotz aller Hilflosigkeit angesichts der Krankheit etwas Gutes tun können.
Bogi ist vermutlich vor allem erschöpft von dem Besuch. Er steht regungslos am Fenster und wird beim Zusehen vielleicht etwas wehmütig und eventuell neidisch, weil er nicht mitmachen kann, sondern gegen die Krankheit ankämpfen muss. Möglicherweise überlegt er auch, ob er jemals wieder mit den drei anderen unbeschwert Blödsinn machen kann. Wahrscheinlich sehnt er vor allem das Ende des Spektakels herbei, weil er müde ist, aber auch, weil er sich denken kann, dass es den Freunden ebenfalls unangenehm ist.

5 **TIPP** **Hinweis zur Lösung**

Das in der Aufgabenstellung angedeutete Gespräch findet statt, als Bogi nach dem langen Krankenhausaufenthalt zu Hause ist; Motte erinnert sich daran, als er Bogi besucht, nachdem dieser Ende Mai wieder ins Krankenhaus musste. Blättere also einige Seiten zurück und überfliege noch einmal, was in diesem Zeitraum passiert ist.
Um den Inhalt des Gesprächs zu gestalten, solltest du überlegen, was in dem Zitat angedeutet wird, also was Motte Bogi eigentlich sagen will. Wahrscheinlich möchte er erklären, weshalb ihm die Besuche bei Bogi schwerfallen, und er will sich entschuldigen, dass er selten vorbeigekommen ist. Bogis Reaktion darauf wird bereits genannt: Er geht nicht darauf ein, sondern lenkt das Gespräch auf ein anderes Thema. Versuche, die Aussagen der beiden Jungen sprachlich passend zu gestalten, also den „Tonfall“ des Romans nachzuahmen.

MOTTE: Warte mal – du erinnerst mich gerade an jemanden … Ich meine, jetzt so ohne Haare, Wimpern und Augenbrauen … aus dem Fernsehen vielleicht?

BOGI *(belustigt)*: Du brauchst gar nicht weiterreden, du Schuft! Ich weiß genau, wen du meinst! Denk mal scharf nach …

MOTTE *(bricht in Gelächter aus)*: Wie dieser Typ aus der Muppet Show! Genau! Ich fass es nicht! Genau so siehst du aus! *(lacht)*

BOGI *(grinst)*: Du bist ein Penner! Mir aus den Augen! *(sieht plötzlich traurig aus, spricht leise)* Das wächst alles wieder und dann sehe ich wieder normal aus, haben die jedenfalls im Krankenhaus gesagt.

MOTTE *(ernst)*: Du hättest mich öfter gebraucht im Krankenhaus, stimmt's?

BOGI *(will vom Thema ablenken)*: Ach naja, was die halt den ganzen Tag so labern im Krankenhaus. Da muss man manchmal auf Durchzug schalten –

MOTTE: Jetzt mal ohne Quatsch – es tut mir leid, dass ich dich in letzter Zeit seltener besucht habe. Ich hätte öfter bei dir vorbeischauen sollen … aber ich konnte nicht. Ich glaube, ich konnte den Gedanken nicht ertragen, dass du vielleicht nie wieder gesund wirst und mich mit allem hier alleine lässt.

BOGI *(blickt gedankenverloren aus dem Fenster)*: Nanana, wer wird denn gleich in Tränen ausbrechen?!

MOTTE: Es ist doch auch zum Heulen! Wieso musstest du diese Scheißkrankheit bekommen! Von einem Tag auf den anderen war alles anders! Als hätte die Krankheit eine Schneise in unser Leben geschlagen …

BOGI *(genervt)*: Ja, ist ja gut jetzt!

MOTTE *(schnell)*: Und wenn ich dann bei dir im Krankenhaus war, dann wusste ich gar nicht, was ich sagen soll … Ich meine, was sagt man denn zu einem, der vielleicht bald sterben muss?!

BOGI *(seufzt)*: Heute redest du dafür aber wie ein Wasserfall. – Sollen wir nachher noch ins „Rockworld“ gehen, was meinst du? (278 Wörter)

Mirjam Pressler: Nathan und seine Kinder

1 **TIPP** **Hinweis zur Lösung**

Suche zunächst die in der Aufgabenstellung angesprochene Textstelle. Der Operator „zusammenfassen" verlangt, dass du Inhalte auf das Wesentliche beschränkt wiedergeben sollst. Versuche also, in wenigen Sätzen zu beschreiben, was es mit den Gefühlen von Zipora und Elijahu auf sich hat, was Daja diesbezüglich unternehmen möchte und was Nathan dazu meint. Auch, wenn du dich hier kurzfassen sollst, müssen deine Ausführungen verständlich sein. Denke zudem daran, dass du passende Zitate in deine Lösung einarbeitest.

Die Mitglieder in Nathans Haushalt haben längst erkannt, dass Zipora Gefühle für Elijahu hat. Daja, Recha und die anderen vermuten, dass Elijahu dies noch nicht bemerkt hat – später wird jedoch klar, dass Elijahu ebenfalls Gefühle für Zipora hegt und sogar überlegt, sie zu fragen, ob sie ihn heiraten möchte (vgl. S. 223/224). Diese Überlegungen kann er aber offenbar gut verbergen, denn Daja schlägt vor: „Man sollte sich einmischen [...] [man] sollte den beiden ein wenig nachhelfen." (S. 111) Nathan ist jedoch strikt dagegen, dass sie sich als „Heiratsvermittlerin" (S. 111) betätigt. Er sagt, dass Ehen „im Himmel geschlossen" (S. 111) werden und Elijahu und Zipora ihren Weg allein finden müssen. Nathan vertraut darauf, dass sie zusammenkommen werden, wenn „der Himmel sie füreinander bestimmt hat" (S. 111). Er warnt Daja eindringlich davor, sich einzumischen, da sie sich schuldig mache, wenn die beiden unglücklich würden (vgl. S. 111).

2 Geschems Entscheidung hat vor allem mit Elijahu und seinem Verhältnis zu ihm zu tun. Auf der Reise nach Jericho erkennt Geschem, dass Elijahu ihn tatsächlich wie einen Sohn angenommen hat, was dazu führt, dass sich Geschem für den jüdischen Namen bzw. die jüdische Religion entscheidet.
Geschem hat sich sehr gefreut, dass Elijahu vorgeschlagen hat, ihn nach Jericho mitzunehmen. Als er in der Nacht vor der Reise wieder den Alptraum von dem Feuerunglück hat, tröstet ihn Elijahu und hält ihn in den Armen. Geschem hat daraufhin das Gefühl, dass „wirklich alles gut" (S. 197) ist. Er fühlt sich also geborgen, wenn Elijahu in der Nähe ist.
Dennoch antwortet er kurz vor der Abreise einem Fellachen auf dessen Frage nach seinem Namen, dass er „Geschem Ibn Ibrahim" heiße, er nennt also seinen muslimischen Namen. Diese Antwort verwirrt ihn selbst und er hat das Gefühl, damit Nathan und Elijahu zu verraten. Er kommt zu der Erkenntnis, dass „[z]wei Namen zu haben, [...] fast so schlimm [ist], wie gar keinen zu haben" (S. 198). Während er mit dem Muslim Mussa den Tag in Jericho verbringt,

kommen wieder Zweifel in Geschem auf, da ihm Mussas Art zu sprechen vertraut ist und er ihn auf Anhieb mag. Geschem ist sich erneut nicht sicher, wohin er gehört und ob er Jude oder Muslim ist (vgl. S. 201/202). Als er aber erschöpft zurück in die Unterkunft kommt, kümmert sich Elijahu wiederum liebevoll um ihn. Plötzlich weiß Geschem, wohin er gehört, nämlich zu Elijahu: „Ich hatte mich entschieden.“ (S. 202)

3 Al-Hafi ist „ein treuer und zuverlässiger Freund und Schachpartner Nathans“ (S. 88) und geht „seit Monaten“ (S. 88) in Nathans Haus ein und aus. Ihre Freundschaft währt also offenbar noch nicht allzu lange bzw. sie kennen sich erst seit Kurzem. Die beiden haben sich „durch einen glücklichen Zufall oder die Hand Allahs“ (S. 89) getroffen und es spielte für ihre Freundschaft anscheinend keine Rolle, dass sie unterschiedlichen Religionen angehören.
Als Nathan jedoch von al-Hafis neuer Aufgabe als Schatzmeister des Sultans erfährt, erfassen ihn Misstrauen und Zweifel. Es passt für ihn nicht zusammen, dass der ruhige, einfache Derwisch vom grausamen Sultan zu diesem Amt berufen wurde. Als ihm al-Hafi eröffnet, dass er der Vetter des Sultans ist (vgl. S. 89), ist Nathan sprachlos. Anscheinend wäre ihm nie in den Sinn gekommen, dass al-Hafi und der Sultan verwandt sein könnten, und Nathan macht ihm Vorwürfe, weil er diese Tatsache bisher nicht erwähnt hat. Doch al-Hafi gelingt es, Nathan davon zu überzeugen, dass nur wichtig ist, was für ein Mensch der andere ist, nicht, woher er stammt oder was ihn zu diesem Menschen gemacht hat (vgl. S. 89). Nathan entschuldigt sich für sein Misstrauen und die beiden versöhnen sich.
Nach Nathans Tod besucht al-Hafi Recha jeden Tag und bietet ihr durch seine schweigende Anwesenheit Trost und Beistand. Al-Hafi ist es auch, der dem Kreis der Trauernden Nathans Geschichte von dem Ring weitererzählt und dazu beiträgt, dass dieses Vermächtnis erhalten bleibt.

4 Elijahu geht davon aus, dass Abu Hassan für den Mord an Nathan verantwortlich ist. Er weiß, dass der muslimische Hauptmann Juden hasst. Bei Nathans und Elijahus Besuch im Palast des Sultans hat er Abu Hassan beobachtet, wie er Nathan finstere Blicke zuwarf, einem anderen Mann, einem Krieger, etwas zuflüsterte und unauffällig auf Nathan deutete. Der andere Mann verließ anschließend den Raum.
Der Tempelritter ist der Meinung, dass der Mord an Nathan vom Patriarchen in Auftrag gegeben wurde. Er gibt sich selbst die Schuld daran, weil er dem Patriarchen – ohne Namen zu nennen – von dem Juden erzählt hat, der ein Christenmädchen aufgezogen hat. Das Kirchenoberhaupt hat daraufhin gefordert, dass dieser Jude mit dem Tod bestraft werden müsse. Der Tempelritter ist sich

sicher, dass es für den Patriarchen nicht schwierig war, herauszufinden, um welche Person es sich dabei gehandelt hat.
Andere Angehörige von Nathans Haushalt sind der Ansicht, dass einfache Räuber für Nathans Tod verantwortlich sind. Jakob beispielsweise sieht den Beweis dafür darin, dass Nathans Geld gestohlen wurde.
Recha unterbindet die Spekulationen über die möglichen Mörder an ihrem Vater, da diese Nathan nicht wieder lebendig machen und sie ohne Zorn an den Verstorbenen denken möchte. Außerdem will sie Nathans Beispiel folgen, der „nie vom Gott der Rache gesprochen [hat], immer nur vom Gott der Liebe" (S. 237).

5 **TIPP** **Hinweis zur Lösung**

Bei dieser Aufgabe sollst du ein Gespräch, das im Roman nur angedeutet wird, ausformulieren. Lies dir noch einmal die Textstelle, die das erste Gespräch zwischen Sittah und al-Hafi beschreibt, durch (vgl. S. 95–98). Der Dialog, den du hier verfassen sollst, nimmt darauf Bezug und endet schließlich mit Sittahs Befehl. Schreibe die Redeanteile der beiden Figuren und versuche, dich sprachlich an ihrer Ausdrucksweise im Roman zu orientieren. Füge hin und wieder Regieanweisungen ein, um Gestik, Mimik und Tonfall der Aussagen zu verdeutlichen.

SITTAH: Nun, lieber Vetter, wie steht es mittlerweile um die Finanzen des Sultans? Die Steuereinnahmen aus Ägypten sind immer noch nicht eingetroffen, wie ich hörte. Und das Friedensabkommen mit dem Engländer ist ja gescheitert. Konntest du in deiner Klugheit eine Lösung finden?

AL-HAFI *(kleinlaut)*: Die Staatskassen sind leer und auch die besten Rechenkünste der Welt können kein Geld vermehren. Saladin müsste etwas … sparsamer sein.

SITTAH *(wütend)*: Ha! Sparsamer sein! Was bildest du dir ein? Saladin ist der mächtigste Herrscher der muslimischen Welt! Ein solcher Haushalt kostet Geld. Geld, von dem auch DU abhängig bist, von dem auch DEIN Lebensunterhalt bestritten wird.

AL-HAFI *(leise)*: Es tut mir leid, aber ich sehe im Moment keine Möglichkeit …

SITTAH *(fällt ihm ins Wort)*: Konntest du denn nirgends Geld besorgen? Wolltest du nicht mit deinem reichen jüdischen Freund sprechen?

AL-HAFI *(erschrocken)*: Ja, ja, das wollte ich … habe ich …

SITTAH *(fordernd)*: Und? Kann der Jude dem Sultan Geld leihen?

AL-HAFI *(windet sich)*: Mein Freund … lässt sich entschuldigen. Er hat leider im Moment kein Geld flüssig, das er dem Sultan leihen könnte.

SITTAH: Du lügst, al-Hafi, das sehe ich dir an! Es würde mich nicht wundern, wenn du gar nicht mit deinem Freund gesprochen hättest. Denn ich sehe keinen Grund, weshalb der Jude dem Sultan kein Geld leihen sollte. Es wird sein Schaden nicht sein, er wird für seine Dienste fürstlich entlohnt werden – und ist es nicht das, was ihn als Geschäftsmann am meisten interessiert? *(drohend)* Oder soll ich Abu Hassan zu ihm schicken?

AL-HAFI *(verzweifelt)*: Vielleicht findet sich ja noch eine andere Möglichkeit … und die Steuereinnahmen müssen doch in den nächsten Tagen eintreffen …

SITTAH *(streng)*: Genug der Ausflüchte! Geh und bringe ihn her, deinen jüdischen Freund! Jetzt sofort! (272 Wörter)

WAHLTEIL B

Erörterung

TIPP **Hinweis zur Lösung**

Verlangt ist hier eine dialektische Erörterung; du sollst zum einen Argumente dafür finden, welche Gründe es für das Phänomen des „Overtourism" gibt, zum anderen Maßnahmen erörtern, wie sich negative Auswirkungen begrenzen lassen. Für deine Erörterung sind zwei Materialien vorgegeben, denen du Argumente entnehmen kannst. Untersuche sie zunächst gründlich und notiere dir, auf welche Inhalte du in deinem Aufsatz Bezug nehmen kannst. Überlege dir dann zusätzlich eigene Argumente.
Gliedere deinen Text folgendermaßen:

- Einleitung, in der du kurz zum Thema hinführst und zur Themenfrage überleitest (Nennung von Textsorte, Titel, Autor*in, Quelle und Erscheinungsdatum des vorgegebenen Textes);
- Hauptteil, in dem du eigene Argumente ausarbeitest und auf die Materialien Bezug nimmst;
- Schluss, in dem du ein abschließendes Fazit ziehst und deine eigene Meinung begründet darstellst.

Achte im Hauptteil darauf, dass deine Argumente vollständig sind, sie also Behauptung, Begründung und Beispiel/Beleg enthalten. Denke auch daran, dass du die Quelle nennst, wenn du etwas aus den Materialien direkt oder indirekt zitierst. Verwende eine sachliche Sprache und verknüpfe die Argumente abwechslungsreich miteinander.

Aufsatzbeispiel

Einleitung

Riesige Kreuzfahrtschiffe, die direkt an der historischen Altstadt von Venedig anlegen, Menschenmassen, die sich an einem Strand in Thailand wegen eines bestimmten Fotomotivs drängeln, oder viel zu viele Bergsteiger auf dem Mount Everest – die neuen Auswüchse des Massentourismus haben bereits einen treffenden Namen bekommen: „Overtourism". Der Autor Sebastian Nachbar zeigt in seinem Artikel „Massenhafter Besucherandrang dank Instagram" (M 1) vom 1. 7. 2019 auf, dass Tourismus in heutiger Zeit oft mehr Fluch als Segen ist. Sowohl die einheimische Bevölkerung als auch Natur und Umwelt der viel bereisten Ziele leiden unter dem Besucheransturm. Mittlerweile ist nämlich „Die Welt auf Reisen", wie das gleichnamige Schaubild von Picture Alliance aus dem Jahr 2020 (M 2) darstellt. Ausgehend von diesen Materialien stellen sich die Fragen, welche Gründe es für dieses Phänomen des „Overtourism" gibt und welche Maßnahmen die negativen Auswirkungen eindämmen könnten.

Themenfrage

Hauptteil

Grund 1: mehr Menschen auf Reisen

Ein erster Grund für den sogenannten Overtourism ist, dass heutzutage viel mehr Menschen auf Reisen sind, als dies noch vor einigen Jahren der Fall war (vgl. M 2). Die gute wirtschaftliche Entwicklung in vielen Ländern und der damit einhergehende größere Wohlstand der Bürger*innen erlaubt es ihnen, öfter oder an weiter entfernte Orte zu verreisen. Ein gutes Beispiel dafür ist China. Chinesische Touristen zählen erst seit einigen Jahren zum Straßenbild in vielen Tourismus-Orten in Europa, da es ihnen vorher finanziell oder aus politischen Gründen nicht möglich war, fremde Länder zu entdecken. Heute steht Europa auf der Wunschliste viele chinesischer Reisender weit oben, wobei z. B. das Schloss Neuschwanstein zu den Hauptattraktionen zählt und regelrecht von Touristen überschwemmt wird.

Grund 2: verändertes Reiseverhalten

Aber nicht nur die größere Anzahl an Touristen ist für das Phänomen des Overtourism verantwortlich, sondern auch die Veränderung im Reiseverhalten der Menschen, die in den vergangenen Jahrzehnten stattgefunden hat. Aufgrund der größeren Konkurrenz zwischen den Reiseanbietern sind die Preise gesunken, was dazu geführt hat, dass viele Menschen nicht nur einmal im Jahr einen längeren Urlaub machen, sondern zusätzlich noch weitere Kurztrips. Sogenannte Billigflieger haben zum Beispiel dazu beigetragen, dass sich vor allem Städtereisen über das Wochenende einer großen Beliebtheit erfreuen. Dabei konzentrieren sich die Touristen vor allem auf besonders sehenswerte Städte, wie Venedig, Barcelona, Rom etc., was dort zu den negativen Auswirkungen führt, die unter dem Schlagwort „Overtourism“ zusammengefasst werden.

Grund 3: Social Media

Der Hauptgrund für den massenhaften Besucherandrang an bestimmten Orten ist aber wohl im Aufkommen von Social Media zu sehen. Über Facebook, Instagram oder andere digitale Kanäle werden Reiseziele öffentlich gemacht, die früher als Geheimtipps galten, und die bei vielen Menschen Interesse wecken. Häufig werden sie nur deshalb besucht, um selbst Klicks und Likes zu erhalten. Viele Menschen suchen ihre Reiseziele heutzutage sogar nach deren „Instagramability“ aus, wie eine Studie kürzlich ergeben hat (vgl. M 1, Z. 52–56). Bei diesen Hotspots, wie im Text M 1 beschrieben, handelt es sich mitunter auch um unberührte Orte in der Natur, z. B. in den Alpen (vgl. M 1, Z. 1–4), oder um kleinere Städte und Ortschaften. Diese sind aber nicht auf einen großen Besucheransturm vorbereitet, sodass sich die negativen Auswirkungen dort besonders deutlich zeigen. Hinzu kommt, dass sich die Besucher*innen, die sich von Social Media leiten lassen, auf wenige Orte konzentrieren – nämlich auf die, die auf Instagram etc. die meisten Likes haben –, wodurch sie sehr in Mitleidenschaft gezogen werden. Deutlich wird dies beispielsweise am Königsbachfall in Berchtesgaden (vgl. M 1, Z. 14/15) und am Schrecksee im Allgäu (vgl. M 1, Z. 28–31), aber auch auf dem Ranuihof in Südtirol (vgl. M 1, Z. 38–41).

An den im Text M 1 genannten Beispielen lassen sich die größten Probleme des sogenannten Overtourism ablesen: Zerstörung von Natur und Umwelt, Belastung der einheimischen Bevölkerung, aber geringe Einnahmen für ortsansässige Betriebe. Im Folgenden sollen einige Maßnahmen vorgestellt werden, die dazu beitragen können, diese negativen Auswirkungen des Overtourism einzudämmen.

Überleitung zu Maßnahmen

Ein zentrales Problem des Overtourism ist, dass manche Orte einfach von zu vielen Touristen besucht werden, weshalb es vermutlich nötig ist, die Anzahl der Reisenden, die sich dort aufhalten dürfen, zu begrenzen. Dabei muss es einerseits darum gehen, die touristischen Hotspots und ihre Bevölkerung vor zu großen Belastungen zu schützen, und andererseits aber auch darum, das Reiseerlebnis für die Touristen zu erhalten. Im kroatischen Dubrovnik ist man mittlerweile dazu übergegangen, dass nur noch eine bestimmte Anzahl an Kreuzfahrtschiffen in der Stadt anlegen darf. Gerade die Kreuzfahrt-Touristen sind in touristischen „Hotspots" eher unbeliebt, da sie in so großer Zahl auftreten und in der Stadt nur wenig Geld ausgeben, schließlich essen und schlafen sie auf dem Schiff. Durch die Begrenzung direkt im Hafen stellt man sicher, dass nur eine bestimmte, „verträgliche" Zahl an Tagestouristen die Stadt besucht.

Maßnahme 1: Besucherbegrenzungen

Wenn eine Begrenzung der Besucherzahlen nicht oder nur in eingeschränktem Maße möglich ist, z. B. weil es sich um einen Fotospot mitten in der Natur handelt, könnte man auch versuchen, die Besucherströme umzulenken, d. h. sie für Attraktionen abseits der bekannten Touristen-Hotspots zu interessieren. Dazu ist es einerseits notwendig, weniger bekannte Städte und Regionen in ihrer touristischen Entwicklung zu fördern, sie also z. B. beim Aufbau der nötigen Infrastruktur zu unterstützen, andererseits muss verstärkt Werbung für solche Orte gemacht werden,

Maßnahme 2: Besucherlenkung

um die Aufmerksamkeit der Menschen zu wecken. Zum Beispiel könnten Touristen statt Barcelona einmal Sevilla besuchen oder sich in Nantes umsehen statt in Paris. Und wieso nicht einmal Urlaub in der Nähe machen und mit Bus und Bahn zum Mountainbiken in den Schwarzwald oder zum Campen auf die Schwäbische Alb? Durch die – sanfte – Erschließung neuer Touristenziele könnten die negativen Auswirkungen des sogenannten Overtourism eingedämmt werden.

Maßnahme 3: Förderung des nachhaltigen Tourismus

Womit bereits die wichtigste Maßnahme genannt wurde, die derzeit sogar im Trend liegt: der nachhaltige Tourismus. Damit ist unter anderem gemeint, möglichst umweltschonend zu verreisen, also beispielsweise auf Flüge zu verzichten. Des Weiteren soll die Natur vor Ort geschützt werden, z. B. indem Müll vermieden wird oder regenerative Energien genutzt werden. Die einheimische Bevölkerung soll von den Einnahmen durch den Tourismus profitieren, weshalb beispielsweise auf den Bau großer Hotels überregionaler Unternehmen verzichtet wird. Durch die verstärkte Förderung dieser Form des Tourismus, z. B. durch Initiativen und Projekte des Bundesumweltministeriums, der Tourismusunternehmen oder anderer Verbände, würden sich die schlimmsten negativen Auswirkungen des Massentourismus vermeiden lassen. Ein gutes Beispiel für solch nachhaltigen Tourismus sind die „Bergsteigerdörfer" im Alpenraum, die mit öffentlichen Verkehrsmitteln zu erreichen sind, in denen Naturschutz großgeschrieben wird und die weitere Erschließung für den Tourismus zurückhaltend geschieht. Um sich „Bergsteigerdorf" nennen zu dürfen, müssen die Ortschaften bestimmte Kriterien erfüllen, profitieren aber anschließend davon, indem sie das Zertifikat werbewirksam einsetzen können. Damit erreichen sie eine größere Aufmerksamkeit bei Erholungsuchenden, die sich möglicherweise von diesem Reiseangebot überzeugen lassen.

Schluss
Fazit

Mit Maßnahmen zur Begrenzung der Besucherzahlen oder zur Umlenkung der Touristenströme auf weniger bekannte Ziele ist schon viel gewonnen, aber durch die Umstellung auf nachhaltigen Tourismus könnten besonders stark belastete Städte und Regionen langfristig in ein Gleichgewicht zurückfinden. Zum einen wären Einnahmen durch den Tourismus für die einheimische Bevölkerung garantiert, ohne dass die dort lebenden Menschen auf Lebensqualität verzichten müssten. Zum anderen könnten Touristen ihre Reiseerlebnisse genießen, wobei die Belastungen für Natur und Umwelt möglichst klein blieben. Hier gilt es, den gegenwärtigen Trend zu dieser nachhaltigen Form des Reisens zu nutzen.

Aus meiner Sicht kann das Angebot des „sanften Tourismus" auch dazu beitragen, die Menschen dafür zu sensibilisieren, welche negativen Auswirkungen mit Massentourismus verbunden sind. Indem der ein oder andere bei der Reiseplanung vermehrt auf nachhaltige Angebote stößt, könnte er sich fragen, weshalb es diese neuen Formen des Verreisens gibt und welche Notwendigkeit dahintersteckt. Vielleicht werden dadurch mehr Menschen zum Umdenken angeregt und entscheiden sich bei der nächsten Urlaubsplanung für ein nachhaltiges Angebot. Stellungnahme

Angesichts des Erfolgs der „Fridays for Future"-Bewegung stehen die Chancen gut, dass sich in der Gesellschaft ein grundlegender Bewusstseinswandel auch in Bezug auf das Reiseverhalten ergibt. Indem bei der Reiseplanung die ökologischen Auswirkungen mitberücksichtigt werden, könnte sich dabei mehr oder weniger „automatisch" auch die Situation für die einheimische Bevölkerung am Urlaubsort verbessern. Abrundung

Textbeschreibung Lyrik

TIPP **Hinweis zur Lösung**

Bei der Textbeschreibung eines lyrischen Textes sollst du ein vorliegendes Gedicht oder wie in diesem Fall ein Lied eingehend untersuchen. In der Aufgabenstellung sind Aspekte vorgegeben, auf die du in der Analyse eingehen sollst, z. B. auf die Form des lyrischen Textes (Strophen, Reime) oder die Sprache (sprachliche Mittel, Satzbau).
Gliedere deinen Aufsatz folgendermaßen:
- Einleitung mit Kern- / Basissatz und kurzer Inhaltsbeschreibung;
- Hauptteil, in dem du die gewonnenen Erkenntnisse deiner Untersuchung vorstellst, also die in der Aufgabenstellung geforderten Aspekte beschreibst und deutest;
- Schluss, in dem du die Übertragbarkeit der Gedichtaussage auf die heutige Zeit oder dein persönliches Leben erläuterst und kurz dazu Stellung nimmst.

Lies das Gedicht zunächst mehrmals genau durch. Markiere auffällige Stellen und Schlüsselbegriffe und notiere erste Stichpunkte deiner Analyse. Ordne deine Notizen anschließend und erstelle einen Schreibplan, bevor du mit der Ausformulierung deines Aufsatzes beginnst.

Aufsatzbeispiel

Einleitung
Information zum Text mit Kern-/Basissatz

Der Liedtext „Was ist deine Geschichte?“ wurde im Jahr 2019 im Rahmen der ARD-Weihnachtskampagne im Fernsehen ausgestrahlt und auf der Internetseite www.daserste.de veröffentlicht. Der Text stammt von Keno Langbein und Dominik Giesriegl. Darin wird die Leserin oder der Leser mittels detaillierter Fragen nach Vorlieben, Wünschen, Erlebnissen und weiteren persönlichen Dingen gefragt und aufgefordert, dies alles dem lyrischen Ich zu erzählen.

kurze Zusammenfassung des Inhalts

Das lyrische Ich möchte im vorliegenden Text, wie im Titel angekündigt, die „Geschichte“ seines Gegenübers erfahren und stellt dafür fast ununterbrochen Fragen. Zum Teil sind diese relativ einfach zu beantworten, über andere muss der Gefragte vermutlich ein bisschen länger nachdenken. Unterbrochen wird dieser Fragenkatalog nur durch den Refrain und die wiederholte Aufforderung, dem lyrischen Ich von sich zu erzählen. Abschließend möchte das lyrische Ich wissen, wie die Welt aus Sicht der anderen Person aussieht und was das lyrische Ich möglicherweise durch diese Auskünfte anders sehen würde.

Betrachtet man den Liedtext genauer, fällt auf, dass er drei Strophen, die jeweils neun bzw. in Strophe 1 acht Verse aufweisen, enthält. Diese sind jeweils durch den Refrain, der ebenfalls aus neun Versen besteht, voneinander getrennt. Der Refrain scheint in zwei Teile untergliedert zu sein: Während die ersten fünf Verse Fragen enthalten, wird in den folgenden drei Versen festgestellt, dass man sich gemeinsam im Hier und Jetzt befindet (vgl. V. 14–16) und der Weg dorthin oder die Vergangenheit wohl zunächst keine Rolle spielt. Abgeschlossen wird der Refrain durch die Aufforderung „Erzähl mir von dir" (V. 17) und nimmt dadurch Bezug auf die vielen Fragen, die das lyrische Ich in den Strophen stellt.

Hauptteil

Aufbau und Form

Refrain

Strophe 1 und 2 bestehen ausschließlich aus Fragesätzen, in denen nach persönlichen Dingen gefragt wird und über die das lyrische Ich von seinem Gegenüber bzw. der Leserin oder dem Leser gerne Auskunft hätte. In Strophe 3 stehen lediglich in den ersten vier Versen zwei weitere Fragen; die restlichen Verse nehmen die Aufforderung, den Anfang zu machen (vgl. V. 34/35), und der wiederholte Appell ein, von sich zu erzählen (vgl. V. 36–38), und leiten dadurch zum letzten Mal zum Refrain über.

Reim

Ein durchgängiges Reimschema gibt es im Liedtext nicht. Ein Paarreim zu Beginn (V. 1/2) dient vielleicht dem besseren Einstieg in den Song, der Binnenreim in Vers 16 (wir – hier) betont das „Wir" derjenigen, die sich gegenseitig etwas erzählen. Zudem reimen sich einzelne Verse, die unterschiedliche Abstände zueinander haben, z. B. Vers 6/8, 10/13, 19/22 etc., es lässt sich jedoch keine Regelmäßigkeit erkennen. Dennoch ist der Liedtext von einem gewissen Rhythmus getragen, der auf die unterschiedliche Länge der Verse zurückgeht und vermutlich auch von der Melodie aufgenommen wird.

Rhythmus

sprachliche Mittel und ihre Wirkung

Wiederholungen

Der Rhythmus des Textes entsteht unter anderem durch die vielen Wiederholungen, die bei der Untersuchung der sprachlichen Mittel besonders auffallen. Wie es für einen Refrain in einem Lied üblich ist, sind die Verse 11 bis 17 jeweils nach den Strophen erneut zu finden. Der Refrain enthält die Kernaussage des Liedes und wird durch das mehrmalige Vorkommen betont. Die Aufforderung „Erzähl mir von dir" (V. 17), ebenfalls Teil des Refrains, ist zusätzlich noch in Strophe 3 zu lesen (V. 38). Durch die Stellung am Ende des Refrains bzw. der Strophe setzt die Aufforderung eine Art Schlusspunkt nach den Fragen. Es wirkt, als würde das lyrische Ich nun die Geschichte des Gegenübers hören wollen und das Wort an sie oder ihn übergeben.

Die Ellipsen „Erzähl mir“ (V. 36/37) kurz zuvor lassen diese Aufforderung besonders nachdrücklich, fast drängend, erscheinen, so als würde das lyrische Ich es kaum mehr erwarten können, die Geschichte des oder der anderen zu hören.

Ellipsen

Einen ähnlichen Effekt lösen auch die Anaphern in Strophe 1 (vgl. V. 3/4) und im Refrain (vgl. V. 9–13) aus. Durch die ständige Wiederholung des Fragewortes „Was?“ wirkt es, als würde das lyrische Ich möglichst alles von seinem Gegenüber erfahren wollen.

Anaphern

Zudem kommen im Liedtext einige Enjambements vor, wobei es sich bei den meisten um „schwache“ Zeilensprünge handelt, die lediglich Satzteile voneinander trennen (vgl. V. 14/15, V. 30–33) und unter anderem als kurze Atempause dienen. In Strophe 3 lenkt der Zeilensprung die Aufmerksamkeit explizit auf die Ansichten des Gegenübers („wenn du sie beschreibst“/ „wenn du es mir zeigst“, V. 31/33). Echte Enjambements finden sich in den Versen 23/24 und 34/35, wobei es sich im ersten Fall um eine nachgeschobene Frage handelt, als wäre sie dem lyrischen Ich in diesem Moment des Gesprächs erst eingefallen. Im zweiten Fall wird das Wort „Anfang“ besonders betont, womit vielleicht ausgesagt werden soll, dass das Erzählen der „Geschichte“ nur der Beginn eines ausführlichen Kennenlernens sein soll.

Enjambements

Diese „Geschichte“ ist der Kern des gesamten Liedtextes. Nicht nur im Titel wird danach gefragt, sondern auch jeweils zu Beginn des Refrains; es ist für das lyrische Ich von großer Wichtigkeit, diese zu erfahren. Man kann also voraussetzen, dass dem Erzähler der Geschichte zugehört wird und seine Ausführungen auf Interesse stoßen.

Bedeutung des Titels

Die Überschrift „Was ist deine Geschichte?“ lässt offen, wie lang oder kurz die „Geschichte“ sein oder welchen Inhalt sie haben soll. Die vielen Fragen, die das lyrische Ich stellt, bieten zwar Anhaltspunkte, was evtl. von Interesse sein könnte, aber was das Gegenüber schließlich erzählt, bleibt ihm oder ihr überlassen. Ganz nach dem Motto „[D]as Ergebnis sind wir – hier“ (V. 16) wird nicht erwartet, die vollständige Lebensgeschichte zu erfahren, sondern nur die Erlebnisse oder Eindrücke, die den anderen geprägt und zu dem gemacht haben, was er heute ist.

Das Kennenlernen des Anderen steht also im Mittelpunkt des Gedichts. Die vielen Fragen dienen dazu, das Gespräch bzw. die Erzählung in Gang zu bringen. Das lyrische Ich fragt zum Teil nach scheinbar banalen Dingen, z. B. danach, wovon das Lieblingslied handelt (vgl. V. 25) oder wie die Kindheit roch (vgl. V. 5). Solche Fragen können jedoch viel über einen Menschen aussagen und zu einer ausführlicheren Erzählung führen. Über andere der gestellten Fragen muss man vermutlich ein bisschen länger nachdenken, z. B. was man ändern möchte (vgl. V. 12) oder was einen wirklich bewegt (vgl. V. 13). Interessant ist, dass im Liedtext keine Fragen nach Herkunft, Ausbildung, Beruf, Wohnsituation etc. gestellt werden. Es geht dem lyrischen Ich offenbar nicht darum, „was" jemand ist, sondern „wer" der- oder diejenige ist – die Fragen zielen auf den Charakter des Gegenübers ab. Das Ich möchte den anderen Menschen unvoreingenommen kennenlernen. Unabhängig davon, wie die Antworten lauten, bringt einen ein solches Gespräch sicherlich einander näher.

Funktion der Fragesätze

In unserer schnelllebigen Zeit ist es leider häufig der Fall, dass man zu wenig Zeit hat, anderen wirklich zuzuhören. Selbst mit Freunden kommuniziert man oftmals nur noch per Messenger – was den anderen gerade bewegt, erfährt man so meistens nicht. Verstärkt wird dies noch bei Menschen, die einem in irgendeiner Form fremd sind. Hier nimmt sich kaum jemand die Zeit, den anderen näher kennenzulernen. Stattdessen geht man einfach davon aus, dass man sich sowieso nicht verstehen würde. Deshalb appelliert der Liedtext an jeden von uns, andere Menschen nicht vorschnell zu beurteilen, sondern ihnen zunächst zuzuhören.

Schluss
Transfer

Meiner Ansicht nach kann die eigentlich einfache Frage des Textes „Was ist deine Geschichte?" zu mancher Überraschung führen. Wenn man sich auf ein Gespräch mit jemandem einlässt, der einem eigentlich fremd ist, kann man sich näher kennenlernen. Dies führt dazu, dass man zumindest verstehen kann, weshalb der oder die andere unterschiedliche Vorstellungen und Ansichten hat, was ihn oder sie umtreibt, aufgrund welcher „Geschichte" er oder sie denkt und handelt. Gemeinsam hat man mit den anderen Menschen ja zunächst eines: „das Ergebnis sind wir – hier" (V. 16) Wir leben zusammen, wir sind aufeinander angewiesen und wir können uns das Leben gegenseitig schwer ma-

Stellungnahme

chen, indem wir Hass verbreiten, oder freundlich und respektvoll zueinander sind und versuchen, den anderen in seinen Eigenarten zu verstehen.

Ein bekanntes Sprichwort lautet: „Gehe hundert Schritte in den Schuhen eines anderen, wenn du ihn verstehen willst.“ Dieses Sprichwort passt gut zur Kernaussage des Liedtextes. Um einen anderen Menschen verstehen zu können, muss man sich dessen „Schuhe anziehen“, sich also in seine Situation hineinversetzen und sich auf ihn einlassen. Interesse am anderen und ein Gespräch sind für diesen Perspektivenwechsel auf jeden Fall ein guter Anfang. Abrundung

Textbeschreibung Prosa

TIPP Hinweis zur Lösung

Bei der Textbeschreibung eines Prosatextes sollst du eine vorliegende Kurzgeschichte eingehend untersuchen. In der Aufgabenstellung sind Aspekte vorgegeben, auf die du in deiner Analyse eingehen sollst, z. B. auf den Aufbau, die Sprache (sprachliche Mittel, Satzbau) oder auf die Figurenkonstellation.
Gliedere deinen Aufsatz folgendermaßen:

- Einleitung mit Kern-/Basissatz und kurzer Inhaltszusammenfassung;
- Hauptteil, in dem du die gewonnenen Erkenntnisse deiner Untersuchung vorstellst, also die in der Aufgabenstellung geforderten Aspekte beschreibst und deutest;
- Schluss, in dem du deinen Text abrundest und die Übertragbarkeit der Textaussage auf die heutige Zeit oder dein persönliches Leben erläuterst und dazu Stellung nimmst.

Lies die Kurzgeschichte zunächst mehrmals genau durch. Markiere auffällige Stellen und Schlüsselbegriffe und notiere erste Stichpunkte deiner Analyse. Ordne deine Notizen anschließend und erstelle einen Schreibplan, bevor du mit der Ausformulierung deines Aufsatzes beginnst.

Aufsatzbeispiel

Einleitung
Information zum Text mit Kern-/Basissatz

Die Kurzgeschichte „Seerose“ wurde von Larissa Boehning verfasst und ist im Internet auf der Seite www.lesefutter.org erschienen. Darin geht es um das Mädchen Anja, das den Sommer bei ihrer Tante und ihrer Cousine Liv, von der sie zunächst ignoriert wird, verbringt. Schließlich weckt Anja unerwartet Livs Interesse und Fantasie.

kurze Zusammenfassung des Inhalts

Anjas Eltern wollen sich scheiden lassen und haben deshalb keine Zeit für sie. Daher soll sie den Sommer bei ihrer Tante verbringen. Als Anja dort ankommt, wirft ihre Cousine Liv nur einen kurzen, gelangweilten Blick aus der Tür. Auch in den folgenden Tagen nimmt Liv keine Notiz von ihr. Daher beschäftigt sich Anja die ersten Tage damit, die Villa der Tante zu erkunden, und vertreibt sich die Zeit mit Bastelarbeiten. Anja traut sich nicht, auf ihre Cousine zuzugehen, erst recht nicht, als sie hört, dass Liv ihre Bastelarbeiten als „Müll“ bezeichnet. Eines Nachmittags bastelt Anja etwas aus einer Papiertüte und einem Ahornblatt, das sie auf dem Wasser des Pools schwimmen lässt. Liv spricht sie daraufhin zum ersten Mal an, erkennt in dem schwimmenden Objekt eine Seerose und fordert Anja auf, zusammen mit ihr eine weitere zu basteln.

Die Handlung der Geschichte spielt an einem unbekannten Ort in der Bungalowvilla von Anjas Tante. Anja soll dort „den Sommer“, also vermutlich die Sommerferien verbringen. Die erzählte Zeit erstreckt sich über einige Tage (vgl. „verbrachte Tage damit“, Z. 9) nach Anjas Ankunft. Wie viele Tage genau, bleibt unklar, ebenso wie das konkrete Datum, an dem Anja dort zu Besuch ist. Die Villa der Tante wird als sehr groß und extravagant beschrieben: Sie verfügt über „drei Wohnzimmer“ (Z. 8), in denen jeweils ein Flügel steht, außerdem „einen Atomschutzkeller, sechs Bäder“ (Z. 9), mehrere Terrassen (vgl. Z. 15) und einen Pool (vgl. Z. 20). Der Bungalow bildet dadurch einen deutlichen Gegensatz zu dem Reihenhaus (vgl. Z. 6), also einem „normalen“, einfachen Haus, in dem Anja bisher gelebt hat. Hinzu kommt noch, dass alle Räume der Villa – passend zum extravaganten Auftreten und Lebensstil der Tante – „übervoll […] mit wundersamem Tand“ (Z. 11/12) sind.

Hauptteil

Ort und Zeit des Geschehens

Dies alles erkundet Anja in den ersten Tagen ihres Besuchs mit Neugier und Faszination. Von ihren Eltern wurde sie in gewisser Weise zu ihrer Tante „abgeschoben“, sie „hatte nicht im Weg sein sollen“ (Z. 5), da diese mit ihrer Scheidung beschäftigt sind. Sie haben offenbar nicht einmal Zeit, ihr Kind zur Tante zu bringen, denn als Anja dort ankommt, hat sie noch das „Namensschild für die Zugfahrt um den Hals“ (Z. 2). Anja ist demnach zu jung, um allein Zug zu fahren, weshalb sie während der Fahrt vom Bahnpersonal beaufsichtigt wurde. Da sie sich jedoch in den ersten Tagen bei ihrer Tante gut allein beschäftigt, könnte man vermuten, dass sie ungefähr 10–12 Jahre alt ist. Ihre Eltern lassen sich scheiden, weshalb man schließen könnte, dass Anja keine besonders glückliche Zeit hinter sich hat. Vielleicht wirkt sie deshalb in den ersten Tagen ihres Besuchs etwas unsicher. Sie versucht, sich unauffällig zu verhalten (vgl. Z. 10, 21), und vermeidet es, sich an ihre Tante oder Cousine zu wenden. Eventuell ist sie auch eingeschüchtert von dem ungewöhnlichen Lebensstil der Tante, von der sie anscheinend wenig weiß (vgl. „man sagte, sie sei mal“, Z. 7/8) und bei der sie offenbar noch nie zu Besuch war, da sie das Haus erst erkunden muss (vgl. Z. 9/10). Weder ihre Tante noch ihre Cousine kümmern sich um Anja, denn sie sitzt anfangs „allein auf dem Gästebett“ (Z. 10). Sie wagt nicht, zu stören (vgl. Z. 13/14), und setzt sich nur in „ehrfürchtiger Entfernung“ (Z. 14/15) zu ihrer Cousine nach

Charakterisierung der Hauptfiguren

Anja

draußen. Nach einiger Zeit beschäftigt sich Anja mit Bastelarbeiten und malt (vgl. Z. 14–17). Dabei scheint sie ebenfalls keine Anleitung oder Hilfe zu haben. Sie verwendet Materialien, die sie im Haus oder in der Natur findet: Bambusrohr, Wollreste, Billardkreide und Klopapierrollen. Darin zeigt sich eine gewisse Kreativität – mit der sie letztendlich auch das Interesse ihrer Cousine weckt. Wie sehr Anja von Liv eingeschüchtert ist, erkennt man daran, dass sie „erstarrt" (Z. 24), als Liv plötzlich zu ihr spricht. Ihre spontane, einsilbige Antwort („Müll", Z. 24) deutet darauf hin, dass sie selbst Livs Ansicht über ihre Basteleien übernommen hat oder sich gar nicht auf eine Diskussion mit Liv darüber einlassen mag.

Dass sich Anja nicht traut, auf Liv zuzugehen, könnte daran liegen, dass die Cousine etwas älter ist als sie. Diese Vermutung liegt nahe, da Liv nicht spielt und bastelt, sondern nur „mit halb geschlossenen Augen auf der Hollywoodschaukel" (Z. 12/13) liegt – vielleicht ein Zeichen, dass sie in der Pubertät ist. Auch Livs abschätzige „Begrüßung", als Anja bei der Tante ankommt, könnte man so deuten, dass sie Anja kurz in Augenschein nimmt, aber nicht als ihresgleichen ansieht, sondern noch für ein Kind hält. Livs „Weltabgewandtheit" (Z. 14) könnte ebenfalls dafür sprechen, dass sie sich in der schwierigen Phase der Pubertät befindet, oder aber das Ergebnis ihrer Kindheit in einem Künstlerhaushalt sein. Vielleicht hat sie auf ihre Mutter, die anscheinend Sängerin gewesen war (vgl. Z. 8), häufig verzichten müssen und war viel allein. Ihre Mutter kümmert sich zwar um sie und macht ihr ihr Lieblingssandwich, aber die beiden haben sich offenbar nicht viel zu sagen (vgl. Z. 13). Obwohl der Eindruck entsteht, als wäre Liv gedanklich abwesend, beobachtet sie Anja und ihr Tun scheinbar genau. Denn auf die Frage, was Anja den ganzen Tag mache, hat sie sofort eine passende – und boshafte – Antwort parat: „Beschäftigt sich mit Müll." (Z. 18) Dass sie am Schluss der Geschichte doch Interesse an Anja zeigt, kommt nicht nur für Anja, sondern auch für die Leser*innen überraschend. Es könnte sein, dass Liv langweilig geworden ist und sie daher versucht, Kontakt zu Anja aufzunehmen, um sich gemeinsam mit ihr die Zeit zu vertreiben. Vielleicht findet sie aber auch interessant, was Anja macht, oder fühlt sich speziell von dem „Kunstwerk" im Pool angesprochen. Liv kann darin jedenfalls so etwas Schönes wie eine Seerose erkennen, was der verschüchterten Anja selbst vielleicht verborgen bleibt. Liv

Liv

fordert Anja im Folgenden auf, gemeinsam eine zweite Seerose zu basteln – möglicherweise der Beginn weiterer gemeinsamer Aktivitäten.

Die Unterschiedlichkeit der beiden Hauptfiguren wird auch durch die Namen der Mädchen deutlich – ein erster Punkt, der bei der Untersuchung der sprachlich-stilistischen Gestaltung auffällt. Während der Name „Anja“ eher brav und traditionell wirkt, hat „Liv“ einen modernen, weltgewandten Klang, was angesichts der unterschiedlichen Lebenssituationen passend erscheint.

sprachlich-stilistische Gestaltung

Namen

Des Weiteren fällt auf, dass die insgesamt einfache Sprache immer wieder durch gehobene, nicht alltägliche Ausdrücke unterbrochen wird. Diese vermitteln mehr, als durch die knappen Formulierungen zunächst anzunehmen ist. Anjas Eltern sind beispielsweise mit der „scheidungsbedingten Teilung“ (Z. 5/6) des Hauses beschäftigt, was vermutlich bedeutet, dass die Eltern einen Rosenkrieg führen. Die Wohnzimmer „zier[t]“ (Z. 8) jeweils ein Flügel. Diese werden also nicht (mehr) gespielt, sondern sind nur Dekoration. Die Räume sind angefüllt „mit wundersamem Tand“ (Z. 11/12), was neben dem Kleidungsstil und der Art, zu rauchen (vgl. Z. 7), auf die Schrulligkeit der Tante schließen lässt. Liv umgibt eine „Weltabgewandtheit“ (Z. 14), was vielleicht bedeutet, dass ihr alles und jeder auf die Nerven geht und sie sich für etwas Besseres hält. Anja nähert sich ihrer Cousine dementsprechend nur „ehrfürchti[g]“ (Z. 14), als sei diese eine besonders erhabene, Respekt einflößende Person.

gehobene/ nicht alltägliche Ausdrücke

Neben diesen gehobenen Formulierungen sind im Text außerdem zwei Sätze in indirekter Rede auffällig. Die Aussage „Man sagte, sie sei mal Sängerin gewesen“ (Z. 7/8) vermittelt den Leserinnen und Lesern, dass wohl niemand etwas Genaues über die Vergangenheit der Tante weiß. Sie ist offenbar zu großem Wohlstand gelangt, aber wie sie diesen erreicht hat und was sie beruflich und privat getan und erlebt hat, ist nicht bekannt. Der zweite Satz in indirekter Rede, „[…] wie Liv auf die Frage, was ihr Besuch den ganzen Tag mache […]“ (Z. 17/18), lässt offen, wer diese Frage stellt: Die Tante? Oder ein Besucher? Für den Fortgang der Handlung ist dies nicht entscheidend, aber man könnte daraus schließen, dass im Haus vielleicht mehr passiert, als in den knappen Beschreibungen vermittelt wird. Am wahrscheinlichsten ist, dass die Frage von der Tante stammt. Interessant ist in diesem Zusammenhang, dass die Frage erst durch die

indirekte Rede

Formulierung in indirekter Rede mehrdeutig wird. Die ursprüngliche Aussage hätte „Was macht unser/euer/dein Besuch den ganzen Tag?“ lauten können. Im letzten Fall ließe sich daraus ablesen, dass sich die Tante für Anja nicht zuständig fühlt, weshalb sie sich auch nicht um sie kümmert.

Satzbau

Diese verkürzte Art der Darstellung spiegelt sich auch im Satzbau der Geschichte wider, die zumeist aus kurzen Hauptsätzen (z. B. Z. 2/3, 4, 6/7) und übersichtlichen Satzgefügen (z. B. Z. 1/2, 13/14, 19–21) besteht.

Ellipsen

Die Beschreibung von Anjas Beschäftigungen erfolgt in Form von Ellipsen: „Malte mit der Billardkreide den Vorplatz aus. Bastelte aus Klopapierrollen Girlanden.“ (Z. 16) Aus dieser verkürzten Form könnte man schließen, dass sie sogar noch einiges mehr unternimmt, und es sich bei den Ellipsen nur um ausgewählte Beispiele handelt. In jedem Fall wird deutlich, wie sehr Anja bemüht ist, sich allein die Zeit zu vertreiben, und wie langweilig die Tage für sie sind, weil sich niemand um sie kümmert. Gegen Ende der Geschichte findet sich noch eine weitere Ellipse („Liv plötzlich direkt neben ihr“, Z. 23), wodurch das Überraschungsmoment und Anjas Erschrecken darüber, dass Liv unerwartet mit ihr spricht, anschaulich eingefangen werden.

Schluss

Transfer

Solche Überraschungen passieren bei Begegnungen mit anderen Menschen hin und wieder, mitunter auch bei denjenigen, die man schon länger zu kennen glaubt, beispielsweise bei Mitschülerinnen und Mitschülern. Plötzlich entdeckt man eine Gemeinsamkeit, ein gemeinsames Hobby oder ähnliche Lebenssituationen und auf einmal sieht man eine Person mit anderen Augen.

Stellungnahme

Mir ist das auch schon passiert, dass ich jemanden zuerst langweilig fand, aber dann bei einer gemeinsamen Projektarbeit festgestellt habe, dass diejenige nur ein wenig schüchtern ist und eigentlich einen guten Humor hat. Mittlerweile ist sie eine meiner besten Freundinnen und es macht Spaß, etwas mit ihr zu unternehmen. Oft ist es auch so, dass man von einem bestimmten Hobby eines anderen Menschen erfährt und ihn oder sie daraufhin in eine „Schublade“ steckt. Dass dies jedoch immer nur ein kleiner Einblick in die Persönlichkeit eines anderen Menschen ist und dieser noch viele andere Seiten hat, vergisst man oft – und verpasst dadurch die Chance, einen interessanten Menschen kennenzulernen. Dieses Schubladendenken wirkt leider auch bei einem selbst, schließlich versucht man viel zu häufig, den Erwartungen der Umwelt gerecht zu werden und in die richtige Schublade zu passen. Dadurch bleibt die eigene Persönlichkeit auf der Strecke. Es wäre viel besser – bei anderen wie bei sich selbst –, nicht so sehr in Klischees zu denken. Anderen Menschen sollte man unvoreingenommen begegnen und sich etwas Zeit nehmen, sie kennenzulernen.

In der Kurzgeschichte „Seerose“ hat Liv offenbar das Künstlerische an Anjas Tätigkeiten entdeckt – nachdem sie diese zuvor als „Müll“ abgetan hat – und fühlt sich nun davon angesprochen. Anja könnte durch dieses Erlebnis möglicherweise bewusst werden, über welche verborgenen Talente sie verfügt. In jedem Fall sieht es so aus, als hätten die beiden Mädchen nun einen Draht zueinander gefunden. Abrundung

PFLICHTTEIL A 1

25

Text **„Smombies“ – die unterschätzte Gefahr**

Ablenkung durch das Smartphone kann fatal enden – auch für Fußgänger. Weltweit sollen Maßnahmen dafür sensibilisieren. Viele sind leider zu absurd, um hilfreich zu sein.

Auf dem Ohr die Musik der Lieblingsband, auf dem Smartphone-Display die aktuellen News, ein Chat im Messenger – und dabei zu Fuß unterwegs: Die „Generation Kopf unten“ ist ein weltweites Phänomen. Und wenn sie auf den Straßenverkehr trifft, auch ein gefährliches.

Denn Fußgänger sind völlig ungeschützt und daher besonders gefährdete Verkehrsteilnehmer.

Daher gibt es vielerorts Ideen und Maßnahmen, um solche Smartphone-Zombies, kurz „Smombies“, dazu zu bringen, sich auf den Straßenverkehr zu konzentrieren. Sich selbst und allen anderen Verkehrsteilnehmern zuliebe. Doch letztlich erfüllen die meisten ihren Zweck nicht.

Auf der Strecke bleiben: „Smombie“-Spuren in Belgien, China, Litauen und den USA

Zum Beispiel diese: Wenn es für jeden Verkehrsteilnehmer eigene Wege gibt, warum dann nicht auch für „Smombies“? Das dachten sich findige Menschen in Belgien, China, Litauen und den USA.

Ihre Idee: Wer zombiehaft abgeschottet von der Umwelt geradeaus laufen will und Augen und Ohren nur den Inhalten seines Smartphones widmet, der bekommt einfach seine eigene Spur. Und so entstanden mehrere auf den Boden gemalte „Smombie“-Gehwege.

Eine Idee, die Aufmerksamkeit garantiert. Kein Wunder also, dass alle Versuche in diesen Ländern auf Unternehmen zurückgingen, die sich in sozialen Netzwerken inszenieren wollten.

Aber: Einfach eine eigene Spur anzulegen und so in den Straßenverkehr einzugreifen, ist ohne behördliche Genehmigung natürlich nicht erlaubt.

Und vor allem: Wirklichen Schutz bieten die auf den Boden gemalten Wege ohnehin nicht. Schlimmstenfalls wiegen sich deren Benutzer sogar in falscher Sicherheit. Solche „Smombie"-Gehwege sind keine Lösung, sondern allenfalls eine Spaß-Aktion.

Der letzte Schrei: Sprechende Busse in den USA
Eine andere Maßnahme aus den USA: Da nicht an jeder Kreuzung Aufpasser stehen können, um abgelenkte Fußgänger vor abbiegenden Fahrzeugen zu warnen, lassen verschiedene Verkehrsgesellschaften in Städten wie Cleveland, Baltimore oder Portland Busse sprechen.

Dafür werden die Fahrzeuge mit großen Sensoren an der Vorderseite ausgestattet. Sie registrieren Personen im Risikobereich und warnen mit einer schlichten Botschaft: „Fußgänger: Der Bus biegt ab." Die automatische Lautsprecherdurchsage soll vor Zusammenstößen schützen.

Ganz ausgereift war die Technik bei ihrer Einführung 2009 allerdings nicht. Zu oft ertönte die Stimme einfach so. Und zwar so laut, dass viele es als Lärmbelästigung empfanden. Einige Busbetreiber installierten daraufhin eine sanftere Stimme.

Trotzdem: Durchgesetzt hat sich die Technik bislang nicht. In Portland wurden die Busse nach drei Jahren sogar wieder gänzlich zum Schweigen gebracht. Zudem bleibt das Risiko durch andere abbiegende Fahrzeuge bestehen. Die Fußgänger müssen also immer aufmerksam bleiben – nicht nur bei akustischen Warnungen.

Tödliche Unfälle: Fußgänger sind am häufigsten betroffen
23 Prozent aller Verkehrstoten weltweit sind Fußgänger. Das hat die Weltgesundheitsorganisation (WHO) in ihrer aktuellen Verkehrsstatistik ermittelt. In Europa sieht es ähnlich aus: 2017 waren 21 Prozent der im Straßenverkehr tödlich Verunglückten zu Fuß unterwegs.

Wie viele „Smombies" unter diesen Verkehrstoten waren, lässt sich den Statistiken nicht entnehmen. Doch sicher ist: Ablenkung ist eine der größten Gefahren im Straßenverkehr.

Gleiches mit Gleichem vergelten: Smartphone-Apps aus den USA und Korea
Eine andere Idee: Den Smartphone-Nutzer dort gedanklich abholen, wo er gerade ist – tief versunken in der virtuellen Welt seines Mobiltelefons.

So entstanden zwei Forschungsprojekte in den USA. Entwickelt wurden Smartphone-Apps, mit deren Hilfe Fußgänger sicherer unterwegs sein sollen.

Beide Applikationen sollen „Smombies“ wachrütteln und senden dazu Warnhinweise auf die Mobiltelefone, wenn ein Unfall droht. Während das System der einen App die Standorte von Smart Cars erfasst und so Risiken im direkten Umfeld erkennen soll, arbeitet die andere Anwendung mit Bilderkennungssoftware: Die Frontkamera des Smartphones registriert potenzielle Gefahrenquellen in Echtzeit. Der kleine Helfer rüttelt aber nur kurzfristig wach, nachhaltig ist das nicht.

Ohnehin haben beide Konzepte ihre Schwächen in der Identifikation aller potenziellen Gefahren.

Einfacher und wirkungsvoller ist eine App aus Korea: Das Mobiltelefon schaltet sich ab, sobald Sensoren bemerkten, dass sich der Nutzer bewegt.

Unerkannte Gefahr

Viele Fußgänger in Deutschland sind sich der Gefahr, der sie sich mit dem Smartphone im Straßenverkehr aussetzen, nicht bewusst. Mehr als die Hälfte von ihnen hält Ablenkung durch Mobiltelefone für gänzlich ungefährlich.

Das ergab eine repräsentative Umfrage im Auftrag der Verkehrssicherheitskampagne „Runter vom Gas“.

Unten durch: Bodenampeln in Deutschland und den Niederlanden

Wenn ohnehin schon alle nach unten schauen, dann kann man doch auch einfach Ampeln am Boden anbringen. Dann sehen auch „Smombies“, wenn an der Kreuzung die Ampel rot leuchtet.

Das zumindest haben sich Verkehrsverbünde in verschiedenen Städten gedacht. In Frankfurt, Köln und Augsburg wurden bereits Bodenampeln getestet. Beispiele, die auch in den Niederlanden Schule machten.

Ob die „Bompeln“, wie sie liebevoll genannt werden, eine große Zukunft haben, ist dennoch fraglich. 20 000 Euro hat beispielsweise die Stadt Augsburg für die Bodensignale an zwei Straßenbahnhaltestellen ausgegeben.

Der Test in Köln wiederum zeigte, dass sich das Problem dort so nicht lösen ließ. Im Gegenteil: Im Testzeitraum erhöhte sich die Zahl der Rotsünder sogar.

Und noch viel schlimmer: Diese Tests bestärken das Fehlverhalten und damit auch die Unaufmerksamkeit der Fußgänger. So gewöhnen sie sich noch mehr daran, sich nicht auf das Verkehrsgeschehen zu konzentrieren. Müssen sie dann zum Beispiel plötzlich einmal ohne Bodenampeln auskommen, ist die Unfallgefahr noch höher.

Wer nicht hören will, muss zahlen: Smombie-Bußgeld in China und den USA
Wenn all die Aufklärung nicht hilft, dann tun es vielleicht empfindliche Geldstrafen, findet man auf Hawaii.

„Distracted Walking" – also Gehen und gleichzeitige Ablenkung durch Smartphone-Nutzung – bestrafen die Behörden auf der US-amerikanischen Insel mit einer Gebühr von 75 bis 99 US-Dollar. Wiederholungstäter müssen gar 200 bis 500 Dollar zahlen. Andere Städte in den USA und China haben bereits mit ähnlichen Strafen nachgezogen.

Die beste Lösung ist und bleibt, unterwegs das Handy nicht mitten auf der Straße zu nutzen. Wer kurz sein Smartphone checken möchte, sucht sich eine Bank, einen Hauseingang oder eine Haltestelle. Wer ausgiebig telefonieren, recherchieren oder texten will, legt besser gleich eine längere Pause ein.

So senkt jeder Fußgänger sein eigenes Risiko für einen Verkehrsunfall und gefährdet auch keine anderen Menschen im Straßenverkehr. […]

Quelle: „Smombies" – die unterschätzte Gefahr. Runter vom Gas vom 30. 01. 2019. Im Internet unter: www.runtervomgas.de/unterwegs/artikel/smombies-die-unterschaetzte-gefahr.html (gekürzt)

Textverständnis

1 Erkläre, was man laut Text unter „Smombies" versteht. (2)

2 Nenne stichpunktartig alle im Text aufgeführten Maßnahmen, die man in den USA gegen das Phänomen „Smombies" ausprobiert hat. (2)

3 Erläutere, warum sich in Deutschland im Zeitraum der Erprobung von Bodenampeln die Zahl der Rotsünder sogar noch erhöht hat und welche Schlussfolgerungen man daraus ziehen kann. (3)

Sprachgebrauch

1 Erkläre, weshalb das unterstrichene Wort nicht nominalisiert wird. (2)

„Die ‚Generation Kopf unten' ist ein weltweites Phänomen. Und wenn sie auf den Straßenverkehr trifft, auch ein gefährliches." (Z. 5–7)

2 Im Textabschnitt „Der letzte Schrei: Sprechende Busse in den USA" (Z. 32–48) findet sich ein Beispiel für eine Nominalisierung. Nenne die Nominalisierung, die Zeile, in der sie steht, und begründe, weshalb das Wort nominalisiert wurde. (2)

3 Erkläre, warum das Wort „ihrer" im folgenden Satz nicht großgeschrieben wird. (1)

„Ganz ausgereift war die Technik bei ihrer Einführung 2009 allerdings nicht." (Z. 41)

4 Verbinde jeweils die beiden Hauptsätze mittels einer passenden Subjunktion, sodass ein sinnvolles Satzgefüge entsteht. (3)

a Mehr als die Hälfte der Fußgänger in Deutschland hält Ablenkung durch Mobiltelefone für gänzlich ungefährlich. Sie müssen dringend über die Gefahr durch Smartphone-Nutzung im Straßenverkehr informiert werden.

b Die Frontkamera des Smartphones registriert potenzielle Gefahrenquellen. Die App schickt einen Warnhinweis.

5 Bestimme jeweils die Satzglieder der folgenden Sätze. Nutze die Umstell- oder Vorfeldprobe. (4)

a „Die Fußgänger müssen also immer aufmerksam bleiben […]." (Z. 47/48)

b „Andere Städte in den USA und China haben bereits mit ähnlichen Strafen nachgezogen." (Z. 101/102)

6 Suche aus dem Textabschnitt von Zeile 1–13 jeweils ein Beispiel für nachfolgende Wortarten heraus und schreibe sie auf. Gib auch die Zeile an, in der sie stehen: Verb, Adjektiv, Possessivpronomen, Präposition, Adverb, Konjunktion (3)

7 Nenne für die unterstrichenen Begriffe jeweils ein Wort oder eine Formulierung mit gleicher oder ähnlicher Bedeutung. (3)

a „Wenn all die Aufklärung nicht hilft, dann tun es vielleicht empfindliche Geldstrafen […]." (Z. 96/97)

b „Die Frontkamera des Smartphones registriert potenzielle Gefahrenquellen in Echtzeit." (Z. 65/66)

c „Wer ausgiebig telefonieren, recherchieren oder texten will, legt besser gleich eine längere Pause ein." (Z. 105/106)

Matthias Brandt: Blackbird

1 „Unser Zuhause löste sich weiter auf.“ (S. 127) (3)

Nenne drei Aspekte, die Motte das Gefühl geben, dass sich sein Zuhause auflöst.

2 „Bei dem Gedanken an die Begegnung von Bogi und Steffi war mir mulmig, ich wusste gar nicht so richtig, warum.“ (S. 179) (3)

Lege dar, wie Bogi schließlich von Mottes Beziehung zu Steffi erfährt und wie er darauf reagiert.

3 „Als ich aus der Schule gekommen war, hatte ein Zettel auf dem Küchentisch gelegen. ‚Bei Bogi anrufen!!!‘ hatte da gestanden, und ich war zum Telefon gegangen, ohne zu wissen, ob mich eine gute oder eine schreckliche Nachricht erwartete.“ (S. 171) (4)

Erkläre, inwiefern die Nachricht auf dem Zettel sowohl positiv als auch negativ sein könnte.

4 Begründe anhand von mindestens drei Beispielen, warum die Schülerinnen und Schüler an Mottes Schule (und insbesondere Walki) den Sport- und Erdkundelehrer, Herrn Oberstudienrat Horst Kragler, zu Recht nicht ausstehen können. (3)

5 „Seit unserem Abschied an der Fähre hatte ich nur noch an das Wiedersehen gedacht. ‚Du bist lustig‘, hatte sie gerufen. So ganz sicher war ich mir nicht gewesen, was das zu bedeuten hatte. Da war eine leise, aber nicht überhörbare Stimme in mir gewesen, die meinte: nichts Gutes. Andererseits sagte man doch jemandem, den man nicht mochte, nicht, dass er lustig sei. Oder etwa doch? Ging es überhaupt darum, ob sie mich *mochte*?“ (S. 109) (12)

Bevor Motte zu seiner Kino-Verabredung mit Jacqueline Schmiedebach aufbricht, versucht er sich noch einmal selbst zu motivieren, indem er an sein erstes Treffen mit ihr denkt. Er erinnert sich vor allem an die Erlebnisse, die darauf schließen lassen, dass dieses Treffen Erfolg versprechend verlaufen ist.

Schreibe Mottes inneren Monolog (mindestens 250 Wörter).

Mirjam Pressler: Nathan und seine Kinder

1 Nenne jeweils die Religionszugehörigkeit des Tempelritters, Rechas, Dajas, Geschems, des Sultans und Nathans. Berücksichtige auch, wenn es diesbezüglich Unklarheiten gibt. (3)

2 Beschreibe, welche Erzählperspektive Mirjam Pressler für die Romanhandlung wählt und welche Möglichkeit diese bietet. (2)

3 Obwohl al-Hafi als Derwisch eigentlich mit Geld und Finanzen nichts zu tun hat, macht ihn sein Vetter, Sultan Saladin, zu seinem Schatzmeister. Begründe, warum er dies vermutlich tut. (3)

4 „Inzwischen war ich auch nahe genug, um zu verstehen, was sie sprachen. ‚Beruhige dich, Daja', sagte Nathan. ‚Was bedeuten schon diese kleinen Unbequemlichkeiten […]?' " (S. 13) (4)

Erkläre, weshalb Daja auch wegen ihres Wissens um Nathans Vergangenheit so aufgewühlt ist und beruhigt werden muss.

5 „Er schwieg. Dann gingen wir zurück. Am Tor verabschiedeten wir uns. Ich schaute ihm lange nach, bevor ich das Haus betrat. Mein Haus. Die ersten Schritte in eine unbekannte Zukunft. Und ich hörte die Stimme meines Vaters: ‚Lass dir Zeit, meine Tochter, lass dir Zeit.'
Als ich am Innenhof vorbeiging, sah ich Zipora und Daja den Tisch für die Abendmahlzeit herrichten." (S. 247) (13)

Vor diesem Mahl ist es Recha ein Bedürfnis, in ihrem Tagebuch festzuhalten, wie dankbar sie und die anderen Nathan sein können. Sie will dem Rachegedanken abschwören und die Ideen ihres Vaters auch in Zukunft im Alltag weiterleben.

Schreibe Rechas Tagebucheintrag (mindestens 250 Wörter).

Bearbeite eine der drei folgenden Aufgaben.

Erörterung

Erörtere, aus welchen Gründen sich Menschen für ein Leben in einem „Tiny House“ entscheiden könnten und welche Probleme damit verbunden sein können. Verwende den folgenden Text für deine Argumentation. Begründe deine Meinung.

Text **Aus dem Häuschen**

Lisa Santos und Mirjam Ratmann

„Das hier ist mein kleines Reich.“ Madeleine Krenzlin zeigt stolz auf ein schlichtes Holzhaus mit grauem Dach. Das Auffällige daran: Es steht auf Rädern und ist deutlich kleiner als die anderen Häuser auf dem Wochenendplatz, der etwa 20 Kilometer südlich von Bonn liegt. Krenzlins Haus ist ein sogenanntes Tiny House, auf Deutsch: ein „winziges Haus“.

Auf insgesamt 25 Quadratmetern hat die 36-Jährige alles, was sie braucht: eine Küche, ein Bad, eine Schlafecke und einen Wohnbereich mit Sofa und Tisch. Für das Leben auf engstem Raum hat sie sich bewusst entschieden. Vor zweieinhalb Jahren kündigte die Energiemanagerin dafür ihren Job und fing an, sich selbst – ohne jegliche Vorkenntnisse – ein eigenes Tiny House zu bauen. Über ein Jahr hat sie dafür gebraucht. Inzwischen berät Krenzlin andere, die ein Tiny House bauen oder kaufen möchten. Ursprünglich stammt das alternative Wohnkonzept aus den USA. Mittlerweile sind die kleinen Häuser auch in Deutschland im Trend. Besonders junge Menschen sehen darin die Möglichkeit, einen minimalistischeren Lebensstil pflegen zu können.

Auch tiny: der ökologische Fußabdruck

Diese Erfahrung hat auch Krenzlin gemacht: „Bei dem wenigen Stauraum bin ich gezwungen, mich einzuschränken. Ich habe nur drei Hosen, mehr brauche ich nicht, und für mehr ist kein Platz.“ Für viele, die ein Tiny House besitzen, bedeutet der Minimalismus gleichzeitig auch ökologische Nachhaltigkeit. Wer wenig Raum bewohnt, verbraucht nicht nur weniger Rohstoffe beim Bauen, sondern muss auch weniger heizen und benötigt weniger Strom. In Deutschland entfallen etwa 35 Prozent des Energieverbrauchs der privaten Haushalte auf den Lebensbereich Wohnen. Beinahe gleich stark ist der Prozentsatz an CO_2-Emissionen – der Großteil davon entsteht beim Heizen.

Sind Tiny Houses also die Lösung für umweltbewusstes Wohnen? Dieser Frage ist die US-Forscherin Maria Saxton nachgegangen und hat dafür 80 Personen befragt, die seit mindestens zwölf Monaten ein Tiny House bewohnen. Das Ergebnis: Das Leben im kleinen Haus verringerte den ökologischen Fußabdruck der Befragten im Durchschnitt um 45 Prozent. „Ich habe festgestellt, dass die Menschen nach der Verkleinerung dazu neigen, weniger energieintensive Nahrungsmittel zu essen und umweltbewusstere Essgewohnheiten anzunehmen“, so die Wissenschaftlerin. Zudem fuhren die Teilnehmenden weniger Auto und produzierten weniger Müll.

Trotzdem sind nicht zwangsläufig alle kleinen Häuser nachhaltig. Werden sie etwa mit schlechter Dämmung gebaut, können auch sie viel Energie verbrauchen. Und dennoch regen Tiny Houses zum Nachdenken über umweltfreundliches Wohnen an. „Die kritische Auseinandersetzung damit, wie viel Fläche zum Wohnen überhaupt notwendig ist, ist wichtig und richtig“, sagt Christine Lemaitre von der Deutschen Gesellschaft für Nachhaltiges Bauen (DGNB).

Für Familien oder Menschen in Rente ist das Leben auf engstem Raum eher keine Option. Tiny Houses seien somit nur ein Baustein von vielen, um nachhaltiges Wohnen zu gestalten. „Sie eignen sich zur Aufstockung oder in Bereichen, wo aktuell keine Wohnungen existieren“, ergänzt Lemaitre. Derzeit erschweren baurechtliche Regelungen, dass jemand dauerhaft in einem Tiny House leben darf. Auch Madeleine Krenzlin darf nicht permanent in ihrem Haus wohnen. Für sie eine unbefriedigende Situation.

„Leben im Tiny House heißt: Mehr Zeit und Geld für Menschen und Erlebnisse, die mir wichtiger sind als Wohnfläche“

[…] Madeleine Krenzlin hat es nicht bereut, sich ihren Traum vom Tiny House ermöglicht zu haben: „Für mich bedeutet wenig Wohnraum auch die Freiheit, mehr Zeit und Geld für Menschen und Erlebnisse zu haben, die mir wichtiger sind als Wohnfläche.“ Als Nächstes plant sie, eine Terrasse für ihr Zuhause zu bauen.

Quelle: Lisa Santos, Mirjam Ratmann: Aus dem Häuschen. Fluter vom 23. 03. 2020. Im Internet unter: www.fluter.de/tiny-houses-wie-viel-platz-brauchen-wir-zum-wohnen (gekürzt)

Text — Alfred Wolfenstein (1883–1945): Städter

Dicht wie Löcher eines Siebes stehn
Fenster beieinander, drängend fassen
Häuser sich so dicht an, daß die Straßen
Grau geschwollen wie Gewürgte sehn.

Ineinander dicht hineingehakt
Sitzen in den Trams die zwei Fassaden
Leute, ihre nahen Blicke baden
Ineinander, ohne Scheu befragt.

Unsre Wände sind so dünn wie Haut,
Daß ein jeder teilnimmt, wenn ich weine,
Unser Flüstern, Denken … wird Gegröle …

– Und wie still in dick verschloßner Höhle
Ganz unangerührt und ungeschaut
Steht ein jeder fern und fühlt: alleine.

Quelle: Alfred Wolfenstein: Städter. In: Die gottlosen Jahre. Gedichte. Hrsg. von Günter Holtz. Mainz: v. Hase & Koehler Verlag GmbH 1982. (Erstveröffentlichung 1914)

Anmerkungen
Trams (V. 6): Straßenbahnen; Scheu (V. 8): Zurückhaltung
Der Text ist wie im Original in alter Rechtschreibung abgedruckt.

Aufgabenstellung

Fertige zum vorliegenden Gedicht eine Textbeschreibung an. Bearbeite im Hauptteil folgende Schwerpunkte:

- Aufbau und Reimschema
- Bezug zum Titel
- Zusammenhang zwischen Handlung, Sprache und Stil

Bewertet werden in deinem Aufsatz neben Inhalt, Aufbau und Form der Textbeschreibung auch Sprache und Rechtschreibung.

Text Pea Fröhlich (*1943): Der Busfahrer

Er wusste, dass sie an der nächsten Station einsteigen würde und freute sich. Wenn Platz war, saß sie immer so, dass er sie im Rückspiegel sehen konnte. Meist las sie, manchmal schaute sie auch auf die Straße. Er konnte an ihrem Gesicht ablesen, ob es ihr gut ging. Im Winter trug sie einen braunen Pelz mit einem passenden Käppchen und im Sommer weiße oder blaue Kleider. Einmal hatte sie die Haare aufgesteckt, das stand ihr nicht, und jemand musste es ihr gesagt haben, denn am nächsten Tag sah sie wieder aus wie sonst. Sie war ihm sehr vertraut und er hätte sie gerne angesprochen, doch er wagte es nicht. Er fürchtete sich nur davor, dass sie einmal nicht mehr einsteigen würde. Vielleicht, dass sie die Arbeitsstelle wechselte. Für ihn war das die schönste Zeit am Tag, die fünf Stationen, die sie immer mit ihm fuhr. Diesmal sah er sie schon von Weitem. Sie stand da und lachte einen Mann an, der seinen Arm um sie gelegt hatte. Sie verpasste das Einsteigen, weil der Mann sie küsste.

Quelle: Pea Fröhlich: Der Busfahrer. In: Zwei Frauen auf dem Weg zum Bäcker. Köln: Du Mont Buchverlag, 1987, S. 42.

Aufgabenstellung

Fertige zum vorliegenden Text eine Textbeschreibung an. Bearbeite im Hauptteil folgende Schwerpunkte:
- Aufbau des Textes
- erkennbare Merkmale der Textsorte
- Figuren sowie deren Beziehung zueinander unter Berücksichtigung der Erzählperspektive

Bewertet werden in deinem Aufsatz neben Inhalt, Aufbau und Form der Textbeschreibung auch Sprache und Rechtschreibung.

Lösungsvorschlag

PFLICHTTEIL A 1

Textverständnis

TIPP **Hinweis zur Lösung**

Es ist sinnvoll, sich den Text zunächst gründlich durchzulesen, damit du einen ersten Überblick über dessen Inhalt und Thema bekommst. Anschließend solltest du die Aufgaben zum Textverständnis durchgehen, um zu erfahren, welche Aspekte du beim zweiten Lesen besonders in den Blick nehmen musst. Markiere dabei die Passagen, in denen der jeweils erwähnte Aspekt vorkommt.

1 Das Wort „Smombies“ setzt sich aus den Begriffen „Smartphone“ und „Zombies“ zusammen und meint Fußgänger*innen, die während der Verkehrsteilnahme auf ihr Handy schauen und deshalb nicht auf den Verkehr achten.

2
- auf den Boden gemalte „Smombie“-Gehwege, die den Smombies ihre eigene Spur bieten
- „sprechende Busse“ mit automatischer Lautsprecherdurchsage als Schutz vor Zusammenstößen
- Smartphone-Apps, die „Smombies“ wachrütteln und Warnhinweise auf die Mobiltelefone senden, wenn ein Unfall droht
- Strafen von 75 bis 99 US-Dollar für „Distracted Walking“ – also Gehen und gleichzeitige Ablenkung durch Smartphone-Nutzung – von den Behörden auf der US-amerikanischen Insel Hawaii

3 In Deutschland hat man sogenannte Bodenampeln getestet, das waren z. B. Bodensignale an Straßenbahnhaltestellen. Die Bodenampeln, so das Ergebnis, bestärken das Fehlverhalten der Fußgänger*innen und deren Unaufmerksamkeit im Straßenverkehr. Sie gewöhnen sich dadurch daran, sich nicht auf das Verkehrsgeschehen zu konzentrieren. Wenn die Smombies dann aber einmal ohne Bodenampeln auskommen müssen, ist die Unfallgefahr noch höher. Die beste Lösung ist nach wie vor, das Smartphone nicht während des Gehens zu nutzen. Wer kurz eine Nachricht lesen oder schreiben möchte, sollte sich eine Stelle suchen, an der sie/er niemanden behindert und ihre/seine Ruhe hat, z. B. eine Bank, einen Hauseingang oder eine Haltestelle. Wenn man länger telefonieren, recherchieren oder schreiben will, sollte man besser gleich eine längere Pause machen. Auf diese Weise können alle Fußgänger*innen ihr Risiko für einen Verkehrsunfall reduzieren und gefährden auch andere nicht im Straßenverkehr.

Sprachgebrauch

> **TIPP** **Hinweis zur Lösung**
>
> Begegnet dir in einer Aufgabenstellung ein Begriff, den du nicht kennst, kannst du ihn im Wörterbuch nachschlagen. Darin findest du aber nicht nur Worterklärungen, sondern auch Rechtschreibregeln und Regeln zur Kommasetzung.

1 Das kleingeschriebene Adjektiv „gefährliches" bezieht sich auf das Nomen „Phänomen" aus dem vorangegangenen Satz und wird deshalb nicht nominalisiert. Eigentlich müsste der Satz folgendermaßen lauten: „Und wenn sie auf den Straßenverkehr trifft, auch ein gefährliches Phänomen." Das dazugehörige Nomen „Phänomen" wurde jedoch elliptisch weggelassen.

2 „[…] zum Schweigen gebracht." (Z. 46)

Begründung: Das Verb „schweigen" wird nominalisiert, weil es sich auf den Artikel „dem", der im vorangestellten Wort „zum" (= zu dem) steckt, bezieht.

3 Aus dem Textzusammenhang ist erkennbar, dass es sich hier um ein Possessivpronomen und nicht um ein Anredepronomen der höflichen Anrede handelt. Darum wird es kleingeschrieben.

4

> **TIPP** **Hinweis zur Lösung**
>
> Eine Subjunktion ist eine unterordnende Konjunktion und leitet einen Nebensatz ein. Achte also darauf, dass deine Satzverbindung wirklich aus einem Haupt- und einem Nebensatz besteht. Nebensätze erkennst du z. B. daran, dass das finite Verb am Ende des Satzes steht.

a Weil/Da mehr als die Hälfte der Fußgänger in Deutschland Ablenkung durch Mobiltelefone für gänzlich ungefährlich hält, müssen sie dringend über die Gefahr durch Smartphone-Nutzung im Straßenverkehr informiert werden.

b Sobald/Wenn die Frontkamera des Smartphones potenzielle Gefahrenquellen registriert, schickt die App einen Warnhinweis.

5 **TIPP** **Hinweis zur Lösung**

Bei der Bestimmung von Satzgliedern kann dir das Feldermodell helfen. Orientiere dich beim Ausfüllen der Feldertabelle immer an den finiten Verben und trage diese zuerst in die linke und ggf. die rechte Satzklammer ein. Alle Satzbausteine, die allein im Vorfeld stehen können, sind eigenständige Satzglieder. Eine Ausnahme bildet hierbei das Prädikat, das nicht im Vorfeld stehen kann und daher in manchen Grammatiken gar nicht als eigenes Satzglied benannt wird. Du musst es aber in jedem Fall benennen.

a Die Fußgänger = Subjekt
müssen bleiben = Prädikat
also = Adverbiale Bestimmung des Grundes / Kausaladverbiale
immer aufmerksam = Adverbiale Bestimmung der Art und Weise / Modaladverbiale

b Andere Städte in den USA und China = Subjekt
haben nachgezogen = Prädikat
bereits = Adverbiale Bestimmung der Zeit / Temporaladverbiale
mit ähnlichen Strafen = Präpositionalobjekt

6 **TIPP** **Hinweis zur Lösung**

Der Rechtschreibrahmen unterscheidet zwischen Konjunktion und Subjunktion, viele Schulbücher tun dies jedoch nicht. Falls du bei dieser Aufgabe unterordnende Konjunktionen (= Subjunktion) auflistest, ist das zwar nicht ganz korrekt, aber auch nicht falsch. Am besten klärst du vor der Prüfung mit deiner Lehrerin oder deinem Lehrer ab, ob ihr zwischen Subjunktionen und Konjunktionen unterscheidet.

Mögliche Lösungen (jeweils nur eine erforderlich):

- Verb: z. B. „enden“ (Z. 1), „sensibilisieren“ (Z. 2), „ist“ (Z. 6), „trifft“ (Z. 7), „gibt“ (Z. 10)
- Adjektiv: z. B. „aktuellen“ (Z. 4/5), „weltweites“ (Z. 6), „gefährliches“ (Z. 7)
- Possessivpronomen: „ihren“ (Z. 13)
- Präposition: z. B. „auf“ (Z. 4), „im“ (Z. 5)
- Adverb: z. B. „auch“ (Z. 1), „leider“ (Z. 2), „dabei“ (Z. 5), „unterwegs“ (Z. 4), „letztlich“ (Z. 12)
- Konjunktion (nebenordnend): z. B. „und“ (Z. 5), „doch“ (Z. 12)

7 **TIPP** **Hinweis zur Lösung**

Die Bedeutung eines Wortes ist immer vom Kontext abhängig, in dem es verwendet wird. Achte daher auf den jeweiligen Satzzusammenhang. Überprüfe deine Lösung, indem du die Wörter jeweils in Gedanken in den entsprechenden Satz einsetzt. Der Sinn des Satzes darf sich dabei nicht verändern.

Mögliche Lösungen (jeweils nur eine erforderlich):

a vielleicht: möglicherweise, eventuell, gegebenenfalls …

b potenzielle: mögliche, eventuelle, etwaige, infrage kommende …

c ausgiebig: lange, viel …

PFLICHTTEIL A 2

Matthias Brandt: Blackbird

1 **TIPP** **Hinweis zur Lösung**

Wenn in einer Aufgabenstellung eine konkrete Textstelle angegeben ist, solltest du dort nochmals nachlesen, was direkt davor und danach passiert.

- Mottes Vater hat eine neue Lebensgefährtin, das heißt, dass sich Mottes Eltern getrennt haben.
- Zudem sieht Motte überall im Haus, dass sein Vater bald ausziehen wird, weil seine Umzugskartons herumstehen und zur Abholung bereit sind.
- Ein weiterer Aspekt ist, dass auch Motte und seine Mutter bald aus ihrem bisherigen Zuhause ausziehen und sich eine kleinere Wohnung suchen müssen. Motte muss seine gewohnte Umgebung also ebenfalls verlassen.

2 **TIPP** **Hinweis zur Lösung**

Rufe dir in Erinnerung, wo und unter welchen Umständen Bogi Steffi zum ersten Mal trifft und wie er auf sie reagiert. Suche die entsprechende Textstelle im Roman. Überfliege dazu das Kapitel.

Im Rockworld-Plattenladen wird Motte von Steffi zur Begrüßung umarmt und geküsst, was Bogi sieht. Motte beobachtet, dass Bogi daraufhin zuerst die Stirn runzelt, dann aber lächelt. Da er offensichtlich in die Krankenschwester Merle verliebt ist, scheint er Motte die Liebe zu Steffi zu gönnen. Schlussendlich unterhalten sich Steffi und Bogi und scheinen sich gut zu verstehen.

3 **TIPP** **Hinweis zur Lösung**

Die Lösung für diese Aufgabe findest du nicht direkt im Text. Hier musst du logisch denken und selbst überlegen, welche beiden Möglichkeiten es gibt. Frage dich: Welche Nachricht wäre die schlimmste und welche die beste?

Einerseits könnte „Bei Bogi anrufen“ bedeuten, dass Bogi wieder zu Hause ist, Motte ihn also direkt bei sich zu Hause anrufen kann. Diese Vermutung liegt nahe, da Mottes Mutter sonst eher „Bei Schnellstiegs anrufen“ geschrieben hätte. Andererseits ist nicht klar, warum Motte anrufen soll. Es könnte auch etwas Schlimmes passiert sein, z. B. könnte es schlechte Neuigkeiten geben, die so dringend sind, dass schnell gehandelt werden muss. Vielleicht wollen Bogis Eltern, dass Motte ins Krankenhaus kommt, um sich zu verabschieden, weil Bogis Tod absehbar ist.

4 **TIPP** **Hinweis zur Lösung**

Vielleicht hast du die Textstellen, in denen Herr Kragler vorkommt, gesondert in deinem Buch markiert und findest sie somit schnell wieder. Denke bei der Bearbeitung der Aufgabe insbesondere an die Schüler, die von Kragler gequält wurden, und an seinen Spitznamen „Nazikragler".

Mögliche Lösungen (nur drei erforderlich):

- Ein Grund, warum insbesondere Walki und seine Freunde Herrn Kragler nicht ausstehen können, ist, dass der Lehrer seinen Hass, den er auf Ludger Walkenhorst hat, auf dessen kleinen Bruder Detlef (Walki) überträgt. Daher teilte der Lehrer dem damals zehnjährigen Walki gleich am ersten Schultag am Gymnasium mit, dass er nicht zulassen wird, dass dieser hier Abitur macht.
- Zudem scheint Herr Kragler der Zeit des Nationalsozialismus nachzutrauern und ist in den Augen der Schüler*innen immer noch ein Nazi. Er verwendet Redewendungen aus dieser Zeit sowie aus dem Militär im Allgemeinen und möchte die Schüler*innen auch entsprechend erziehen.
- Herr Kragler quält darüber hinaus gerne schwächere Schüler*innen. Zum Beispiel hat er den übergewichtigen Michael Habel im Sportunterricht gezwungen, ein Seil hochzuklettern, und damit in Kauf genommen, dass dieser sich beim Absturz beide Hände blutig reißt und ein Bein bricht.
- Herr Kragler sucht sich im Unterricht offenbar gezielt Schüler*innen heraus, die er dann quälen und fertigmachen will. Hans-Walter Plotz, der gequält wurde und daraufhin ein Spottlied über Herrn Kragler singt, bekommt den Schlüsselbund des Lehrers ans Ohr geworfen und wird von Herrn Kragler sogar verprügelt.

5 **TIPP** **Hinweis zur Lösung**

Bei dieser Aufgabe findest du die wesentlichen Inhalte im Text. Lies daher noch einmal die Textstelle, in der das Treffen mit Jacqueline beschrieben wird. Achte in deinem Lösungstext darauf, die Merkmale der Textsorte „Innerer Monolog" umzusetzen; du kannst sie im vorderen Teil dieses Buches noch einmal nachlesen.

Man muss ja nicht immer alles negativ sehen, oder? In meinem Leben jagt zwar nicht ein tolles Ereignis das nächste, aber warum sollte nicht auch mal was gutgehen? Bei so viel sonstigem Pech wäre ein bisschen Glück doch absolut gerecht! Immerhin ist die Beweislage ganz passabel: Sie hat meinen Brief bekommen, ihn nicht gleich weggeworfen und ist sogar zu unserer Verabredung gekommen. Aus freien Stücken wohlgemerkt! Und wenn ich es mir recht überlege, ist das Treffen sogar ganz gut gelaufen: Jacqueline hat sich offensichtlich beeilt, damit sie es einigermaßen rechtzeitig zum Treffpunkt schafft, also hat sie sich extra wegen MIR beeilt. Das ist doch schon mal was! Und als wir auf der Bank saßen, haben sich unsere Oberarme berührt ... Und sie ist daraufhin nicht weggerückt oder in Abwehrstellung gegangen. Nächster Pluspunkt. Außerdem hat sie mir gezeigt, wo sie wohnt. Macht man ja auch nicht automatisch. Beim Nebeneinandergehen sind wir manchmal absichtlich aneinandergestoßen ... und Jacqueline hat sich an mir festgehalten, als sie gestolpert ist. Sie hat mir dann sogar ihren Arm um die Taille geschlungen und meinen Arm genommen und ihn sich um die Schulter gelegt. Richtig schlimm findet sie mich also schon mal nicht ... Außerdem war sie ja gleich bereit, sich mit mir fürs Kino zu verabreden ... Und ganz ehrlich, dass sie mich zum Abschied auf die Stirn und dann auf den Mund geküsst hat ... Alles nur gute Zeichen! Warum mache ich mir also Sorgen? Wer weiß, was noch alles möglich ist ... so im Kino ... im Dunkeln? (254 Wörter)

Mirjam Pressler: Nathan und seine Kinder

1 **TIPP** **Hinweis zur Lösung**

Die Figuren Nathan, Saladin und Daja lassen sich recht eindeutig einer Religion zuordnen. Falls der Tempelritter der Sohn von Saladins Bruder ist, wird es hier schon schwieriger. Recha wird in einem anderen Glauben erzogen als dem, den sie von Geburt an eigentlich hätte. Geschem muss sich zwischen zwei Religionen entscheiden.

Curd von Stauffen ist als Tempelritter Anhänger des christlichen Glaubens. Falls er aber tatsächlich der Sohn von Sultan Saladins Bruder ist, ist er von Geburt her Moslem. Der Sultan ist Moslem und auch das Oberhaupt der Muslime in Jerusalem. Der Kaufmann Nathan ist Jude, erzieht seine eigentlich von Geburt her christliche Adoptivtochter Recha aber als Jüdin. Weil ihre Mutter Christin war, hat er die Christin Daja als ihre Gesellschafterin eingestellt. Geschem kennt sowohl seine Herkunft als auch seine Religion nicht. Er entscheidet sich aber für das Judentum, weil Elijahu Jude ist und ihm eine Familie bietet.

2 **TIPP** **Hinweis zur Lösung**

Jedes Kapitel wird aus der Sicht einer anderen Figur geschildert. Wie nennt man diese Erzählperspektive und welche Vorteile bietet sie für die Leser*innen?

Jede Figur erzählt ihren Teil der Geschichte aus der Ich-Perspektive. Es treten also mehrere Ich-Erzähler auf. Man erfährt auf diese Weise die Gedanken und Gefühle der einzelnen Figuren und deren Sicht auf die Dinge. Die Leser*innen erfahren Ereignisse also aus mehreren Blickwinkeln und können sich so ein umfassendes Bild davon machen.

3 Da Nathan reich ist und die Kassen des Sultans leer sind, weckt Nathans Reichtum bei Saladin Begehrlichkeiten. Von diesem Vermögen hat er sicher durch al-Hafi, der ein guter Freund Nathans ist, erfahren. Deshalb hat der Sultan vermutlich taktisch klug seinen Vetter al-Hafi zum Schatzmeister ernannt. So ist dieser für die Finanzen verantwortlich und auch verpflichtet, seinen Freund Nathan auf Wunsch des Sultans in den Palast einzuladen. Obwohl al-Hafi weiß, dass er Nathan damit in eine unglückliche Situation bringt, hat er eigentlich keine andere Wahl, als Nathan in den Palast zu holen.

4 **TIPP** **Hinweis zur Lösung**

Daja weiß, welche schrecklichen Erlebnisse Nathan schon im Zusammenhang mit Feuer gehabt hat und welchen Verlust er durch dieses erlitten hat (seine sieben Söhne und seine Frau). Daja fürchtet daher wohl, es könnte sich alles wiederholen.

Bei einem Brand in Nathans Haus wäre Nathans Tochter Recha fast Opfer der Flammen geworden. Ihre Gesellschafterin Daja wurde von anderen Angehörigen des Haushalts davon abgehalten, sie aus den Flammen zu retten, damit sie nicht selbst in Lebensgefahr gerät. Daja weiß, dass Nathan schon einmal seine Familie, sieben Söhne und seine Frau, bei einem Brand verloren hat und ist sich ihrer besonderen Verantwortung Recha gegenüber bewusst. Sie hatte daher panische Angst, nicht verhindern zu können, dass Nathan nun auch seine Tochter Recha im Feuer verliert.

5 **TIPP** **Hinweis zur Lösung**

Du könntest beispielsweise die folgenden inhaltlichen Bausteine in deinem Text aufgreifen:

1. Würdigung von Nathans Wirken, z. B. Beispiele für seine Großherzigkeit und Güte oder Beispiele für Nathans Weisheit und Toleranz
2. Abschwören des Rachegedankens
3. Blick in Rechas Zukunft und die des Haushalts

Achte auch darauf, die Merkmale der Textsorte „Tagebucheintrag" einzuhalten. Informationen dazu findest du im vorderen Teil des Buches.

Liebes Tagebuch,
jetzt muss ich es niederschreiben, damit es für die Ewigkeit festgehalten wird.
Es fällt mir schwer, wieder in einen Alltag zu finden und weiterzuleben … ohne meinen Vater, ohne den Herrn dieses Hauses, an dessen Stelle nun ich stehe und dessen Platz ich doch nicht einzunehmen vermag. Nun muss ich selbst erwachsen sein und entsprechend handeln. Viele Gedanken schwirren in meinem Kopf umher, dennoch herrscht in einer Sache Klarheit: Nathan, mein geliebter Vater, hat nie einen Zweifel daran gelassen, wie er uns weiterleben sehen will. Er hätte gewollt, dass wir zusammenbleiben, dass wir weitermachen, dass wir bereit sind, sein Erbe anzutreten.
Alle verspüren beim Gedanken an den heimtückischen Mord das Bedürfnis, einen Schuldigen ausfindig zu machen, die Mörder zu kennen und zu strafen. Es ist nicht sicher, wer für Nathans Tod verantwortlich ist, ob es Christen im Auftrag des Patriarchen, Muslime im Auftrag des Bruders des Sultans oder einfach nur geldgierige Räuber waren. Aber wem wäre denn geholfen, wenn wir es wüssten? Rache macht ihn nicht wieder lebendig. Niemals hat Vater vom Gott der Rache gesprochen, sondern immer vom Gott der Liebe. Ihm selbst ist es gelungen, Verzweiflung und Rachsucht zu überwinden und sie in Liebe zu den Menschen zu verwandeln. Vater hat am eigenen Leib großes Leid erleben müssen. Bevor wir seine Familie werden durften, hat er selbst seine anfänglichen Rachegedanken überwunden und keine Rache an den Christen geübt.
Aber nicht nur mir hat Nathan eine Familie und eine Heimat gegeben. Obwohl seine Familie von Christen umgebracht wurde, nahm er mich, das Kind einer Christin, an Kindes statt auf und an.
Alle erzählen von seiner Großherzigkeit, seiner Toleranz und Güte. Nicht umsonst wird er auch jetzt noch „Nathan der Weise“ genannt. Er hat Daja, die heimatlos in Jerusalem gelandet ist, aufgenommen, ihr als Christin eine Arbeit, eine Heimat und, mehr noch, eine Familie gegeben. Und das, obwohl sie Teil des Kreuzzuges war.
Irgendwann werden wieder Kinder dieses Haus bewohnen, meine Kinder, die ich mir wünsche. Bekomme ich einen Sohn, so soll er nach seinem Großvater „Nathan“ heißen. Ich will ihn lehren, dass es nichts Größeres auf der Welt gibt als Liebe und Barmherzigkeit. Nathan der Weise soll in seinen Kindeskindern weiterleben.

(363 Wörter)

WAHLTEIL B

Erörterung

TIPP Hinweis zur Lösung

Verlangt ist hier eine dialektische Erörterung; du sollst zum einen Argumente dafür finden, warum sich Menschen für ein Leben in einem „Tiny House" entscheiden könnten, und zum anderen Argumente, welche Probleme damit verbunden sein können. Für deine Erörterung ist ein Sachtext zu diesem Thema vorgegeben, dem du Argumente entnehmen kannst. Untersuche ihn zunächst gründlich und notiere dir, auf welche Inhalte du in deinem Aufsatz Bezug nehmen kannst. Überlege dir dann zusätzlich eigene Argumente. Denke auch daran, dass du in der Prüfung ein Wörterbuch verwenden darfst, aus dem du auch Begriffserklärungen übernehmen kannst, z. B. bei der Hinführung zum Thema (siehe folgendes Aufsatzbeispiel). Gliedere deinen Text folgendermaßen:

- Einleitung, in der du kurz zum Thema hinführst und zur Themenfrage überleitest (Nennung von Textsorte, Titel, Autor*in, Quelle und Erscheinungsdatum des vorgegebenen Textes);
- Hauptteil, in dem du eigene Argumente ausarbeitest und auf die Materialien Bezug nimmst;
- Schluss, in dem du ein abschließendes Fazit ziehst und deine eigene Meinung begründet darstellst.

Achte im Hauptteil darauf, dass deine Argumente vollständig sind, sie also Behauptung, Begründung und Beispiel / Beleg enthalten. Denke auch daran, dass du die Quelle nennst, wenn du etwas aus dem Text direkt oder indirekt zitierst. Verwende eine sachliche Sprache und verknüpfe die Argumente abwechslungsreich miteinander.

Aufsatzbeispiel

Einleitung

„Weniger ist mehr" – diesen Spruch hat sicherlich jede*r schon einmal gehört. Was viele aber nicht wissen, ist, dass sich damit auch der Lebensstil der sogenannten Minimalistinnen und Minimalisten beschreiben lässt. Aber was ist „Minimalismus" überhaupt? Laut Duden versteht man darunter die „bewusste Beschränkung auf ein Minimum, auf das Nötigste". Dieses Prinzip lässt sich auf verschiedene Lebensbereiche anwenden. So gibt es auch Personen, die sich dazu entschlossen haben, freiwillig auf engstem Raum in einem sogenannten Tiny House zu wohnen, wie die Autorinnen Lisa Santos und Mirjam Ratmann in ihrem Internetartikel „Aus dem Häuschen", der am 23. 03. 2020 im Magazin Fluter veröffentlicht wurde, berichten.

Themenfrage

Doch warum entscheiden sich Menschen für ein Leben in einem „Tiny

House“ und welche Probleme können damit verbunden sein? Diesen Fragen soll im Folgenden nachgegangen werden.

Hauptteil

Grund 1: mehr Zeit für das, was einem wichtig ist

Der Hauptgrund könnte für viele Menschen sein, dass sie dadurch mehr Zeit für das haben, was ihnen wirklich wichtig ist. Dies ist nachvollziehbar, denn wer nur wenig Wohnfläche zur Verfügung hat, kann auch nicht so viele Habseligkeiten anhäufen und muss somit weniger Zeit für das Aufräumen und Putzen aufwenden. So sagt Madeleine Krenzlin im Text z. B.: „Für mich bedeutet wenig Wohnraum auch die Freiheit, mehr Zeit und Geld für Menschen und Erlebnisse zu haben, die mir wichtiger sind als Wohnfläche.“ (Z. 50–52)

Grund 2: weniger Kosten

Damit spricht Madeleine Krenzlin auch noch einen weiteren Grund an, der für ein Leben auf kleinem Wohnraum spricht, nämlich die geringeren Kosten. Weniger Wohnraum bedeutet üblicherweise auch weniger Kosten. Nicht nur die Mieten oder Kaufpreise sind günstiger, sondern auch die Nebenkosten, denn „[w]er wenig Raum bewohnt, […] muss auch weniger heizen und benötigt weniger Strom“ (Z. 20–22). Somit bleibt mehr Geld übrig, das man zum Beispiel in schöne Erlebnisse mit Freunden oder der Familie investieren kann.

Grund 3: Beitrag zum Klimaschutz

Ein weiterer Grund, weshalb sich Menschen für so ein Wohnkonzept entscheiden könnten, ist, dass sie auch einen Beitrag zum Klimaschutz leisten. Laut einer Studie der US-Forscherin Maria Saxton verringert das Leben in einem Tiny House den ökologischen Fußabdruck durchschnittlich um 45 Prozent. Dieser Effekt kommt nicht nur durch den geringeren Energieverbrauch zu Hause zustande, sondern auch dadurch, dass die Menschen nach einem Umzug in ein Tiny House insgesamt umweltbewusster leben. So verändern sie Essgewohnheiten, produzieren weniger Müll oder fahren weniger mit dem Auto (vgl. Z. 26–33).

Überleitung zu Problemen

Auch wenn dies nachvollziehbare Gründe sind, weshalb sich Menschen für ein Leben in einem „Tiny House“ entscheiden, so können damit auch einige Probleme verbunden sein.

Problem 1: Notwendigkeit von Einschränkungen

Der Schritt, in ein „Tiny House“ zu ziehen, muss wohlüberlegt sein, da man sich aufgrund des geringen Platzangebots stark einschränken muss, weil es nur wenig Stauraum gibt. Madeleine Krenzlin hat deshalb auch nur drei Hosen, wie sie selbst berichtet (vgl. Z. 18/19). Bei Kleidung mag diese Einschränkung noch relativ leicht möglich sein, da die Kleidungsstücke einzeln nicht viel Platz einnehmen, aber wie sieht es in anderen Bereichen aus? Es wäre z. B. nicht mehr möglich, zu Hause Schlagzeug, Klavier oder Cello zu üben, da der Platz für derartig große Musikinstrumente nicht ausreicht. Deshalb muss sich jede*r Einzelne genau überlegen, ob die eigenen Interessen und Hobbys mit dem Platzangebot vereinbar sind und sie oder er bereit ist, sich entsprechend einzuschränken.

Ein Problem besteht auch darin, dass die gesetzlichen Regelungen für „Tiny Houses" offenbar kompliziert sind. Madeleine Krenzlin darf beispielsweise aufgrund aktueller baurechtlicher Regelungen nicht dauerhaft in ihrem „Tiny House" leben (vgl. Z. 43–46). Wer sich für ein Leben im „Tiny House" entscheidet, muss sich also sehr genau über die Gesetzeslage informieren und eventuell ebenso wie Madeleine Krenzlin mit der unbefriedigenden und für manche auch belastenden Situation leben, dort nicht permanent wohnen zu dürfen (vgl. Z. 45/46).

Problem 2: komplizierte gesetzliche Regelungen

Das größte Problem ist wohl, dass sich dieses Wohnkonzept auf engstem Raum nur für bestimmte Personengruppen eignet, nämlich vor allem für junge Menschen wie Madeleine Krenzlin, die allein wohnen. „Für Familien oder Menschen in Rente ist das Leben auf engstem Raum eher keine Option" (Z. 40/41), heißt es dazu im Text. Eine Familie mit Kindern benötigt zwangsläufig mehr Platz, als dies beispielsweise bei Madeleine Krenzlin der Fall ist. Es ist auch nur schwer vorstellbar, dass sich Rentner*innen, die vielleicht nicht mehr so mobil sind und daher mehr Zeit zu Hause verbringen, auf engstem Raum wohlfühlen. Breite Durchgänge und große Räume sind insbesondere dann unerlässlich, wenn sie auf eine Gehhilfe oder einen Rollstuhl angewiesen sind.

Problem 3: Wohnkonzept eignet sich nur für wenige Personengruppen

Schluss

Fazit

Da unsere Gesellschaft immer älter wird und damit der Anteil an Seniorinnen und Senioren steigt, es aber auch viele Familien gibt, ist das minimalistische Wohnkonzept auf engstem Raum trotz der nachvollziehbaren Vorteile wohl nur für einen kleinen Teil der Bevölkerung interessant. Dennoch würde ich mir wünschen, dass sich mehr Menschen Gedanken darüber machen, was sie tatsächlich brauchen und was ihnen wirklich wichtig ist – nicht nur im Hinblick auf den Wohnraum. Vielleicht kommen auch sie dann, ähnlich wie Madeleine Krenzlin, zu der Erkenntnis, dass es nicht auf materiellen Besitz, sondern vor allem auf „Menschen und Erlebnisse" (Z. 51) ankommt.

Wunsch/Appell

Textbeschreibung Lyrik

TIPP **Hinweis zur Lösung**

Denke daran, dass du nicht alle Bausteine einer Textbeschreibung in deinem Aufsatz unterbringen musst. Lies die Aufgabenstellung genau und behalte im Hinterkopf, welche Aspekte im Hauptteil von dir verlangt werden und welche Unterpunkte für diese relevant sein könnten. Wichtig ist insbesondere, dass der Bereich „Sprache und Stil" nie unabhängig vom Inhalt betrachtet werden darf. Es reicht also nicht, sprachliche Auffälligkeiten nur aufzulisten. Du musst immer den Bezug zum Inhalt des Textes herstellen und auch die Wirkung der sprachlichen Mittel beschreiben.
Das hier abgedruckte Lösungsbeispiel ist recht umfangreich und in manchen Bereichen sehr ausführlich gestaltet. Es soll dir aber einen Eindruck davon vermitteln, wie die jeweiligen Erkenntnisse in Worte gefasst werden können.

Aufsatzbeispiel

Einleitung
Information zum Text mit Kern-/Basissatz

In dem 1914 erschienenen Gedicht „Städter" von Alfred Wolfenstein, der von 1883 bis 1945 lebte, wird die Enge und Isolation in den Großstädten zur Zeit der Industrialisierung beschrieben. Das Gedicht stammt aus dem Buch „Die gottlosen Jahre. Gedichte", das von Günter Holtz 1982 herausgegeben wurde.

kurze Zusammenfassung des Inhalts

Das Gedicht verweist auf die negativen Seiten des Großstadtlebens und lässt sich der Großstadtlyrik zuordnen. Neben der Beschreibung der beengten Lebensverhältnisse und der Menschenmassen stehen die trotz alledem vorhandene Isolation und Anonymität des Einzelnen im Mittelpunkt.

Hauptteil
Aufbau und Reimschema

Das Gedicht besteht aus insgesamt vier Strophen. Die ersten beiden umfassen vier Verse, die letzten beiden nur jeweils drei. Das Reimschema der ersten beiden Strophen entspricht einem umarmenden Reim (abba). Bei den Strophen drei und vier ist das Reimschema über beide Strophen verteilt und folgt der Ordnung abccab. Hier liegt in gewisser Weise ein Kreuzreim mit eingeschobenem Paarreim vor. Durch dieses Reimschema wird der Eindruck der bedrückenden Enge, das Eingeengtsein der Großstadtbewohner, das im Gedicht thematisiert wird, noch verstärkt.

Bezug zum Titel

Es geht im Gedicht – wie der Titel bereits ankündigt – um Bewohner der Stadt, also um „Städter". Es wird demnach schon im Titel klar, dass hier z. B. typische Verhaltensweisen von Stadtbewohnerinnen und -bewohnern beschrieben werden oder aber die Situation, in der sie sich befinden. Die Bezeichnung „Städter" wird ähnlich verwendet, wie man vielleicht auch „die Landbevölkerung" oder „die Berufsgruppe XY" sagen würde, was nach einer negativen Pauschalisierung dieser Personengruppe klingt. Zudem wird schon im Titel deutlich, dass die Bewohner*innen der Stadt zunächst nur als Großgruppe gesehen werden, weniger als einzelne Personen. Im Verlauf des Gedichts wird der Blick aber von einer anonymen Masse an Städtern hin zu einem einzelnen Städter gerichtet, der trotz der Zugehörigkeit zu einer großen Gruppe einsam ist.

Zusammenhang zwischen Handlung, Sprache und Stil

Strophe 1

In der ersten Strophe des Gedichts wird die Enge in der Großstadt, die auch durch die dichte und hohe Bauweise entsteht, näher thematisiert. Der Vergleich „[d]icht wie Löcher eines Siebes" (V. 1) zeigt, wie eng die Fenster der Häuser in der Stadt beieinanderliegen. Die Fenster scheinen kaum Abstand voneinander zu haben. Auch zwischen den einzelnen Gebäuden gibt es offenbar kaum Freiraum. Der Vergleich beinhaltet zudem eine Hyperbel, denn so dicht wie die Löcher eines Siebes können die Fenster natürlich nicht wirklich nebeneinanderliegen. Durch diese Übertreibung wird den Leserinnen und Lesern jedoch das Bild von der Größe und Enge der Häuser stärker veranschaulicht. Auch die Personifikation „drängend fassen / Häuser sich so dicht an" (V. 2/3) verdeutlicht nochmals die Enge: Die Häuser scheinen nicht nur eng beieinanderzustehen, sie drängen sich geradezu aneinander und verengen die Straßen, die zwischen ihnen liegen. Das Eigenleben, das die Häuser zu entwickeln scheinen, lässt eine bedrohliche Wirkung entstehen. Dieses Gefühl wird durch den Vergleich „Grau geschwollen wie Gewürgte" (V. 4) noch gesteigert: Die Häuser wirken, als würden sie anschwellen und so der Platz dazwischen immer weniger werden. Der Vergleich der Straßen mit „Gewürgte[n]" (V. 4), denen durch die umliegenden Gebäude förmlich die Luft abgeschnürt wird, verstärkt die negative und bedrückende Stimmung. Auch das Farbadjektiv „Grau" (V. 4) hebt dies nochmals hervor, da durch diese würgende Enge alle Farbe aus den Straßen gewichen zu sein scheint.

Die kritisierte Hektik der Großstadt wird bereits in der ersten Strophe deutlich: Die Enjambements zwischen allen vier Versen der ersten Strophe beschleunigen den Lesefluss, die Sinneinheiten hängen immer über zwei Verse hinweg zusammen, z. B. bei Vers 2 und 3: „drängend fassen / Häuser sich so dicht an". Hier wird sogar ein Verb („anfassen") auf zwei Verse verteilt.

Die zweite Strophe hat die Fahrt in einer voll besetzten Straßenbahn zum Inhalt. Sie beginnt mit einer Inversion, wodurch die zweite Strophe sogleich mit einem Aspekt eingeleitet wird, der schon in der ersten eine große Rolle gespielt hat: die Enge in der Großstadt. Strophe 2

Auch in dieser Strophe liegen Enjambements vor. Diese verhindern, dass die Leser*innen am Ende des Verses eine Pause machen können, und erzeugen den Eindruck von Geschwindigkeit, von Hektik und einer gewissen Atemlosigkeit, was auf das Großstadtleben übertragen werden kann.

Wie es in den „Trams“ (V. 6), also den Straßenbahnen, aussieht, kann man sich durch den Ausdruck „zwei Fassaden / Leute“ (V. 6/7) gut vorstellen: Zwei lange Sitzbänke links und rechts, auf denen sich die Menschen gegenübersitzen, und ein schmaler Gang dazwischen, wie bei den Häusern mit ihren schmalen Straßen in der ersten Strophe. Mit der Formulierung „zwei Fassaden / Leute“ (V. 6/7) liegt darüber hinaus eine Verdinglichung vor. Im Gegensatz zur Personifikation, bei der leblose Gegenstände sozusagen vermenschlicht werden, bezeichnet die Verdinglichung genau das Gegenteil: Die Menschen werden mit leblosen Eigenschaften ausgestattet. In diesem Fall geschieht das durch das Wort „Fassaden“, das eigentlich für Hausfassaden verwendet wird. Dadurch wird klar, dass die Menschen nur ihre undurchdringlich wirkende Oberfläche zeigen, sich demnach nicht hinter ihre „Fassade“ blicken lassen, also ihre Emotionen und ihre Individualität verbergen. Aber auch die große Masse der sich gegenübersitzenden Menschen wird verdeutlicht. So wie man sich in der ersten Strophe die Hausfassaden links und rechts einer Straße vorstellen konnte, sieht man hier dasselbe Bild – allerdings mit Menschen.

In Vers 7 und 8 wird eine Metapher und Personifikation verwendet, denn es muss im übertragenen Sinn verstanden werden, dass die Blicke der Menschen ineinander „baden“. Gemeint ist, dass die Menschen sich ansehen, vielleicht sogar anstarren, denn das längere Verweilen im Gesicht des anderen wird durch das Wort „baden“ deutlich: Wenn man badet, ist das eine Aktivität, die eine gewisse Zeit dauert und nicht etwa nur flüchtig ist.

Das Ende der zweiten Strophe verstärkt noch einmal das negative und bedrückende Bild, das in diesem Gedicht vom Großstadtleben gezeichnet wird. Die anderen, die fremden Mitmenschen sind so nah und starren einen in der Straßenbahn geradezu an, sie tun dies sogar „ohne Scheu“ (V. 8) und somit auch ohne Scham. Im alltäglichen Miteinander zeugt es nicht von guten Umgangsformen, andere zu beobachten und dadurch in ihre Privatsphäre einzudringen. Indem hier nun ausdrücklich darauf hingewiesen wird, dass dies „ohne Scheu“ geschieht, wird eine unfreundliche und unangenehme Atmosphäre geschaffen. Es wird klar, wie unhöflich die Menschen miteinander umgehen bzw. wie die Enge und Anonymität sie dazu bringen.

Strophen 3 und 4

In der dritten Strophe taucht nun plötzlich ein lyrisches Ich auf. Die Formulierungen „Unsre Wände“ (V. 9) und „wenn ich weine“ (V. 10) verdeutlichen dies. Neben der Perspektive verändern sich in den Strophen auch die beschriebenen Orte. Während sich die Strophen 1 und 2 auf öffentliche Orte, nämlich die Straßen (vgl. V. 3), Häuserfassaden (vgl. V. 1–3) und Straßenbahnen (vgl. V. 6) beziehen, geht es in den folgenden beiden Strophen um das Innere: In Strophe 3 um das Innere der Gebäude, die Wohnungen der Stadtbewohner, die durch die „Wände“ (V. 9) getrennt werden, und in Strophe 4 sogar um das Innenleben der Menschen.

Der Vergleich „Unsre Wände sind so dünn wie Haut“ in Vers 9 zeigt, wie dünn die Hauswände oder Wände zwischen den Wohnungen sind. Dadurch wird nochmals die Enge und fehlende Privatsphäre deutlich. Dies wird noch durch die Worte „Daß ein jeder teilnimmt, wenn ich weine. / Unser Flüstern, Denken … wird Gegröle …“ (V. 10/11) bestärkt. Jeder nimmt, ob er will oder nicht, am Privatleben der anderen teil, weil man durch die dünnen Wände jedes Geräusch hören kann.

Erst die letzte Strophe schlägt einen etwas anderen Ton an. Der Bindestrich, der diese Strophe einleitet, wirkt wie ein Bruch oder ein Innehalten. Anstatt in einer Wohnung mit „dünnen“ Wänden steht der einzelne Mensch nun „in dick verschloßner Höhle“ (V. 12) und fühlt sich „alleine“ (V. 14). Hier wird klar, dass die Enge, Nähe und Durchlässigkeit der Umgebung letztlich doch nur Einsamkeit hervorbringt.

Schluss

Transfer/ Stellungnahme

In diesem Gedicht wird deutlich, dass man durch die Enge in der Großstadt keine Privatsphäre mehr hat und die Menschen trotz der erzwungenen Nähe einsam und isoliert sind. Jeder, der zum Beispiel in einem Mehrfamilienhaus in einer Stadt wohnt, kennt sicher die Situation, dass man sehr viele Geräusche aus den Nachbarwohnungen hört, z. B. Streit, Partys oder Kinderlärm.

Man wohnt und lebt so eng beieinander, dass es einem an Privatsphäre mangelt und man sich vielleicht ein frei stehendes Haus mit eigenem Garten wünscht. Auch alle anderen beschriebenen Situationen der Enge sind sehr gut nachvollziehbar, z. B. die in einer Bahn oder in den Wartehallen. Es ist traurig, dass die Menschen in der Stadt letztlich doch einsam sind. Man kennt die Namen der Nachbarn oft gar nicht oder spricht mit niemandem, der in der Bahn neben einem sitzt. Mir ist es schon öfter passiert, dass eine ältere Dame oder ein älterer Herr in der Bahn ein Gespräch mit mir anfangen wollte. Ich habe mich darüber gewundert und gar nicht daran gedacht, dass sie oder er vielleicht einsam sein könnte. Dabei leiden sicherlich gerade Seniorinnen und Senioren unter der im Gedicht beschriebenen Einsamkeit, da ihre Partner*innen eventuell schon verstorben sind. Wenn ich das nächste Mal in der Bahn angesprochen werde, werde ich nicht mehr abweisend reagieren. Für mich ist es keine große Anstrengung, ein paar nette Worte mit ihnen zu wechseln, aber für sie kann es bedeuten, dass sie immerhin kurz ihre Einsamkeit vergessen können.

Ausblick in die Zukunft

Textbeschreibung Prosa

TIPP **Hinweis zur Lösung**

Denke daran, dass du nicht alle Bausteine einer Textbeschreibung in deinem Aufsatz unterbringen musst. Lies die Aufgabenstellung genau und behalte im Hinterkopf, welche Aspekte im Hauptteil von dir verlangt werden und welche Unterpunkte für diese relevant sein könnten.
Das hier abgedruckte Lösungsbeispiel ist recht umfangreich und in manchen Bereichen sehr ausführlich gestaltet. Es soll dir aber einen Eindruck davon vermitteln, wie die jeweiligen Erkenntnisse in Worte gefasst werden können.

Aufsatzbeispiel

Einleitung
Information zum Text mit Kern-/Basissatz

Die Kurzgeschichte „Der Busfahrer“ von Pea Fröhlich handelt von einer unerfüllten Liebe bzw. dem Problem von Schüchternheit. Der Text stammt aus dem Buch „Zwei Frauen auf dem Weg zum Bäcker“, das 1987 im Du Mont Buchverlag erschienen ist.

kurze Zusammenfassung des Inhalts

Ein schüchterner Busfahrer beobachtet jeden Tag eine Frau im Rückspiegel. Er scheint seit längerer Zeit in sie verliebt zu sein, traut sich jedoch nicht, sie anzusprechen. Eines Tages steht die Frau mit einem ihm unbekannten Mann an der Haltestelle und verpasst den Bus, weil dieser Mann sie küsst.

Hauptteil
Aufbau
Sinnabschnitte

Der Text enthält keine sichtbaren Abschnitte und keine wörtliche Rede. Er besteht aus den Gedanken, rückblickenden Eindrücken und Erlebnissen des Busfahrers, die zusammenhängend erzählt werden. Die Kurzgeschichte lässt sich in drei Sinnabschnitte gliedern: In den Zeilen 1–7 erfährt man, dass der Busfahrer die Frau bereits über einen längeren Zeitraum sehr genau beobachtet. Der zweite Sinnabschnitt (Z. 7–11) handelt von seiner Verliebtheit und Schüchternheit. Im letzten Abschnitt (Z. 11–13) verliert er seine Liebe gewissermaßen, da die Frau einen anderen Mann küsst.

Unterscheidung von innerer und äußerer Handlung

Die äußere Handlung ist sehr kurz: Ein Busfahrer lenkt seinen Bus an eine Haltestelle, hält dort und fährt wieder weiter. Währenddessen beobachtet er eine Frau, die an der Haltestelle steht, einen Mann anlächelt, der seinen Arm um sie gelegt hat, und ihn küsst. Sie verpasst deshalb den Bus. Die innere Handlung, die Gedanken und Gefühle des Busfahrers, erstreckt sich über einen längeren Zeitraum. Er erinnert sich an Zurückliegendes. Es wird klar, dass er sie sowohl im Sommer als auch im Winter beobachtet hat („Im Winter trug sie einen braunen Pelz […] und im Sommer weiße oder blaue Kleider“, Z. 4/5).

Einen Spannungsverlauf könnte man in der Beschreibung seiner Angst erkennen. Er hat neben seiner Vorfreude auch Angst, dass die Frau eines Tages nicht mehr einsteigen könnte: „Er fürchtete sich nur davor, dass sie einmal nicht mehr einsteigen würde.“ (Z. 8/9) Als klar wird, dass er sie auch dieses Mal sieht, seine Angst also unbegründet ist, kommt kurz so etwas wie Erleichterung auf („Diesmal sah er sie schon von Weitem.“, Z. 11). Spannungsverlauf

Doch dann folgt der Höhepunkt der Geschichte und der Busfahrer muss mitansehen, wie die Frau, die offenbar einen Partner hat, von diesem geküsst wird. Sie ist sogar so sehr mit ihm beschäftigt, dass sie den Bus verpasst, den sie sonst immer nimmt („Sie stand da und lachte einen Mann an, der seinen Arm um sie gelegt hatte. Sie verpasste das Einsteigen, weil der Mann sie küsste.“, Z. 11–13). Gleichzeitig handelt es sich bei dieser Textstelle auch um den Wendepunkt, denn ab diesem Ereignis ändern sich die Gefühle des Busfahrers sicherlich schlagartig. Wie genau, wissen wir allerdings nicht. Es könnten Trauer über das Gesehene, Wut über die eigene Zurückhaltung, Selbstmitleid, Entsetzen oder Ähnliches sein. Höhe- und Wendepunkt

Der vorliegende Text hat, wie für eine Kurzgeschichte typisch, einen unmittelbaren Anfang und beginnt mit dem Satz „Er wusste, dass sie an der nächsten Station einsteigen würde und freute sich“ (Z. 1). Man erfährt nicht, wer mit dem Personalpronomen „er“ gemeint ist, taucht aber schon mitten in dessen Gedanken und Gefühle ein. Die Geschichte ist kurz, nicht einmal eine halbe Seite lang. Die eigentliche Handlung dauert nur wenige Minuten und spielt im Bus bzw. an einer Haltestelle. Es handelt sich um eine alltägliche Situation: Busfahren sowie das Beobachten der Fahrgäste. Dennoch ist das beschriebene Erlebnis für den Betroffenen, den Busfahrer, einschneidend. Außer dem Busfahrer kommen nur zwei weitere Figuren vor: die Frau, die beobachtet wird, und der Mann, der sie am Ende küsst. Außerdem gibt es, ebenfalls typisch für eine Kurzgeschichte, einen offenen Schluss, bei dem ungeklärt bleibt, was der Busfahrer nach dieser Situation denkt und fühlt. Textsortenmerkmale

Der Busfahrer und die von ihm beobachtete Frau sind die Hauptfiguren des Textes. Der Partner der Frau ist nur eine Nebenfigur. Keine der Hauptfiguren trägt, wie für eine Kurzgeschichte typisch, einen Namen, sodass sich jede*r mit ihnen identifizieren kann. Der Busfahrer wird lediglich durch seine Berufsbezeichnung, die nur im Titel genannt wird, beschrieben. Im Text wird Figuren/Figurenkonstellation Beschreibung des Busfahrers er mit dem Personalpronomen „er“ (z. B. Z. 1, 2, 3) bezeichnet. Über ihn erfährt man, dass er vermutlich einen Linienbus und immer dieselbe Strecke fährt („Für ihn war das die schönste Zeit am Tag, die fünf Stationen, die sie immer mit ihm fuhr“, Z. 10/11). Er ist offenbar schon seit längerer Zeit in seinen Fahrgast verliebt und beobachtet die Frau genau im Rückspiegel (vgl. Z. 1/2). Er scheint ein guter und aufmerksamer Beobachter zu sein, sodass sie ihm mittlerweile so „vertraut“ (Z. 7) ist, dass er ihren Gemütszustand erkennen kann: „Er konnte an ihrem Gesicht ablesen, ob es ihr gut ging.“ (Z. 3/4) Offenbar ist er aber zu schüchtern und zurückhaltend, um Kontakt zu ihr aufzunehmen, denn „er hätte sie gerne angesprochen, doch er wagte es nicht“ (Z. 7/8). Er hat Angst, falsch zu handeln, fühlt sich mit der Frau aber sehr verbunden („Sie war ihm sehr vertraut“, Z. 7) und empfindet Glück, wenn er mit ihr zusammen ist („Für ihn war das die schönste Zeit am Tag“, Z. 10), obwohl sie keinen Kontakt haben. Vielleicht weiß er, dass er bei dieser Frau keine Chance haben würde. Es ist anzunehmen, dass er am Ende sehr traurig, wütend und enttäuscht ist. Wahrscheinlich macht er sich Vorwürfe, dass er zu lange gezögert hat und dadurch gar nicht erst die Chance auf ein Kennenlernen hatte.

Beschreibung der Frau

Über die von ihm beobachtete Frau erfährt man, dass sie vermutlich täglich fünf Stationen mit dem Bus zur Arbeit fährt („Er fürchtete sich […], dass sie die Arbeitsstelle wechselte. Für ihn war das die schönste Zeit am Tag, die fünf Stationen, die sie immer mit ihm fuhr“, Z. 8–11). Daraus lässt sich schließen, dass sie berufstätig und zumindest noch nicht im Rentenalter sein kann. Sie liest gern während der Busfahrt („Meist las sie“, Z. 2/3) und sitzt häufig so, dass der Busfahrer sie beobachten kann (vgl. Z. 1/2). Das legt die Annahme nahe, dass auch sie ihn von diesem Platz aus sehen kann – sei es auch nur über den Spiegel. Unklar ist, ob sie diesen Platz absichtlich wählt, um ihn vielleicht ebenfalls im Blick zu haben. Dagegen spricht, dass sie den Busfahrer in dem Fall anschauen und nicht lesen oder aus dem Fenster blicken würde (vgl. Z. 2/3). Die Beobachtungen des Busfahrers lassen die Vermutung zu, dass die Frau modebewusst ist und gut verdient, da sie zueinander passende Kleidungsstücke und einen Pelzmantel trägt (vgl. Z. 4/5). Sie ist wahrscheinlich nicht sehr experimentierfreudig, denn nur „[e]inmal hatte sie die Haare aufgesteckt“ (Z. 5/6) und trägt sonst immer die gleiche Frisur, offenes Haar. Es macht den Anschein, als habe sie seit

Neuestem einen Freund oder sei frisch verliebt, da sie und ein Mann, den der Busfahrer nicht kennt, sich küssen und sie deshalb den Bus verpasst (vgl. Z. 11–13).

Beziehung der beiden unter Berücksichtigung der Erzählperspektive

Das Geschehen wird distanziert aus der Sicht eines personalen Er-Erzählers beschrieben. Alles, was die Leser*innen über die Situation, die Frau und die Beziehung zu ihr wissen, wird aus der Perspektive des Busfahrers geschildert. Daher erfahren die Leser*innen auch nicht, was die Frau empfindet und denkt. Es gibt keine Aussagen darüber, ob ihr aufgefallen ist, dass er sie beobachtet. Es lässt sich deshalb nur vermuten, dass sie nichts von der Liebe des Busfahrers weiß. Die Beziehung zwischen Busfahrer und Frau ist daher sehr einseitig und rein gedanklicher Natur. Dem Busfahrer reichte bisher offenbar die Bewunderung aus der Ferne. Es wird auch nicht klar, ob oder wie er sich eine Beziehung zu der Frau vorstellt.

Schluss
Stellungnahme

Das Thema des Textes ist vermutlich Schüchternheit oder das Verpassen von Chancen. Beides hängt eng zusammen. Es ist gut nachvollziehbar, dass sich der Busfahrer nicht traut, diese, wie es scheint, noble Dame anzusprechen. Vielleicht denkt er, dass er nicht gut genug für sie ist. Oder er will eigentlich gar keine feste Beziehung und es reicht ihm, sie aus der Ferne zu bewundern. Klar wird auf jeden Fall, dass er dadurch eine Chance vertan hat. Wenn er sie nicht anspricht, wird er nie erfahren, ob sie möglicherweise doch Interesse an ihm gehabt hätte. Vielleicht hätte sie gar nicht abweisend reagiert? Ich kann das Zögern des Busfahrers aber auch verstehen, denn hätte sie ihn abgewiesen, wäre jede weitere Fahrt wohl peinlich für ihn geworden.

Transfer

Vermutlich kennt jede*r Situationen, in denen man abwägt, ob man etwas unternehmen soll oder sich eher mit der gegebenen Situation abfindet. Manchmal ist man nachher froh, dass man abgewartet und nichts getan hat, ein anderes Mal ärgert man sich wiederum genau darüber. So zögert man vielleicht, wenn man in der Schule oder im Beruf beobachtet, wie andere Menschen gemobbt oder diskriminiert werden, weil man selbst negative Folgen fürchtet. Eskaliert die Situation dann aber, wünscht man sich möglicherweise, dass man eingeschritten wäre, solange dies noch möglich war. Ich für meinen Teil bereue vor allem die Dinge, die ich nicht getan habe, die Chancen, die ich verpasst habe. Denn nur, wenn man etwas wagt, dann kann man auch gewinnen – im Falle des Busfahrers wäre es vielleicht die Liebe der Frau gewesen.

PRÜFUNGSAUFGABEN

TEIL A 1

Text Birgit Amrehn: Das kurze Leben der Elektrogeräte

Kurz nachdem die Garantie abgelaufen ist, gehen viele elektrische Geräte kaputt. Der Verdacht liegt nahe: Hersteller bauen gezielt für den Müll. Doch beweisen lässt sich dies nicht. Fakt ist: Bei der Entwicklung eines Elektrogeräts planen die Hersteller, wie lange es voraussichtlich funktionieren wird. „Haltbarkeit spielt dabei keine Rolle mehr", regt sich Stefan Schridde auf. Seit Jahren kämpft er mit seiner Kampagne „Murks? Nein, danke!" für nachhaltige Produktqualität. Er ist sich sicher: Allzu oft bauen Hersteller absichtlich einen Defekt in das Gerät. Denn wenn der Kunde neu kaufen muss, wird der Umsatz angekurbelt. Fachleute nennen das „geplante Obsoleszenz". Ob fest verbaute Akkus, Kunststoffzahnräder, die sich gegenseitig zerfräsen oder falsch bemessene Kondensatoren – Schridde wird nicht müde, Beispiele von „Murks" zu sammeln. Sein Lieblingsobjekt ist ein Milchaufschäumer eines Markenherstellers. Um das Gehäuse zu öffnen, sind zwar Schrauben vorhanden, doch letztendlich hilft nur zerstörerische Gewalt: Das Gehäuse ist zusätzlich verklebt. Eine Reparatur ist vom Hersteller nicht eingeplant. Bauen die Hersteller solche Schwachstellen also extra ein? Wasserdicht beweisen kann selbst Stefan Schridde es nicht.

Doch es gibt einige Indizien. Die meisten wurden bislang bei der Glühbirne gefunden: In den 1940er Jahren flog ein geheimer Zusammenschluss internationaler Glühlampenhersteller auf. In den Akten des sogenannten Phoebuskartells steht es schwarz auf weiß: Die Lebensdauer einer Glühbirne ist auf 1 000 Stunden zu begrenzen. Brennt eine Birne länger, wird der Hersteller mit empfindlichen Geldbußen bestraft. Doch weitere Beweise blieben bislang aus. Die Stiftung Warentest stellte vor einigen Jahren zwar fest, dass diverse Produkte unerfreulich kurzlebig sind. Doch ihre Testergebnisse ergaben keinen Rückschluss darauf, dass Hersteller absichtlich Fehlerquellen einbauten. Und auch eine 2016 vom Umweltbundesamt veröffentlichte Studie fand keine Indizien dafür. Zwar plane der Hersteller die Lebensdauer, doch sei er dabei verschiedenen Faktoren unterworfen. Zum Beispiel müsse er möglichst günstig produzieren, um auf dem Markt bestehen zu können. Technik und Material hätten Leistungsgrenzen.

„Ob es geplante Obsoleszenz gibt oder nicht – diese Frage muss gar nicht unbedingt beantwortet werden, um zu wissen, dass wir handeln müssen", sagt Ines Oehme vom Umweltbundesamt. „Unser Ziel ist es, dass die Menschen sich auf eine Mindestlebensdauer verlassen können und ihre Geräte so lange wie möglich nutzen. Und dafür müssen wir auf vielen Ebenen die Bedingungen verbessern.“ Denn eines förderte die von ihr begleitete Studie sehr wohl zutage: Elektrogeräte werden immer kürzer genutzt. Besonders der Anteil von Haushaltsgroßgeräten, die bereits in den ersten fünf Jahren kaputtgehen, stieg deutlich an.

Doch nicht nur die Hersteller werden in der Studie zur Verantwortung gezogen, sondern auch die Verbraucher. Viele kaufen sich frühzeitig ein neues Gerät, obwohl das alte noch voll funktionsfähig ist. Besonders bei Smartphones und Fernsehern wollen viele die neueste Technologie oder das neueste Modell besitzen. Egal aus welchen Gründen Elektrogeräte kurz genutzt werden, für das Umweltbundesamt ist das unter ökologischen Gesichtspunkten ein Dorn im Auge. Die Herstellung der Produkte verbraucht wertvolle Ressourcen; Schadstoffe und Treibhausgase belasten Umwelt und Klima. Doch was tun? „Wir müssen uns als Gesellschaft darauf einigen, wie lange ein Gerät mindestens halten soll“, meint Ines Oehme. „Oder wie lange Ersatzteile vorhanden sein müssen und Software weiter unterstützt werden muss.“ Bei Staubsaugern regelt das bereits die Ökodesign-Richtlinie. Sie legt fest, dass spätestens ab dem 1. September 2017 der Motor mindestens 500 Stunden durchhalten muss. Das entspricht einer durchschnittlichen Lebensdauer von zehn Jahren. Mit der Ökodesign-Richtlinie ließen sich auch für andere Produktgruppen Mindestanforderungen festlegen, etwa wie lange sie halten müssen oder dass sie zu reparieren sein müssen. Für Stefan Schridde, den „Murks“-Initiator, geht das zu langsam. Er fordert eine Änderung des gesetzlichen Gewährleistungsrechts. Kunden können bisher zwei Jahre lang den Handel für defekte Elektrogeräte haftbar machen. Nach einem halben Jahr müssen sie jedoch nachweisen, dass sie nicht selbst den Defekt verursacht haben. Könnte der Kunde den Handel längere Zeit ohne Nachweis einer Ursache in Haftung nehmen, würde laut Schridde die Qualität automatisch steigen. Und er müsse nicht weiter so viel Murks sammeln.

Quelle nach: Birgit Amrehn: Das kurze Leben der Elektrogeräte. Im Internet unter: www.planet-wissen.de/gesellschaft/wirtschaft/konsum/geplante-obsoleszenz-100.html (erschienen am 28. 10. 2019)

Textverständnis

1 Prüfen Sie, welche der folgenden Aussagen mit dem Sachtext übereinstimmen. Notieren Sie entsprechend: trifft zu/trifft nicht zu. (3)

a Ein geheimer Zusammenschluss internationaler Glühlampenhersteller legte in den 1940er Jahren fest, die Lebensdauer einer Glühbirne auf 1 000 Stunden zu begrenzen.

b Die Stiftung Warentest fand in einer Studie viele Indizien, die beweisen, dass Hersteller absichtlich Fehlerquellen einbauen.

c Der Anteil an Haushaltsgeräten, die in den ersten fünf Jahren nicht kaputtgehen, stieg deutlich an.

d Viele Konsumenten kaufen sich erst dann ein neues Gerät, wenn das alte nicht mehr funktionsfähig ist.

e Unter ökologischen Gesichtspunkten ist die kurze Lebensdauer von Elektrogeräten nicht vertretbar.

f Handrührgeräte müssen seit September 2017 eine Laufzeit von mindestens 500 Stunden aufweisen.

2 Erklären Sie den Begriff „geplante Obsoleszenz“. (1)

3 Das Umweltbundesamt kritisiert die kurze Lebensdauer aus ökologischen Gesichtspunkten. Formulieren Sie zwei Gründe dafür. Antworten Sie in vollständigen Sätzen. (2)

4 Erläutern Sie das aktuelle gesetzliche Gewährleistungsrecht. (1)

5 Beschreiben Sie zwei Gründe, warum Elektrogeräte immer kürzer genutzt werden. (2)

6 Begründen Sie, warum laut Stefan Schridde eine Änderung des gesetzlichen Gewährleistungsrechtes automatisch zu einer Qualitätssteigerung führen würde. (1)

7 Rechtschreibung (4)

Bestimmen Sie die korrekte Schreibweise des unterstrichenen Wortes und benennen Sie die angewandte Rechtschreibstrategie / Rechtschreibregel.

Bsp.: <u>kommen / komen</u>: kommen → Strategie: Schwingen, kom – men

a Ein schneller Defekt bei Kleingeräten ist nichts <u>Überraschendes / überraschendes</u>.

b Erste Anzeichen für das drohende Ende der Lebensdauer sind zunehmend laute <u>Gereusche / Geräusche</u> des Gerätes.

c Manche Elektrogeräte können bei intensiver Nutzung leicht in <u>Brand / Brant</u> geraten.

d Für den Konsumenten ist es am <u>Besten / besten</u>, wenn er ein qualitativ hochwertiges Gerät mit einer langen Lebensdauer kauft.

8 Zeichensetzung (2)

Übertragen Sie die unten stehenden Sätze und setzen Sie die fehlenden Kommas. Begründen Sie jeweils mit der passenden Kommaregel.

a Der Umsatz wird angekurbelt wenn der Kunde neue Geräte kaufen muss.

b Smartwatches die technisch schnell veralten sind besonders bei Jugendlichen sehr beliebt.

9 Indirekte Rede (1)

Formulieren Sie die folgende Aussage in indirekter Rede. Verwenden Sie den Konjunktiv I.

Ines Oehme vom Umweltbundesamt sagt: „Unser Ziel ist es, dass die Menschen sich auf eine Mindestlebensdauer verlassen können […].“ (Z. 32/33)

10 Tempus (2)

Bestimmen Sie das Tempus. Verwenden Sie den lateinischen Fachbegriff.

a Er muss nicht weiter so viel Murks sammeln.

b In den Akten des sogenannten Phoebuskartells hatte es schwarz auf weiß gestanden.

c Eine Änderung des gesetzlichen Gewährleistungsrechts wird 2030 bereits umgesetzt worden sein.

d Der Hersteller hat bewusst Schwachstellen in die Elektrogeräte eingebaut.

11 Aktiv/Passiv (1)

Formulieren Sie den Satz im Passiv.

Verbraucher kaufen frühzeitig neue Geräte, obwohl die alten noch voll funktionsfähig sind.

12 Wortarten (2)

Bestimmen Sie die Wortarten der unterstrichenen Wörter und notieren Sie die lateinischen Bezeichnungen.

„<u>Ob</u> (1) es geplante Obsoleszenz <u>gibt</u> (2) oder nicht – <u>diese</u> (3) Frage muss gar nicht unbedingt beantwortet werden, um zu wissen, dass <u>wir</u> (4) handeln müssen." (Z. 30/31)

13 Feldermodell (2)

Erstellen Sie eine beschriftete Feldertabelle.
Tragen Sie den folgenden Satz ein, ohne ins Nachfeld zu schreiben:

Ein Elektrogerät sollte eine Mindestlebensdauer haben, weil dies aus ökologischen Gesichtspunkten nachhaltiger ist.

14 Umgang mit Sprache (1)

Erklären Sie die Formulierung: „ein Dorn im Auge" (Z. 43)

Gabriele Clima: Der Sonne nach

15 Nennen Sie drei bedeutsame Figuren, denen Dario oder Andy auf ihrer Reise begegnen und erklären Sie kurz deren Bedeutung. (3)

16 „Also, dann hör mir mal gut zu. Du bist nicht der Einzige. Ich sitze auch in einem Rollstuhl. Seit neun Jahren schon. Hat bloß keiner mitbekommen.“ (S. 102) (4)

Zeigen Sie auf, warum Dario seine Gesamtsituation so empfindet (vier Aspekte).

17 „‚In Ordnung‘, sagte die Delfrati schließlich. ‚Tun wir so, als wäre nichts passiert.‘ (2)
Na toll, dachte Dario, das ist genau die Antwort, wie man sie von einem Weichei erwartet.“ (S. 21)

Nennen Sie zwei Gründe, warum Dario Frau Delfrati in dieser Situation als „Weichei“ empfindet.

18 „Deswegen, Dario, was auch immer du mit Andy gemacht hast, ich möchte nicht, dass du damit aufhörst.“ (S. 149) (3)

Erklären Sie, wodurch Dario Andys positive Entwicklung beeinflusst hat (drei Aspekte).

19 **TIPP** **Hinweis zur Aufgabe**

Aufgrund der erschwerten Lernsituation während der Corona-Pandemie standen den Fachlehrkräften zwei produktive Schreibaufgaben zur Auswahl, von denen den Schülerinnen und Schülern jedoch nur eine zur Bearbeitung vorgelegt wurde.

Innerer Monolog (13)

„Er hatte nur noch einen Gedanken, zu verschwinden, er wollte nur noch von hier weg, weit weg, einfach abhauen.
Aber abgehauen war er ja schon. Und war hier «Am Park» gelandet. Wo es keine Villen gab. Keine Tore mit goldenen Klingelschildern. Es gab nicht einmal einen Vater." (S. 125)

Stellen Sie in einem inneren Monolog drei weitere Gedanken Darios dar. (mindestens 200 Wörter)

oder:

Tagebucheintrag (13)

„Dario sagte nichts, aß nichts, kam tagelang nicht aus seinem Zimmer, monatelang, jahrelang, wer konnte das schon sagen, wie bemisst man die Zeit, wenn man sich in seinem Zimmer verkriecht?" (S. 142)

In dieser Situation schreibt Dario einen Tagebucheintrag, in dem er thematisiert, was ihm der gemeinsame Ausflug bedeutet und was er durch Andy gelernt hat. Schreiben Sie diesen Tagebucheintrag.
(mindestens 200 Wörter)

Bearbeiten Sie eine der drei folgenden Aufgaben.

Aufgabe 1: Erörterung

Erörtern Sie, welche Argumente für und gegen ein Verbot von Feuerwerkskörpern sprechen (jeweils mindestens drei Argumente). Verwenden Sie den Text für Ihre Argumentation. Begründen Sie Ihre eigene Meinung.
Formulieren Sie einen zusammenhängenden, gegliederten Text.

Text **Martin Franke: Debatte über Feuerwerk: Brauchen wir ein Böllerverbot?**

Es ist fast zwölf Monate her, dass die Deutsche Umwelthilfe (DUH) ankündigte, ein Böllerverbot in deutschen Großstädten mit hoher Feinstaubbelastung durchzusetzen. Notfalls auch vor Gericht. Kurz vor Weihnachten hieß es dann von der Organisation etwas zurückhaltender: „39 Prozent der belasteten Feinstaub-Städte sind für Feuerwerk-Verbotszonen." Städte wie Hamburg, München, Stuttgart und Köln haben Verbotszonen für private Silvester-Knaller in der Innenstadt angekündigt. Auch in Berlin sind Raketen und Böller in der Silvesternacht von 18 Uhr bis 6 Uhr zum ersten Mal nicht nur auf der Partymeile am Brandenburger Tor verboten, sondern auch auf dem nördlichen Alexanderplatz. Die Polizei hat angekündigt, Feuerwerkskörper in betroffenen Zonen notfalls „mit Zwang" zu beschlagnahmen. In den vergangenen Jahren waren auf dem Alexanderplatz und in Schöneberg immer wieder Rettungskräfte und Polizisten mit Böllern beworfen worden.

Die meisten Deutschen sind aus Umwelt- und Sicherheitsgründen für ein Verbot von Böllern zu Silvester. Laut einer repräsentativen Befragung des Meinungsforschungsinstituts YouGov mit 2 000 Teilnehmern für das „RedaktionsNetzwerk Deutschland" befürworten 57 Prozent ein Verbot. 36 Prozent sprechen sich gegen ein Verbot aus, sieben Prozent sind unschlüssig.

Silvesterraketen, Böller und bunte Batterien haben eine lange Tradition. Das Schwarzpulver wurde vor mehr als 1 000 Jahren in China erfunden. Im Mittelalter war es den Reichen am feudalen Hofe vorbehalten, um Gäste bei Feierlichkeiten zu unterhalten. Erst im 19. Jahrhundert wurde es der breiten Öffentlichkeit zugänglich gemacht. In den vergangenen Jahren ist der Wirtschaftszweig gewachsen: Gaben die Menschen in Deutschland 2007 noch 100 Millionen Euro für Feuerwerk aus, waren es 2017 bereits 137 Millionen Euro. Dabei ist der Verkauf auf nur drei Tage bis zum 31. Dezember begrenzt. Spannend dürfte sein, ob die Debatte um Klimaschutz die Verkaufszahlen in diesem Jahr nach unten drücken wird und Hersteller wie Weco und Comet einen Rückgang ihrer Einnahmen zu spüren bekommen – oder ob Verbraucher das Thema für ein paar Minuten ausblenden.

Eine Gefahr für das eigene Leben kann nicht nur von der eigenen Rakete ausgehen. Jedes Jahr gibt es Berichte über teils schwere Verbrennungen, verstümmelte Hände und verlorenes Augenlicht. All diese Verletzungen wären vermeidbar, warnen Ärzte immer wieder aufs Neue, zahlreiche Noteinsätze ebenso. Silvesterböller können das Gehör dauerhaft schädigen. Die Knallkörper erzeugen eine Lautstärke bis zu 120 Dezibel.

Ein weiterer Aspekt ist die Umweltverschmutzung. In einer Pressemitteilung der DUH heißt es, dass die Feinstaubmenge, die durch das Feuerwerk zum Jahreswechsel freigesetzt wird, 16 Prozent der jährlich im Straßenverkehr entstehenden Menge entspreche. Die Menschen verschmutzen zum Spaß nicht nur die Luft, die sie atmen, sondern auch die Natur in ihrer Nachbarschaft. Raketen und Böller landen ohne Umwege in der Umwelt und bleiben dort teilweise monatelang liegen.

Manche Händler verzichten deswegen bereits auf den Verkauf von Feuerwerkskörpern. Andere verdienen am Silvesterkrach weiter viel Geld: Bei einem Discounter gibt es in diesem Jahr ein sogenanntes Systemfeuerwerk mit 152 Schuss für 50 Euro. Brenndauer: etwas mehr als zwei Minuten. […]

Leidtragende der Jahreswende sind auch Tiere: Hunde, Vögel, Waldbewohner. Sie sind diejenigen, die vor dem Fest keine Warnung erhalten und oft auch keinen Rückzugsort haben. In anderen Ländern haben die Tiere es besser, dort wird der Rutsch ins neue Jahr ohne viel Lärm gefeiert: In Spanien kommen die Menschen um Mitternacht zum Beispiel mit einer Tüte Trauben zusammen, in den letzten zwölf Sekunden des Jahres essen die Feiernden jeweils genau zwölf Trauben.

Einzig gegen ein Verbot spricht ein wichtiges Argument: das Verbot selbst. Es wäre die letzte Option des Gesetzgebers, die aber auch in die individuelle Freiheit von Menschen eingreift. Ein generelles Böllerverbot für die ganze Republik ist zudem unrealistisch, auch wenn es dazu Initiativen und Petitionen gibt. Städte und größere Orte könnten viel eher darüber sprechen und Verbotszonen einrichten.

Quelle: Martin Franke: Debatte über Feuerwerk: Brauchen wir ein Böllerverbot? Im Internet unter: www.faz.net/aktuell/gesellschaft/menschen/silvester-brauchen-wir-ein-boellerverbot-16552841.html (aktualisiert am: 27. 12. 2019)

Aufgabe 2: Textbeschreibung Lyrik

Text Günter Kunert (1929–2019): Gagarin[1]

Als er durch des Himmels Bläue aufgefahren,
Schien es, er bewege sich nicht länger fort,
Und er hänge fest in dieser schwarzen Weite,
Und die Erde drehe sich vor seinem Fenster dort.

Eine unfaßbare Kugel nannte er nun Heimat,
Und wie nie vorher kam sie ihm plötzlich nah,
Da er, fern von ihr in den Unendlichkeiten,
Stumm und reglos auf sie niedersah.

Und er liebe sie, die sich ihm zeigte,
Weil sie doch der Menschen Mutter war,
Immer noch die Söhne nährend und behausend,
Aber auch durch sie in tödlicher Gefahr.

Während seiner Rückkehr zum Planeten
Ward ihm klar: Die Erde ist nur eins.
Die darauf sind, müssen miteinander leben,
Oder von ihr wird es heißen: Leben keins.

Quelle: Günter Kunert: Gagarin. In: Der ungebetene Gast. Gedichte. Aufbau-Verlag, Berlin/Weimar, 1965.

Anmerkungen

1 Juri Gagarin, russischer Kosmonaut, umkreiste 1961 als erster Mensch die Erde.

Die Rechtschreibung entspricht nicht den aktuellen Regeln.

Aufgabenstellung

Untersuchen Sie dieses Gedicht und beschreiben Sie dabei folgende Punkte:

- Sprachliche Mittel und deren Wirkung
- Perspektive, Gedanken und Erkenntnisse des Kosmonauten

Formulieren Sie einen zusammenhängenden, gegliederten Text.

Aufgabe 3: Textbeschreibung Prosa

Text **Marion Miller: Das Glück**

Sie fasst es nicht, kann es nicht begreifen: 60 000 Mark, sechzig große Scheine. Fünf Richtige und Zusatz: Sie hat richtig getippt. Fünfzehn Jahre lang jeden Freitag Zahlen angekreuzt. Geburtstage, Hochzeitstage, Sterbetage; fünfzehn Jahre lang geträumt, fünfzehn Jahre gehofft. Sie hält den Brief in gichtigen Händen – ihr Name, der Geldbetrag und „dürfen wir Sie zu Ihrem Gewinn herzlich beglückwünschen!" Kein Zweifel, sie ist gemeint. Sie hält den Brief ganz fest, spürt Kälte ins Gesicht steigen, legt die Hände vor die Augen, weint. Gestern Rentnerin, gestern arm, gestern gespart, gestern sich nichts geleistet, gestern an vollen Schaufenstern vorbeigehuscht. Nie hatte sie Geld. Und nun dieser Augenblick. Sie zieht das Sonntags-Dunkelblaue an, fährt in die Stadt, will das Glück auf die Probe stellen, Freude kaufen, Sehnsüchte bar bezahlen. Brechende Schaufenster, das Fest der Augen, die Flöte des Rattenfängers: kaufen, dazugehören, Geld ausgeben, glücklich sein. Die Verkäuferin warnt, dies sei ein teures Kleid, Material, Verarbeitung. Lächeln, sie möchte anprobieren, sie hat Geld. Bitte, gnädige Frau. Das Wort dröhnt in ihren Ohren: gnädige Frau! Zum ersten Mal in ihrem Leben.

Sie kauft das Kleid nicht, der Spiegel hat sie ausgelacht. Sie kauft auch keinen Pelz, der schwarze Wollmantel hält warm, tut es noch ein paar Jahre. Keinen Farbfernseher: ihre Augen sind müde, chronische Bindehautentzündung, tränig von dem, was sie sahen, durch siebzig Jahre. Kein Haus: sie ist allein. Keine Reisen in ferne Märchenländer: sie glaubt nicht mehr an Märchen. Fünf Richtige und Zusatz: was soll das Geld. Fünfzig Jahre früher hätte sie es gebraucht. Ein Haus für die Familie, die Kur für den Mann, den teuren Arzt für das Kind, den warmen Pelz, das schicke Kleid. Nie hat das Geld gereicht. Nun braucht sie keins mehr. Der Schalterbeamte holt den Direktor. Der redet auf sie ein, ob sie sich das auch gut überlegt hat: Geld legt man an, damit es sich vermehrt. Niemand verschenkt Geld, auch nicht an die Kirche. Sie bleibt dabei, sie will das Geld nicht. Schreibt den Scheck, malt mit zittrigen Händen die Riesenzahl, ihren Namen: Zahlen Sie aus meinem Guthaben.

Quelle: Marion Miller: Das Glück. In: Glück und Sinn, Schulbuch für Ethik. Klett, 1987.

Aufgabenstellung

Untersuchen Sie diesen Prosatext und beschreiben Sie dabei folgende Punkte:

- den Titel und die sprachlichen Mittel in Bezug auf den Inhalt
- die Merkmale der Kurzgeschichte belegt an Textbeispielen
- die Erkenntnis der Hauptfigur

Formulieren Sie einen zusammenhängenden, gegliederten Text.

Lösungsvorschlag

TEIL A 1

Textverständnis

1 **TIPP** **Hinweis zur Lösung**

Lies den Text nochmals genau durch und prüfe jede der angegebenen Aussagen einzeln, ob sie mit dem Inhalt übereinstimmt.

a trifft zu

b trifft nicht zu

c trifft nicht zu

d trifft nicht zu

e trifft zu

f trifft nicht zu

2 **TIPP** **Hinweis zur Lösung**

Hier ist nicht nur die Information aus einer Textstelle gefragt, sondern das Zusammenspiel aus mehreren Informationen. In der Antwort muss enthalten sein, dass die Geräte immer kurz nach Ablauf der Garantie kaputtgehen sollen.

Unter geplanter Obsoleszenz versteht man die Tatsache, dass Hersteller gezielt einen Defekt in ein Gerät einbauen, damit es kurz nach Ablauf der Garantie kaputtgeht. So wollen sie die Verbraucher*innen dazu bringen, ein neues Gerät zu kaufen.

3 Die kurze Lebensdauer ist problematisch, da die Herstellung der Produkte wertvolle Ressourcen verbraucht. Außerdem belasten dabei Schadstoffe und Treibhausgase die Umwelt und das Klima.

4 Das aktuelle gesetzliche Gewährleistungsrecht besagt, dass Kundinnen und Kunden zwei Jahre lang nach dem Erwerb eines Geräts den Handel für einen Defekt beim Produkt haftbar machen können. Nach Ablauf eines halben Jahres müssen sie jedoch nachweisen, dass sie den Defekt nicht selbst verschuldet haben.

5 Elektrogeräte werden immer kürzer genutzt, da ein Teil der Geräte bereits nach fünf Jahren kaputtgeht. Weitere Gründe können sein, dass Kundinnen und Kunden immer dem aktuellsten Trend folgen möchten, das neuste Modell haben wollen und gerne die neuste Technologie besitzen würden.

6 Könnten die Kundinnen und Kunden den Handel bzw. die Hersteller längere Zeit ohne Nachweis der Ursache in Haftung nehmen, würde sich wahrscheinlich die Qualität der Geräte erhöhen. Denn es liegt sicherlich nicht im Interesse der Produzenten, die vielen defekten Geräte ersetzen oder den Kundinnen und Kunden den Kaufpreis erstatten zu müssen.

Sprachgebrauch

7 **a** nichts Überraschendes: Nominalisierung (nach einer unbestimmten Mengenangabe)

b Geräusche: Ableitung vom Verb „rauschen"

c Brand: Verlängerungsprobe (durch Pluralbildung) → „Brände"

d am besten: in diesem Fall bezeichnet „am besten" den Superlativ von „gut"; das Signalwort „am" weist daher ausnahmsweise nicht auf eine Nominalisierung hin

8 **a** Der Umsatz wird angekurbelt**,** wenn der Kunde neue Geräte kaufen muss.

Begründung: Es handelt sich um ein Satzgefüge aus einem Haupt- und einem Nebensatz (HS, NS).

b Smartwatches**,** die technisch schnell veralten**,** sind besonders bei Jugendlichen sehr beliebt.

Begründung: Der eingeschobene Relativsatz wird mit zwei Kommas vom Hauptsatz abgetrennt (HS, NS, HS).

9 Ines Oehme vom Umweltbundesamt sagt, **ihr/deren** Ziel **sei** es (*oder:* dass es **ihr/deren** Ziel **sei**), dass sich die Menschen auf eine Mindestlebensdauer verlassen können.

10 **TIPP** **Hinweis zur Lösung**

Es ist sinnvoll, zunächst das Prädikat bzw. alle Teile davon im jeweiligen Satz zu markieren. Am Prädikat kannst du nämlich erkennen, um welche Zeitform es sich jeweils handelt.

a Präsens

b Plusquamperfekt

c Futur II

d Perfekt

11 Neue Geräte **werden** frühzeitig (von Verbrauchern) **gekauft**, obwohl die alten noch voll funktionsfähig sind. /
Obwohl die alten noch voll funktionsfähig sind, **werden** frühzeitig neue Geräte (von Verbrauchern) **gekauft**.

12 (1) Ob: Subjunktion (*oder:* unterordnende Konjunktion)

(2) gibt: Verb

(3) diese: Demonstrativpronomen

(4) wir: Personalpronomen

13 **TIPP** **Hinweis zur Lösung**

Die Benennung der Felder der Feldertabelle kann je nach Grammatik (z. B. nach Granzow-Emden) auch variieren.

Vorfeld	**linke Satz-klammer**	**Mittelfeld**	**rechte Satz-klammer**	**Nachfeld**
Ein Elektro-gerät	sollte	eine Mindestlebens-dauer	haben,	
	weil	dies aus ökologischen Gesichtspunkten nach-haltiger	ist.	

14 Die Formulierung „ein Dorn im Auge“ bedeutet, dass etwas oder jemand als störend/ärgerlich/unerträglich empfunden wird.

TEIL A 2 – LITERATUR

Gabriele Clima: Der Sonne nach

15 **TIPP** **Hinweis zur Lösung**

Der Operator „erklären“ weist darauf hin, dass eine stichwortartige Auflistung als Lösung nicht ausreicht, sondern ein erklärender Text gefordert ist. Darin sollst du verdeutlichen, inwiefern die jeweiligen Personen bedeutsam, also wichtig sind. Hierfür kommen z. B. Rak, der Tankwart, Isa und die Nonne infrage, da jede Person auf ihre Weise zur Reise oder zur Entwicklung der beiden Jungen beigetragen hat.

Mögliche Lösungen (nur drei erforderlich):

- Auf der Reise treffen Dario und Andy zunächst **Rak**. Er ist sicherlich eine der bedeutsamsten Personen, denn er kümmert sich um die beiden. Zum Beispiel versorgt er Andy, lässt die beiden Jungen bei sich übernachten, baut das Rakmobil und regt Dario auch zu seiner Entscheidung an, seinen Vater zu suchen.
- An einer Tankstelle begegnen sie einem **Tankwart** und dem Mädchen Isa. Der Tankwart ist bereit, das Rakmobil aufzutanken, und beschreibt Dario den Weg nach Torre Saracena, wo Darios Vater lebt. Aufgrund der Äußerung des Tankwarts wird Dario bewusst, wie wenig manche Personen über Menschen mit Behinderung wissen und wie sie über diese denken.
- Auch **Isa** ist in gewisser Weise bedeutsam für die beiden. Sie begegnet Andy auf Augenhöhe und zeigt Dario, dass es auch Personen gibt, die keine Vorbehalte gegenüber Menschen mit Behinderung haben. Sie schenkt Andy auch den Stein, der wie eine blaue Katze angemalt ist. Durch diesen wird später deutlich, dass Andy mehr versteht, als Dario zunächst annimmt.
- Sicher kann auch die **Nonne** als bedeutsam bezeichnet werden, denn sie macht Dario klar, dass er immer die Möglichkeit hat, eigene Entscheidungen zu treffen, und dass er eine Gabe für den Umgang mit Menschen und Tieren besitzt.

16 **TIPP** **Hinweis zur Lösung**

Bei dieser Aufgabe werden vier Aspekte verlangt, die in einem Fließtext formuliert sein müssen. Die Textstelle auf Seite 102, die sich an das angegebene Zitat anschließt, gibt erste Hinweise darauf, wie Dario die Gesamtsituation empfindet. Zur Lösung der Aufgabe sollte eine Art Vergleich zwischen Dario und Andy erfolgen, der zeigt, warum sich Dario ebenfalls so fühlt, als sei er „behindert“, also beeinträchtigt und eingeschränkt.

Dario fühlt sich durch seine seelische Belastung ebenfalls „behindert“, also stark eingeschränkt. Seit sein Vater die Familie verlassen hat, trägt Dario einen lähmenden Schmerz mit sich herum, der ihm manchmal das Gefühl gibt, sich nicht richtig bewegen und nicht atmen zu können. Er hat auch den Eindruck, dass ihn keiner versteht und er keinen Einfluss auf das Geschehen nehmen kann. Mit seinen Ängsten, Selbstzweifeln und Fragen bleibt er allein, da das Verhältnis zu seiner Mutter zu distanziert ist. Seit sein Vater vor 9 Jahren weggegangen ist, empfindet er diese seelische Not, die man von außen zwar nicht sieht, die sich für ihn jedoch wie eine Behinderung anfühlt. Und das ist auch der Aspekt, um den er Andy beneidet. Dessen Behinderung ist nämlich sichtbar, weshalb ihm – im Gegensatz zu Dario – auch geholfen wird.

17 **TIPP** **Hinweis zur Lösung**

Hier musst du die gesamte Situation, die sich zuvor abgespielt hat, in den Blick nehmen. Es ist daher sinnvoll, sich die vorausgegangene Szene nochmals durchzulesen.

Dario hält seine Lehrerin wahrscheinlich für ein „Weichei“, weil er weiß, dass sie eigentlich recht hat und ihn bestrafen müsste. Mit seinem Verhalten provoziert er sogar eine deutliche Reaktion, die jedoch ausbleibt. Da er seine Lehrerin gleichzeitig mit ihrem eigenen Fehlverhalten konfrontiert, möchte sie die Angelegenheit wohl nicht weiterverfolgen. Dadurch zeigt sie sowohl ihre Feigheit, weil sie sich nicht traut, sich gegen Dario durchzusetzen, als auch, dass sie inkonsequent ist.

18 **TIPP** **Hinweis zur Lösung**

Für die hier geforderte Erklärung musst du zunächst einmal herausarbeiten, um welche maßgeblichen Fortschritte es sich überhaupt handelt. Dabei stehen vor allem die Aspekte Motorik und Sprache sowie die Tatsache, dass Andy insgesamt munterer wirkt, im Vordergrund. Wichtig ist, dass du auch erklärst, welchen Anteil Darios Verhalten und Handlungsweisen an diesen Fortschritten haben.

Andy macht Fortschritte in der Motorik, d. h., er kann sich besser und zielgerichteter bewegen. Das wird deutlich, als Andy nach seinem Wasserglas greift. Dario hilft ihm nicht, sondern zeigt Geduld und lässt ihn dies selbst versuchen. Am Ende der Geschichte kann sich Andy sogar eigenständig mit seinem neuen Rollstuhl bewegen.
Auch beim Sprechen macht Andy Fortschritte: Er äußert immer mehr verständlich klingende Worte und setzt Sprache passend ein, um sich mitzuteilen. Das

kann daran liegen, dass Dario sich mit ihm auf Augenhöhe unterhält, nicht für ihn spricht, sondern ihm das Sprechen zutraut. Deutlich wird dies beispielsweise auf Tiffanys Party, als Dario Andy genervt anschnauzt. Er spricht genauso mit ihm, wie er es auch bei einem Menschen ohne Behinderung getan hätte. Andy fasst daraufhin seine Trauer und Enttäuschung über Darios Verhalten in verständliche Worte, indem er ihn als „A-Loch" (S. 102) bezeichnet. Außerdem wirkt Andy insgesamt munterer und er scheint Dinge, die in seiner Umgebung passieren, zu verfolgen und kann darauf reagieren. So zeigt er z. B. Mitgefühl, als Dario traurig ist, und versucht ihn zu trösten, indem er ihm den Stein mit der blauen Katze schenkt. Das erreicht Dario vermutlich damit, dass er ihn nicht in Watte packt, sondern sich ganz normal verhält. Zudem verstellt er sich Andy gegenüber nicht und ist offen mit seinen wahren Gefühlen.

19 **TIPP** **Hinweis zur Lösung**

Bei einem inneren Monolog sollte immer ein direkter Bezug zur vorausgegangenen Textstelle hergestellt werden, da sich die Gedanken des Protagonisten vorrangig darauf richten.
Hier ging das ernüchternde und enttäuschende Gespräch mit Darios Vater voraus, das in der zitierten Situation mündet. In der Aufgabenstellung sind drei weitere Gedanken verlangt, das heißt, dass der Gedanke an Flucht, der im Zitat schon vorkommt, nicht weiter ausformuliert werden soll.

Wenn es nicht so tragisch wäre, könnte man fast darüber lachen: Ich finde ihn zum Kotzen, im wahrsten Sinne zum Kotzen. Irre, dass mein Körper so auf die Situation reagiert. Schon vorhin hat sich mein Magen zusammengekrampft … So unwirklich und unwürdig ist diese Situation … Ich ekle mich vor meinem eigenen Vater! Vor seinem Aussehen, seinen schmutzig grauen wässrigen Augen, seinem Umfeld, seinem Leben, seiner bekifften Baumfrau … So lebt man doch nur, wenn man ganz unten ist! Wie kann ein erwachsener Mann so wenig Einfühlungsvermögen haben? Ist ihm nicht klar, dass es mich unheimlich kränkt, wenn er von mir nicht Papa genannt werden will? Alle nennen ihn Nic, ich bin aber nicht „alle"! Ich bin sein Sohn, für den er Verantwortung hätte übernehmen sollen. Noch deutlicher kann man wohl niemandem zeigen, wie egal man ihm ist. Und er weiß nicht einmal mehr, wie lange es schon her ist, dass er uns verlassen hat! Das ist echt ein Schlag ins Gesicht! Und ich mache mir jahrelang Vorwürfe, zweifle an mir, hasse mich, verachte meine Mutter … und dann das! Alles hätte ich erwartet, aber auf das hier war ich nicht vorbereitet. Und dann preist er immer diese Flora an, als ob die mich beeindrucken könnte, in all dem Gestank … Schlimmer hätte es kaum kommen können, schlimmer geht wirklich nicht! (216 Wörter)

oder:

> **TIPP** **Hinweis zur Lösung**
>
> Ein Tagebucheintrag muss im Gegensatz zum inneren Monolog nicht zwingend auf eine konkrete Situation bezogen sein. Da es unterschiedlich ist, wie regelmäßig jemand Tagebuch schreibt, kann auch auf eine längere Zeitspanne zurückgeblickt oder ein Fazit, eine Erkenntnis beschrieben werden. Dario kann z. B. darüber schreiben, dass die Reise nicht geplant war, dass er durch Andy den Mut gefunden hat, sich der Problematik mit seinem Vater zu stellen, dass es sich gut anfühlt, Verantwortung zu übernehmen, oder was er nun über seinen Vater denkt.

Jetzt müsste ich jemanden zum Reden haben, einen wie Rak oder einen wie Andy. Aber ich bin allein und das, was ich alles erlebt habe, kann man sowieso niemandem erklären. Elisa hätte sicher darauf gewettet, dass ich mich nicht gut genug um Andy kümmern kann, aber da hat sie sich getäuscht!
Ich gebe zu, ich war eigentlich nur feige und wollte nicht von der Polizei geschnappt werden, aber jetzt hat dieser Trip doch irgendwie alles verändert. Schon komisch, wie viel es mit mir gemacht hat, dass ich mit Andy unterwegs war. Er war mir ausgeliefert, aber durch ihn bin ich auch irgendwie stark geworden und habe mich Dinge getraut, die ich sonst nicht gemacht hätte. Es musste erst ein Andy daherkommen, damit ich die Sache mit meinem Vater angehe. Ein ewiges Hirngespinst, ein Schreckgespenst, das mich jahrelang gelähmt hat. So wünscht man sich das nicht, aber manchmal muss es eben kurz wehtun, damit eine Wunde heilen kann. Aber mal ehrlich, das ist doch auch total billig: Ein unzuverlässiger, verantwortungsscheuer Mann verlässt aus Egoismus seine Familie und macht damit alles und jeden kaputt, hat dabei aber null Schuldgefühle. Und natürlich sollen andere den Trümmerhaufen, den er zurücklässt, aufräumen. Na, herzlichen Dank! Gut, dass ich es nun weiß, und gut, dass er weg ist! (212 Wörter)

TEIL B

Aufgabe 1: Erörterung

TIPP **Hinweis zur Lösung**

Hier wird eine textgebundene dialektische Erörterung verlangt. Du musst also auf Basis des vorliegenden Textes Argumente finden, die sowohl für als auch gegen ein Verbot von Feuerwerkskörpern und Böllern sprechen. Kläre daher zunächst nach mehrmaligem Lesen des Textes und der Aufgabenstellung, welche Argumente zu den beiden Seiten des Themas (Pro und Kontra Feuerwerksverbot) im Text zu finden sind. Lege dann einen Schreibplan an, in dem du die Anordnung der Argumente entsprechend des Sanduhrprinzips festlegst.

Denke daran, dass dein Aufsatz aus folgenden Elementen bestehen muss:

- EINLEITUNG mit Hinführung zum Thema, Quelle der Textgrundlage und Themenfrage (abgeleitet aus der vorliegenden Aufgabenstellung)
- HAUPTTEIL mit Antithese und These sowie den dazugehörigen Argumenten (bestehend aus Behauptung, Begründung und Beispiel)
- SCHLUSS mit Zusammenfassung der vorliegenden Argumente und persönlicher Stellungnahme

Für die Bewertung dieses Aufsatzes, bei dem eine Höchstpunktzahl von 50 Punkten erreicht werden kann, liegt folgender Bewertungsschlüssel zugrunde:

- Inhalt (Qualität der Umsetzung der Aufgabenstellung): 25 Punkte
- Sprache (sprachlicher Ausdruck, z. B. abwechslungsreiche Sprache, passende Wortwahl, Verwendung von Fachbegriffen, korrekter Satzbau): 15 Punkte
- Aufbau / Form (z. B. sinnvolle Anordnung der Argumente, sauberes Schriftbild, passende Absätze, freier Rand): 5 Punkte
- Rechtschreibung (Menge der Rechtschreibfehler im Verhältnis zur Wortanzahl): 5 Punkte

Aufsatzbeispiel

Einleitung
Hinführung zum Thema

Silvester 2020 auf 2021: Pandemiebedingt wurde zu diesem Jahreswechsel erstmals ein Verkaufsverbot von Feuerwerkskörpern erlassen. In erster Linie diente es dazu, Menschenansammlungen zu verhindern. Es ging aber auch darum, den Krankenhäusern keine zusätzlichen Patientinnen und Patienten zu bescheren, die ansonsten durch Verletzungen in der Silvesternacht in die Notfallstationen gedrängt wären. Auch die Umwelt hat es gedankt: Der Feinstaubpegel war in keiner Silvesternacht zuvor so niedrig wie in diesem Jahr. Fast überall hielten sich die Menschen an die Verbote und Vorgaben und erkannten den Sinn, den sie haben sollten. Für die Mehrheit der Menschen in Deutschland war es also unter den Pandemiebedingungen annehmbar, auf das lieb gewonnene Silvesterfeuerwerk verzichten zu müssen.

Textgrundlage und Quelle

Auch schon vor der Pandemie wurde darüber diskutiert, ob ein grundsätzliches Verbot eine Option sein könnte. Mit der Debatte über ein Feuerwerks- und Böllerverbot beschäftigt sich auch Martin Frankes Artikel „Debatte über Feuerwerk: Brauchen wir ein Böllerverbot?", der im Internet auf der Seite der Frankfurter Allgemeinen Zeitung zu finden ist (www.faz.net/aktuell/gesellschaft/menschen/silvester-brauchen-wir-ein-boellerverbot-16552841.html). Der Autor erläutert darin das Für und Wider eines Verbots.

Themenfrage

Und zu Recht stellt sich nach den Erkenntnissen aus dem vergangenen Silvesterfest die Frage, ob ein Verbot von Feuerwerkskörpern und Böllern wünschenswert wäre.

Hauptteil

Kontra 1: wirtschaftliche Einbußen

Zunächst ist es sinnvoll, zu überlegen, was gegen ein derartiges Verbot spricht. Gegner eines etwaigen Verbots sind schnell gefunden, denn mit dem bunten Spektakel an Silvester wird in Deutschland viel Geld verdient, das heißt, Feuerwerke sind ein echter Wirtschaftsfaktor mit zunehmender Kraft: „Gaben die Menschen in Deutschland 2007 noch 100 Millionen Euro für Feuerwerk aus, waren es 2017 bereits 137 Millionen Euro." (Z. 24/25) Würden diese Einnahmen wegfallen, würden damit z. B. Firmen wie Weco und Comet (vgl. Z. 28) und Geschäfte im Einzelhandel keinen Umsatz mehr machen, wodurch Arbeitsplätze bedroht wären.

Kontra 2: Verlust einer Tradition

Ein weiterer Punkt, der gegen ein Verbot spricht, ist die Tatsache, dass Feuerwerk eine lange Tradition in unserer Kultur (vgl. Z. 19–24) besitzt und für viele Menschen im Zusammenhang mit Silvester nicht wegzudenken ist. Seit Jahrhunderten werden traditionell in der Silvesternacht mit viel Lärm und Feuerwerk böse Geister vertrieben, das neue Jahr wird begrüßt und die Menschen werden unterhalten. Es ist ein Ritual, das die Menschen in aller Welt verbindet und als besonderes Ereignis jede Silvesterparty krönt. Nachbarn, Freunde, Unbekannte, alle treffen sich um Mitternacht auf der Straße und begegnen sich beim Bestaunen des Feuerwerks.

Kontra 3: Eingriff in die individuelle Freiheit der Menschen

Ein Argument, das auch auf der Hand liegt, ist, dass eine gesetzliche Regelung, also ein im Gesetz festgeschriebenes Verbot, einen massiven Eingriff in die individuelle Freiheit der Menschen (vgl. Z. 53–55) darstellt. Damit würde sich der Staat in persönliche Angelegenheiten, nämlich die Kaufgewohnheiten, einmischen und die Bürger*innen in gewisser Weise bevormunden. Wollte der Staat alles, was in letzter Konsequenz schädlich oder gefährlich ist, gesetzlich verbieten, müssten beispielsweise auch Zigaretten, Alkohol und Autos verboten werden.

Gesetze und Verbote können bei Bürgerinnen und Bürgern schnell auf Widerstand stoßen. Und trotzdem sollte man objektiv und vernünftig darüber nachdenken, welche positiven Aspekte ein Verbot mit sich bringen kann.

Überleitung zu den Pro-Argumenten

Nicht von der Hand zu weisen sind hier beispielsweise die gesundheitlichen Gefahren, die von Böllern und Co. für Mensch und Tier ausgehen. Regelmäßig sind die Notaufnahmen an Silvester voll mit Verletzten. Auch Tiere sterben Jahr für Jahr, weil sie vor Schreck über den unerwarteten Lärm sterben, da sie sich nicht oder nicht rechtzeitig zurückziehen können (vgl. Z. 47–49). „Jedes Jahr gibt es Berichte über teils schwere Verbrennungen, verstümmelte Hände und verlorenes Augenlicht." (Z. 32/33) Jugendliche, die z. B. unter Alkoholeinfluss unsachgemäß mit Raketen und Böllern umgehen, gefährden nicht nur sich selbst, sondern auch andere. Sachbeschädigungen sind ebenfalls keine Seltenheit.

Pro 1: Verringerung der gesundheitlichen Gefahren für Mensch und Tier

Für einen kurzen Moment des Staunens und Feierns solche Unsummen auszugeben, kann als moralisch fragwürdig angesehen werden und ist ein weiteres Argument dafür, auf Böller und Raketen zu verzichten. Während wir hierzulande jährlich 137 Millionen Euro (vgl. Z. 25) anzünden und in die Luft blasen, herrscht andernorts Armut. Das Geld könnte sicher besser verwendet werden als für Feuerwerk und Böller. Zum Beispiel fragt sich im Freudentaumel kaum einer, unter welchen Bedingungen diese Raketen und Böller produziert worden sind.

Pro 2: Vermeidung von Geldverschwendung

Allerdings wiegt kein Argument so schwer wie die Folgen, die Feuerwerkskörper und Böller für die Umwelt haben. Sowohl die an Silvester freigesetzte Feinstaubmenge als auch der entstehende Müll sind unverantwortbar: „In einer Pressemitteilung der DUH heißt es, dass die Feinstaubmenge, die durch das Feuerwerk zum Jahreswechsel freigesetzt wird, 16 Prozent der jährlich im Straßenverkehr entstehenden Menge entspreche." (Z. 37–40) Die Berge an Müll auf den Straßen und Plätzen, die an Neujahr kostspielig entsorgt werden müssen, sind zudem schädlich, zumal vieles auch einfach in der freien Natur landet und dort z. B. einfach liegen bleibt oder von Tieren gefressen wird, die dann daran sterben können.

Pro 3: Reduzierung der Umweltverschmutzung

Auch ich bin fasziniert vom Feuerwerk an Silvester, ich mag die Spannung, die beim Entzünden in der Luft liegt, und die Atmosphäre, die auf der Straße herrscht. Auch ich sehe, dass ein Verbot Arbeitsplätze kostet und in die persönliche Freiheit eingreift. Dennoch hat doch der Jahreswechsel 2020/2021 gezeigt, dass es auch ohne geht. Für mich stehen trotz aller positiven Aspekte von Feuerwerk der Schutz der Umwelt, der Luft, der Menschen und Tiere sowie der sinnvollere Einsatz von Geld im Vordergrund. Deshalb spreche ich mich persönlich für ein Verbot von Feuerwerkskörpern und Böllern an Silvester aus. Gut vorstellen könnte ich mir auch als Kompromiss, dass es ein zentral veranstaltetes Feuerwerk, z. B. von der Stadt, gibt. Dabei könnten dann möglichst viele relevante Aspekte berücksichtigt werden, z. B. dass es an einem geeigneten Ort stattfindet und für die Müllbeseitigung und den Tierschutz gesorgt wird. Obwohl ich mir auch nicht gerne etwas verbieten lasse, gibt es doch Verbote, die sinnvoll sind und zum eigenen Schutz ausgesprochen werden, so wie es bei einem Verbot von Feuerwerkskörpern und Böllern der Fall wäre.

Schluss

Zusammenfassung der Argumente

persönliche Stellungnahme

Aufgabe 2: Textbeschreibung Lyrik

TIPP **Hinweis zur Lösung**

Kläre nach mehrmaligem Lesen des Gedichts und der Aufgabenstellung zunächst, welche Aspekte der Textbeschreibung von dir bearbeitet werden sollen und was man dazu jeweils herausfinden kann. Da alle Erkenntnisse mit Zitaten oder Textverweisen belegt werden müssen, ist es sinnvoll, sich die jeweiligen Stellen im Text zu markieren und am Rand z. B. deren Wirkung zu notieren. Erinnere dich auch an die entsprechenden Fachbegriffe und fertige zur Strukturierung deines Aufsatzes einen kurzen Schreibplan an.

Denke daran, dass dein Aufsatz aus folgenden Elementen bestehen muss:

- EINLEITUNG mit Basissatz und geraffter Inhaltswiedergabe (steht nicht ausdrücklich in der Aufgabenstellung)
- HAUPTTEIL mit Schwerpunkten der Aufgabenstellung (hier: „Sprachliche Mittel und deren Wirkung", „Perspektive, Gedanken und Erkenntnisse des Kosmonauten")
- SCHLUSS mit Stellungnahme und Transfer (steht auch nicht ausdrücklich in der Aufgabenstellung)

Für die Bewertung dieses Aufsatzes, mit dem eine Höchstpunktzahl von 50 Punkten erreicht werden kann, liegt folgender Bewertungsschlüssel zugrunde:

- Inhalt (Qualität der Umsetzung der Aufgabenstellung): 25 Punkte
- Sprache (sprachlicher Ausdruck, z. B. abwechslungsreiche Sprache, passende Wortwahl, Verwendung von Fachbegriffen, korrekter Satzbau): 15 Punkte
- Aufbau / Form (z. B. sinnvolle Anordnung der Textteile der Textbeschreibung, sauberes Schriftbild, passende Absätze, freier Rand): 5 Punkte
- Rechtschreibung (Menge der Rechtschreibfehler im Verhältnis zur Wortanzahl): 5 Punkte

Aufsatzbeispiel

Einleitung
Informationen zum Text mit Kern-/Basissatz

Das (politische) Gedicht „Gagarin" von Günter Kunert, der von 1929 bis 2019 lebte, erschien 1965 in seinem Buch „Der ungebetene Gast. Gedichte" im Aufbau-Verlag in Berlin/Weimar. Darin geht es um die Erde als gemeinsame Existenzgrundlage aller Menschen, die es wertzuschätzen gilt, um den Erhalt der Menschheit zu sichern.

kurze Zusammenfassung des Inhalts

Das Gedicht beschreibt die vom Autor vermuteten Eindrücke, die der russische Kosmonaut Juri Gagarin beim Aufstieg seiner Rakete, beim Blick auf die Erde vom Weltall aus und bei seiner Rückkehr zur Erde gesammelt haben könnte. Aus der Distanz entdeckt Gagarin die Liebe zu seinem Heimatplaneten. Die Erde ermöglicht den Menschen das Leben, wird aber gleichzeitig durch ihre Existenz bedroht. Gagarin erkennt, dass alle Menschen nur diesen einen Planeten haben, für den sie gemeinsam die Verantwortung tragen müssen, da ansonsten alles Leben ausgelöscht werden könnte.

Hauptteil

Perspektive

Im Gedicht wird aus der Perspektive des Kosmonauten Gagarin beschrieben, wie er aus der Distanz auf die Erde blickt. Allerdings liegt kein explizites, sondern ein implizites lyrisches Ich vor. Dadurch entsteht der Eindruck, dass ein Erzähler Gagarins Eindrücke wiedergibt („Als er durch des Himmels Bläue aufgefahren", V. 1). Der russische Kosmonaut Juri Gagarin, der mit „er" (V. 1) und Gagarin (Titel) bezeichnet wird, umkreiste 1961 als erster Mensch die Erde. Aus dem Weltall erkennt er die Zerbrechlichkeit, Schönheit und Wichtigkeit der Erde. Ihm wird bewusst, dass die Menschen miteinander leben müssen, da es sonst kein Leben mehr auf der Erde geben wird.

Erkenntnisse des Kosmonauten

sprachliche Mittel und deren Wirkung

Gegensätze

In der ersten Strophe steigt der Kosmonaut aus der Vertrautheit und Helligkeit der Erde in die Unendlichkeit und Dunkelheit des Alls auf: Die Gegensätze „Himmels Bläue" (V. 1) und „schwarz[e] Weite" (V. 3) sowie „nah" (V. 6) und „fern" (V. 7) machen diesen Kontrast zwischen der Vertrautheit der Erde und der dunklen Unendlichkeit des Alls deutlich. Erst jetzt, da er die Erde als „unfaßbare Kugel" (V. 5) sieht, nennt er sie „Heimat" (V. 5) – was er möglicherweise auch erst in diesem Moment so empfindet. Das wird nochmals deutlich, als es heißt: „Und wie nie vorher kam sie ihm plötzlich nah" (V. 6). Er fühlt sich durch die räumliche Distanz der Erde näher und verbundener als jemals zuvor. Dieses Gefühl wird noch stärker und deutlicher beschrieben durch die Aussage „Und er liebe sie" (V. 9). Es wird auch der Grund für diese Liebe genannt: Gagarin erkennt nämlich, dass die Erde „der Menschen Mutter war" (V. 10). Damit wird zum Ausdruck gebracht, dass die Erde die Menschen hervorbringt und am Leben erhält, es also ohne Erde keine Menschen geben kann. Er liebt die Erde also dafür, dass sie den Menschen eine Heimat ist und ihnen die Lebensgrundlage bietet.

Gedanken und Empfindungen des Kosmonauten

Personifikation

Die Personifikation der Erde und Bezeichnung als Mutter („Weil sie doch der Menschen Mutter war", V. 10; „Immer noch die Söhne nährend und behausend", V. 11) zeigt, dass die Erde für die Menschen sorgt, sie beheimatet und ernährt. Das Bild einer Mutter-Sohn-Beziehung wird hier für die Beziehung zwischen der Erde und den Menschen herangezogen. Die Erde spendet Leben und sorgt anschließend auch dafür. Im Gegensatz dazu wird aber auch deutlich, dass es diese Menschen sind, die die Erde in Gefahr bringen („durch sie in tödlicher Gefahr“, V. 12) und sie durch ihr Handeln bedrohen, wodurch sie gleichzeitig ihre eigene Existenz gefährden. Die Formulierung „Immer noch“ (V. 11) weist möglicherweise darauf hin, dass die Erde ihre Aufgabe als Mutter trotz des Verhaltens der Menschen erfüllt – ebenso wie es eine Mutter für ihre Kinder täte.

Anaphern

Durch die Anaphern „Und er hänge“ (V. 3), „Und die Erde“ (V. 4), „Und wie nie“ (V. 6), „Und er liebe“ (V. 9) wird deutlich, dass Gagarin all diese Gedanken nach und nach ins Bewusstsein dringen, sodass er fast so etwas wie eine Erleuchtung hat.

Erkenntnisse des Kosmonauten

All die gewonnenen Erkenntnisse Gagarins, die der Erzähler schildert, führen zu der Einsicht: „Die Erde ist nur eins.“ (V. 14) Es gibt demnach nur diese eine Erde, die die Grundlage für alles Leben bietet. Die logische Schlussfolgerung daraus ist für ihn: „Die darauf sind, müssen miteinander leben, / Oder von ihr wird es heißen: Leben keins.“ (V. 15/16) Die Menschheit muss also gemeinsam einen verantwortungsvollen Umgang miteinander und der Erde entwickeln, da sie sonst ihre eigene Lebensgrundlage vernichtet.

Ellipse

Die Ellipse „Leben keins“ (V. 16), mit der das Gedicht endet, bringt kurz und knapp zum Ausdruck, dass es sonst kein Leben mehr geben wird. Ebenso wie hier alle überflüssigen Wörter weggefallen sind, würde auch das Leben reduziert werden und schließlich ganz verschwinden. Die verkürzten Schlussworte bringen somit die einfache, aber logische Erkenntnis des Kosmonauten auf den Punkt.

Schluss

Transfer

Genau wie in diesem Fall Gagarin berichten auch andere Raumfahrer wie z. B. Sigmund Jähn oder Alexander Gerst von ihren Gefühlen und Eindrücken, die sie beim Blick auf den Planeten Erde empfunden und erhalten haben. Gerst flog an Bord einer russischen Sojus-Rakete zum ersten Mal zur internationalen Raumstation ISS. Vier Jahre später startete seine zweite Mission mit dem Namen „Horizons“, in deren Rahmen er an Bord der ISS lebte und arbeitete. Auch er nahm von seiner Reise einen Auftrag zur Bewahrung der Erde mit.

persönliche Stellungnahme

Für mich persönlich hat das Gedicht wieder einmal gezeigt, dass wir uns bewusst machen müssen, dass wir zusammen mit der Umwelt auch unsere eigene Lebensgrundlage schützen. Das Gedicht bringt zum Ausdruck, dass viele Menschen im Alltag immer wieder vergessen, dass wir von der Erde abhängig sind und nicht umgekehrt. Nur ein globales Miteinander ermöglicht es, unseren Planeten dauerhaft zu erhalten. Kriege, Gier, Umweltzerstörung und das rücksichtslose Ausbeuten von Ressourcen können bzw. werden dazu führen, dass die Menschen ihre eigene Lebensgrundlage vernichten. Das Gedicht, das bereits 1965 veröffentlicht wurde, hat also nichts an Aktualität verloren: Die Zerstörung der Umwelt ist immer noch allgegenwärtig. Traurig ist vor allem die Erkenntnis, dass dies zwar schon zum damaligen Zeitpunkt erkannt wurde, seither aber nur wenig zum Schutz der Erde geschehen ist.

Aufgabe 3: Textbeschreibung Prosa

TIPP **Hinweis zur Lösung**

Kläre nach mehrmaligem Lesen der Kurzgeschichte und der Aufgabenstellung zunächst, welche Aspekte der Textbeschreibung von dir bearbeitet werden sollen und was man dazu jeweils herausfinden kann. Da alle Erkenntnisse mit Zitaten oder Textverweisen belegt werden müssen, ist es sinnvoll, sich die jeweiligen Stellen im Text zu markieren und am Rand z. B. deren Wirkung zu notieren. Erinnere dich auch an die entsprechenden Fachbegriffe und fertige zur Strukturierung deines Aufsatzes einen kurzen Schreibplan an.

Denke daran, dass dein Aufsatz aus folgenden Elementen bestehen muss:

- EINLEITUNG mit Basissatz und geraffter Inhaltswiedergabe (steht nicht ausdrücklich in der Aufgabenstellung)
- HAUPTTEIL mit Schwerpunkten der Aufgabenstellung (hier: „Titel und die sprachlichen Mittel in Bezug auf den Inhalt", „Merkmale der Kurzgeschichte belegt an Textbeispielen", „Erkenntnis der Hauptfigur")
- SCHLUSS mit Stellungnahme und Transfer (steht auch nicht ausdrücklich in der Aufgabenstellung)

Für die Bewertung dieses Aufsatzes, mit dem eine Höchstpunktzahl von 50 Punkten erreicht werden kann, liegt folgender Bewertungsschlüssel zugrunde:

- Inhalt (Qualität der Umsetzung der Aufgabenstellung): 25 Punkte
- Sprache (sprachlicher Ausdruck, z. B. abwechslungsreiche Sprache, passende Wortwahl, Verwendung von Fachbegriffen, korrekter Satzbau): 15 Punkte
- Aufbau / Form (z. B. richtige Anordnung der Textteile der Textbeschreibung, sauberes Schriftbild, passende Absätze, freier Rand): 5 Punkte
- Rechtschreibung (Menge der Rechtschreibfehler im Verhältnis zur Wortanzahl): 5 Punkte

Aufsatzbeispiel

Einleitung

Informationen zum Text mit Kern-/Basissatz

In der Kurzgeschichte „Das Glück" von Marion Miller geht es um die Erkenntnis, dass Geld schlussendlich doch nicht glücklich macht bzw. dass sich die Bedeutung von Geld im Laufe des Lebens verändert. Der Text wurde 1987 im Buch „Glück und Sinn, Schulbuch für Ethik" vom Klett Verlag abgedruckt.

kurze Zusammenfassung des Inhalts

Eine ältere Dame gewinnt 60 000 Mark in der Lotterie. Davon möchte sie sich ihre Konsumwünsche erfüllen, die sie sich in der Vergangenheit nicht leisten konnte. Während des Einkaufsbummels erkennt sie allerdings, dass sie in ihrer jetzigen Lebensphase, dem Ende ihres Lebens, keine Verwendung mehr für die ehemals erträumten Dinge hat. Letztlich entscheidet sie sich dafür, ihren Gewinn vollständig der Kirche zu spenden.

Hauptteil

Titel und sprachliche Mittel in Bezug auf den Inhalt

Der Titel „Das Glück" löst viele Assoziationen aus: Man kann z. B. an Geschichten wie „Hans im Glück" denken, in denen sich am Ende etwas anderes, als zunächst gedacht, als Glück herausstellt. Es könnte in der Erzählung auch um privates Glück, Liebesglück oder Glück im Unglück gehen. Gleich in den ersten Zeilen wird den Leserinnen und Lesern jedoch klar, dass es sich in der Geschichte um Glück beim Lotteriespielen und dem daraus resultierenden materiellen Glück handelt. Die beiden Textstellen „Sie hat richtig getippt." (Z. 2) und „dürfen wir Sie zu Ihrem Gewinn herzlich beglückwünschen!" (Z. 5/6) weisen darauf hin. Zudem gibt es im Text immer wieder Formulierungen, die das Wort „Glück", also einen Teil des Titels, enthalten, so z. B. beim Wort „beglückwünschen" (Z. 5/6). Hier wird jemandem gratuliert und Anerkennung ausgesprochen. Man wünscht der Person in diesem Fall jedoch kein Glück, sondern gratuliert ihr allenfalls zum bereits vorhandenen Glück. In den Zeilen 10/11 begegnet man der Formulierung „will das Glück auf die Probe stellen". Hier möchte sich die Protagonistin von ihrem Glück überzeugen, indem sie das gewonnene Geld tatsächlich ausgibt. Sie erhofft sich davon, dass sie glücklich wird („glücklich sein", Z. 13), wobei diese Formulierung eher mit „froh und zufrieden" gleichzusetzen ist.

Aufzählung

Die Aufzählung „Geburtstage, Hochzeitstage, Sterbetage" (Z. 3) zeigt, wie die Frau zu ihren Lottozahlen gekommen ist. Hierbei handelt es sich wahrscheinlich um alle Daten, die in ihrem Leben bisher wichtig waren und ihr daher zu ihrem Glück verhelfen sollen.

Parallelismus

Durch den nachfolgenden Parallelismus „fünfzehn Jahre lang geträumt, fünfzehn Jahre gehofft" (Z. 3/4) wird zudem zum Ausdruck gebracht, dass diese Zahlen schon lange zum Einsatz kommen und das Lottospielen seitdem einen Hoffnungsschimmer für sie darstellt.

Ellipsen

Jetzt, da sich das Erhoffte erfüllt hat, scheint sie emotional aber fast überfordert zu sein. Die Ellipse „legt die Hände vor die Augen, weint" (Z. 7) veranschaulicht dies. Der Schock, unter dem sie steht, wird auch durch die Ellipse „Gestern Rentnerin, gestern arm, gestern gespart, gestern sich nichts geleistet, gestern an vollen Schaufenstern vorbeigehuscht." (Z. 7–9) erkennbar.

Wiederholung

In aller Knappheit erfährt man hier Wesentliches aus ihrem Leben. Durch die fünfmalige Wiederholung des Wortes „gestern" und der Umschreibung ihrer Armut wird deutlich, wie sehr sie der Geldmangel durch ihr bisheriges Leben begleitet hat.

Umso größer wirkt dadurch der Kontrast zum aktuellen Zustand, jetzt, da sie endlich zu Geld gekommen ist.

Ihre ersten Gedanken gelten einer Fahrt in die Stadt, wo sie das Geld ausgeben will. Sie möchte sich „Freude kaufen“ (Z. 11) und „Sehnsüchte bar bezahlen“ (Z. 11). Durch diese Formulierungen wird klar, dass die Frau zu dem Zeitpunkt noch glaubt, dass dies mit dem gewonnenen Geld möglich sein wird. Dass dies aber doch nicht so einfach geht, zeigt ihr der Blick in den Spiegel beim Anprobieren eines Kleides. Die dort verwendete Personifikation „der Spiegel hat sie ausgelacht“ (Z. 16) veranschaulicht, dass sie und das Kleid trotz der neuen finanziellen Möglichkeiten nicht zusammenpassen. Diese Erfahrung setzt sich danach noch fort. Sie entscheidet sich nicht nur gegen das Kleid, sondern auch gegen einen Pelzmantel, gegen einen Farbfernseher, gegen ein Haus und gegen das Reisen (vgl. Z. 16–20). Sie merkt, dass das „Glück“ doch nicht so leicht zu kaufen ist, und stellt sich die rhetorische Frage (ohne Fragezeichen) „was soll das Geld“ (Z. 21). Ihr wird klar, dass sie das Geld zum jetzigen Zeitpunkt, also als alte Frau, nicht mehr braucht. Ihr ist aber bewusst, wann ihr Geld in ihrem Leben etwas genutzt hätte, nämlich als sie gern ein Haus für ihre Familie gehabt hätte, als das Geld für die Kur ihres Mannes gefehlt hat und als sie die Arztrechnung für die teure Behandlung ihres Kindes nicht bezahlen konnte (vgl. Z. 21/22).

Personifikation

rhetorische Frage

Aus ihrer Bemerkung „Nun braucht sie keins mehr.“ (Z. 23) könnte man schließen, dass ihr Mann mittlerweile tot ist und eventuell auch ihr Kind. Die Hinweise auf die fehlende Kur und die zu teure Arztrechnung lassen diese Vermutung zu, ebenso die Aussage „sie ist allein“ (Z. 19). Vielleicht hätte sie sonst bei der Überlegung, was sie mit dem Geld machen möchte, auch an Mann und Kind, die auch noch Wünsche hätten haben können, gedacht.

Der vorliegende Text weist einige typische Merkmale einer Kurzgeschichte auf: Er ist kurz und umfasst lediglich eine Dreiviertelseite. Der Text beginnt zudem unmittelbar und ohne Einleitung mit den Worten „Sie fasst es nicht“ (Z. 1). Die Frau wird weder namentlich benannt noch anderweitig vorgestellt. Man erfährt lediglich, dass die Hauptfigur eine ältere („siebzig Jahre“, Z. 19), vermutlich einsame Rentnerin (vgl. Z. 7) ist, wie es viele gibt. Andere Personen, z. B. die Verkäuferin oder der Bankangestellte, spielen für die Handlung nur eine untergeordnete Rolle.

Merkmale der Kurzgeschichte

Aus dem Leben der Protagonistin wird eine kurze, alltägliche, aber für sie bedeutsame Situation erzählt, was ebenfalls typisch für eine Kurzgeschichte ist. Außer dem Bekleidungsgeschäft und der Bank werden keine Orte genannt. Die Perspektive ist die eines personalen Erzählers, der mit distanziertem Blick die Erlebnisse und Gedanken der Frau schildert. Zudem besitzt die Erzählung auch einen Höhe- und einen Wendepunkt, wie es bei Kurzgeschichten häufig vorkommt: Die Geschichte nimmt eine Wendung, als die Dame vom Spiegel ausgelacht (vgl. Z. 16) und dadurch desillusioniert wird. Der Höhepunkt ist an der Stelle zu verorten, als klar wird, dass sie die gesamte Summe an die Kirche spenden wird und nichts für sich behält (vgl. Z. 25/26). Der Schluss ist jedoch nur zum Teil als offen zu bezeichnen, da man erfährt, was sie letztlich mit dem Geld macht. Unklar bleibt aber zum Beispiel, ob sie die Entscheidung später doch noch bereut.

Erkenntnis der Hauptfigur

Die Erkenntnis, die die Hauptfigur gewinnt, ist, dass sie zum jetzigen Zeitpunkt, also am Ende ihres Lebens, keine Verwendung mehr für das Geld hat. Sie merkt, dass es nicht die Konsumgüter sind, die ihr Glück ausmachen. Es liegt nahe, dass es auch schon früher nicht diese Dinge waren, für die sie gerne mehr Geld gehabt hätte. Glück kann man also nicht kaufen und offenbar auch nicht in der Lotterie gewinnen.

Schluss

Transfer

Was man am Ende seines Lebens als wichtig oder nicht mehr so wichtig ansieht, kann man als Jugendliche*r nur schwer beurteilen. Man kennt aber vielleicht die Situation, dass man sich etwas zwar eine Zeit lang intensiv wünscht, wenn dieser Wunsch dann jedoch erst mit etwas Verzögerung in Erfüllung geht, hat er bis dahin schon an Bedeutung verloren. Obwohl sich die Hauptfigur der Geschichte freiwillig dafür entscheidet, das Geld zu spenden, klingt sie nicht sonderlich glücklich. Sie wirkt, als hätte sie keine eigenen Wünsche und Träume mehr und als würden viele verpasste Möglichkeiten hinter ihr liegen.

persönliche Stellungnahme

Ich finde es schade, dass ihr nichts anderes einfällt, was sie mit dem Geld machen könnte. Sie hätte zum Beispiel einer anderen Person eine Freude machen oder sich zusammen mit Freunden etwas gönnen können. Sicher sollte die Spende an die Kirche eine gute Tat sein, aber sie zeigt auch deutlich, wie einsam die Hauptfigur ist und dass sie sich und ihre Träume und Wünsche aufgegeben hat.

Abschlussprüfung an Realschulen in Baden-Württemberg
Deutsch 2022

Um dir die Prüfung 2022 schnellstmöglich zur Verfügung stellen zu können, bringen wir sie in digitaler Form heraus.

Sobald die Original-Prüfungsaufgaben 2022 freigegeben sind, können sie als PDF auf der Plattform **MyStark** heruntergeladen werden (Zugangscode vgl. Umschlaginnenseite).

Prüfung 2022

www.stark-verlag.de/mystark

2022